「悟り体験」を読む

大乗仏教で覚醒した人々

大竹 晋

新潮選書

はじめに――悟り体験記は今なぜ読まれるべきか

筆者は本書において、前近代から近代にかけて得られていた大乗仏教の覚醒体験が記されている、さまざまな悟り体験記を読みとくことによって、日本において伝統的に「悟り」と呼ばれてきた覚醒体験について、おおまかな輪郭を描いてみたいと思っています。

最初に断わっておかなければならないことは、筆者自身にそのような覚醒体験はないということです。筆者は大乗仏教を研究していますが、個人的に常人を超える覚醒体験を求めているわけではなく、むしろ、往古の聖賢が見つけた道理を学びつつ、人として善く生きることを願っています。

したがって、本書も、あくまで大乗仏教研究の一環として悟り体験記を読みとき、伝統的に「悟り」と呼ばれてきた覚醒体験を客観的に把握しようとする、〝悟り学〟の書となります。本書は、いわば、読者を悟りへと導く〝悟り入門〟ではなく、読者を悟り学へと導く〝悟り学入門〟であるのです。

筆者は、本書が〝悟り学入門〟であるかぎり、筆者自身に覚醒体験がある必要はないと思っています。あたかも日本学者《ジャパノロジスト》が日本人である必要はないように、あるいは病理学者《パトロジスト》が病人である必要はないように、あるいは犯罪学者《クリミノロジスト》が犯罪者である必要はないように、そのように、悟り学者《サトリロジスト》も悟り体験者である必要はないはずです。むしろ、悟り学者に生半可な悟り体験がある場合、自己の悟り体験のみを絶対視し、悟り体験の諸相を見失ってしまう恐れすらあります。筆者は、むしろ、悟り体験者でない立場から悟り体験の諸相を広く見渡し、日本において伝統的に「悟り」と呼ばれてきた覚醒体験を、あくまで客観的に把握してみたいと願っています。

さて、個人的に常人を超える覚醒体験を求めているわけではない筆者が、なぜ、覚醒体験を主題とする本書を書くに至ったか。その理由は、まとめれば、三つあります。

一つめは、従来、仏教学界において、悟り体験記が研究の対象となることがほとんどなかったからです。

古典文献学を主流とする仏教学界においては、近代以降に書かれた悟り体験記が研究の対象となることはまずありません。それに対し、筆者は、仏教学界の片隅——本当に片隅であって、すでに本業は仏典翻訳業に移行していますが——に身を置くうちに、次第に、近代以降に書かれた悟り体験記を含む、悟り体験記全般に関心を持つようになりました。それは、ひとくちに言えば、筆者が研究の対象としてきた大乗仏教の唯識派の古典——『瑜伽師地論《ゆがしじろん》』（ヨーガ行者の階梯）のような実践の書——が、今や誰もそれを実践して覚醒体験を得る人がいない死んだ仏教であることに、少なからず物足りなさを覚えたからです。筆者は死んだ仏教にあきたらず、今も実践して覚醒体験を得る人がいる生きた仏教に関心を持つようになりました。それに伴って、生きた仏教を実践して覚醒体験を得た人々の、悟り体験記を集めるようになったのです。

悟り体験記に記されているような覚醒体験は、得られるまでにしばしば強い意志、厳しい節制、長い修行を必要とします。手軽さが求められがちな近年においては、悟り体験記に記されているような覚醒体験を得る人は多くはないでしょうし、悟り体験記が公表されることも少なくなりつつあります。そろそろ一度、まとめの意味で、これまで集めてきた悟り体験記を研究の対象とし、〝悟り学〟を世に問うてみたいと思うようになりました。これが一つめの理由です。

二つめは、悟り体験記がいずれ散逸する恐れがあるからです。

悟り体験記はばらばらに書かれたまま今に残されています。とりわけ、日本において近代以降に書かれた悟り体験記は、多くが小部数の出版物であるという事情もあって、著者が有名でないかぎり注目されにくく、彼らの弟子が亡くなってのちは忘却されやすい状況にあります。今に残されている悟り体験記も、今後、人口減少に伴って、旧世代から新世代への引き継ぎが充分に行なわれない場合、廃棄され湮滅《いんめつ》するかもしれません。

筆者は悟り体験記を、生きた仏教の記録としてのみならず、日本人の精神生活の記録としても重要なものであると思っています。たとえば、夏目漱石や森鷗外が参禅したことが彼らの文学に記されているにせよ、彼らが何を求めて参禅したかは、彼らと同時代に読まれていた、あるいは彼らと同時代の人によって書かれた、悟り体験記を読まないかぎり、想像することができません。

悟り体験記が散逸することは、日本人にとって、民族的記憶の一部が欠落することになりかねません。

それゆえに、筆者は、筆者が知っている悟り体験記を世間に紹介するとともに、筆者が知らないものを含め、悟り体験記全般について世間の関心を高める必要があると思うようになりました。これが二つめの理由です。

三つめは、「悟り」という日本語の意味するものが曖昧になりつつあるからです。

もともと、インドの諸言語においては、覚醒体験を意味することばが多くあります。したがって、インドに生まれた大乗仏教においても、覚醒体験を意味することばはさまざまにあります。「悟り」という日本語は、それら、大乗仏教の覚醒体験を意味するさまざまなことばの総称として、日本において用いられてきたことばです。おもに禅宗において用いられ、禅が世界的に広まるにつれ、Satoriという日本語のまま、世界的に受け容れられるようになっています。

ところが、近年、日本においては、「悟り」という日本語の意味するものが曖昧になりつつあるようです。

先に述べたとおり、手軽さが喜ばれる近年においては、悟り体験記に記されているような覚醒体験を得る人は多くはないでしょうし、悟り体験記が公表されることも少なくなりつつあります。それに従って、近年、在来の大乗仏教諸宗周辺においては、「悟り」の敷居が引き下げられ、悟り体験記に記されているような覚醒体験でなくとも、修行におけるちょっとした納得を「悟り」

と呼ぶこと、あるいは、日常におけるちょっとした発見を「小さな悟り」と呼ぶことも始まりつつあります。

さらに、近年、新来の上座部仏教団体周辺や、新来のヒンドゥー教アドヴァイタ論（不二一元論。欧米を経由して輸入されたため、英語でノンデュアリティ〔非二元〕と呼ばれることが多い）信奉者周辺においては、自分たちの標榜する覚醒体験を「悟り」と呼ぶことも広まりつつあります。「悟り」という日本語は、もともと、大乗仏教の覚醒体験を意味することばであったのに、近年においては、そうではなくなってきているのです。

ことばの意味するものは時代によって変化しうる以上、「悟り」という日本語の意味するものが曖昧になりつつあることは一概に悪いこととは言えません。ただし、「悟り」という日本語が本来いかなる覚醒体験を意味していたのかを、今のうちに記録して残しておく必要があると思うようになりました。これが三つめの理由です。

もっとも、読者の皆さんは本書を気軽に楽しんでいただけると幸いです。伝統的に「悟り」と呼ばれてきた覚醒体験について、本書ほどさまざまな例を集めた書はほかにありません。本書において紹介される、常人を超える覚醒体験の数々に、読者の皆さんはきっと瞠目《どうもく》し、世間のものならざる、目くるめく境地を追体験することができるでしょう。

もちろん、悟り体験記は自己申告である以上、それをどこまで信頼してよいかという問題はつねにあります。したがって、本書においては、原則として、歴史的に定評ある人々の悟り体験記、あるいは、定評ある師から認められた人々の悟り体験記のみを採り上げることにしました。もとより確実を期することはできませんが、一定の制限を加えることによって、信頼性を向上させるよう努めたつもりです。

本書は、あくまで、日本において伝統的に「悟り」と呼ばれてきた覚醒体験について、おおまかな輪郭を描くことを目的としていますから、本書において採り上げられる覚醒体験も、日本において伝統的に「悟り」と呼ばれてきた、中国仏教と日本仏教とにおける覚醒体験の範囲にとどまります。中国仏教における覚醒体験については明末清初まで、日本仏教における覚醒体験については近代まで（終戦まで）を扱います。

※本書においては、前近代に書かれた、漢文あるいは和文の悟り体験記については、それを現代日本語訳して掲載します。近代に書かれた、和文の悟り体験記については、たとえ文語で書かれていても、原則としてそれをそのまま引用します。ただし、仏教の術語が多い、特殊な文語で書かれている場合、原文のあとに現代日本語訳を付して理解を助けることにします。また、引用文献の一部に、今日の観点からみると差別的ととられかねない表現がありますが、引用文献が書かれた時代的背景と資料保存の必要性とに鑑み、原文どおり引用しました。

「悟り体験」を読む　大乗仏教で覚醒した人々　目次

第三章　日本仏教Ⅱ　臨済宗（近代・出家者）　95

第四章　日本仏教Ⅲ　臨済宗（近代・在家者）

第五章　日本仏教Ⅳ　曹洞宗　139

第六章　日本仏教Ⅴ　黄檗宗・普化宗　151

第七章　日本仏教Ⅵ　真言宗　163

「悟り体験」を読む　大乗仏教で覚醒した人々

序章　悟り体験記への招待

悟り体験記は三蔵の外にある

本書において扱われるのは、前近代から近代にかけて得られていた、伝統的に「悟り」と呼ばれてきた大乗仏教の覚醒体験が記されている、さまざまな悟り体験記である。なお、悟り体験記という呼びかたは、本書において暫定的に用いられるものにすぎず、学界においてこのような呼びかたが定着しているわけではない。

では、本書において悟り体験記と呼ばれるのは、いったい、いかなる文献なのであろうか。まずは、それについての説明から始めることにしたい。

仏教は経、律、論という三蔵（三つの籠）から成り立っている。経はブッダ（音写して仏陀、仏）とその弟子たちの教え、律は教団の運営規則、論は経の解釈である。

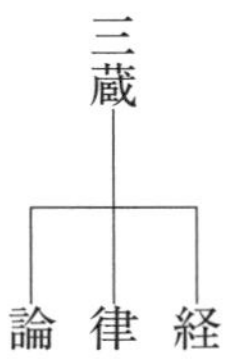

三蔵は、仏教の開祖であるブッダ、釈迦牟尼《しゃかむに》（釈尊）の死の直後（紀元前五世紀頃）に、彼の教団によって初めて編纂された（厳密に言えば、論については、どこまでが彼の教団によって編纂されたのか、決して明確ではない）。これが原始仏教の三蔵である。

そののち、彼の教団がいくつかの部派へと分裂したことによって、それぞれの部派において、互いに異なる三蔵が保持されるようになった。これが部派仏教の三蔵である。

さらに、紀元前後から新たに大乗経が出現し始めたことによって、諸部派のうち、大乗経を支持するグループにおいて、諸部派の三蔵に大乗経とその解釈である大乗論とを加え、新たな三蔵が保持されるようになった（律については諸部派の律をそのまま使用）。これが大乗仏教の三蔵である。

原始仏教、部派仏教、大乗仏教という違いはあるにせよ、いずれも三蔵から成り立っていることに変わりはない。いわば、三蔵は仏教の正典であると言ってよい。

では、悟り体験記は、三蔵のうち、どこに含まれているのであろうか。じつは、どこにも含まれていないのである。悟り体験記は、三蔵にもとづいて修行し、覚醒体験を得た者が、みずからの覚醒体験を語った文献群であり、あくまで三蔵の外にある。

インドに悟り体験記はない

そもそも、三蔵は、聖者の知見を得、最終的に覚者となるためにある。聖者の知見とは、常人を超えた覚醒体験である（後出）。

ただし、出家者がみずからの覚醒体験を語ることは、インド文化圏においては、原始仏教、部派仏教、大乗仏教のいずれの出家者においてもまったくと言っていいほどなかった。なぜなら、三蔵のうち、律の中核である『波羅提木叉《はらだいもくしゃ》』においては、正式な出家者である比丘《びく》が波羅夷《はらい》（教団追放）となる例として、次のような条文があったからである。


誰であれ比丘が、知っていないくせに、おのれについて、常人の属性より上のものである、完全なる、聖者の知見を主張するとする。――「こう自分は知っている」「こう自分は見ている」と。

そののち、ほかの時に、追及されるままに、あるいは追及されないままに、行き過ぎ〔と気づくこと〕となり、〔そこから〕浄められることを求めつつ、次のように語るとする。――「友よ、知っていないのに、見ていないのに、このように『自分は知っている』『自分は見ている』と言ってしまった。虚しく、妄《みだ》りに、たわごとしてしまった」と。

増上慢《ぞうじょうまん》（自信過剰）を例外として、これも波羅夷となる。共に住めなくなる。（VP III, 91）

ここでは、聖者の知見がない比丘がおのれに聖者の知見があると主張することが波羅夷と規定されている。具体的に言えば、もし聖者の知見がない比丘が、他者からの供養を期待して、おのれに聖者の知見があると主張するならば、波羅夷となるのであり、もし聖者の知見がない比丘が、増上慢によって、おのれに聖者の知見があると主張するならば、波羅夷とはならない。

ここでは南伝の仏教に属する上座部の『波羅提木叉』を挙げたが、北伝の仏教に属するほかの諸部派の『波羅提木叉』もほぼ同じである。

ところで、ここでは聖者の知見がない比丘が問題とされている以上、もし本当に聖者の知見がある比丘がおのれに聖者の知見があると主張するならば、波羅夷とならないとも考えられる。ただし、たとえ本当に聖者の知見があると思っていても、それがじつは増上慢にすぎないという可能性もある。増上慢は煩悩のひとつであり、断ちきられるべきものである。それゆえに、インド文化圏においては、出家者がみずからの覚醒体験を語ること、悟り体験記を公表することは、まったくと言っていいほどなかった。

中国の悟り体験記は死後に公表された

出家者がみずからの覚醒体験を語ること、悟り体験記を公表することは、インド文化圏を離れた中国文化圏、具体的に言えば、北宋の禅宗において始まった。出家者は、みずからの覚醒体験を、「普説」と呼ばれる行事において、弟子たちを励ますために私的に語ったし、弟子たちは、師の覚醒体験を書き留めて、悟り体験記を含む「普説」を、師の語録の一部として公表したのである。「普説」を最初に行なった人は北宋の臨済宗の真浄克文《しんじょうこくぶん》（一〇二五―一一〇二）であると伝えられている。

留意すべきは、中国においては、悟り体験記は死後に公表されたという点である。中国においても、出家者は『波羅提木叉』を受持していたため、悟り体験記を生前に公表することはなかった。

日本の悟り体験記は生前に公表された

出家者がみずからの覚醒体験を語ること、悟り体験記を公表することは、中国において始まったのち、日本においても継承された。

注目すべきは、中国においては悟り体験記は死後に公表されたのに対し、日本においては悟り体験記がしばしば生前に公表されたという点である。中国においては、出家者は『波羅提木叉』を受持していたため、悟り体験記を生前に公表することはなかったが、日本においては、日本天台宗の開祖、最澄（七六七—八二二）が『波羅提木叉』を放棄して以来、出家者の多くは『波羅提木叉』を受持していなかったため、悟り体験記を生前に公表することに拘束はなかった。

ただし、覚醒体験を重視する禅宗においては、出家者が悟り体験記を生前に公表することは、前近代から近代にかけては、決して一般的なことではなかった。出家者は、みずからの覚醒体験を、弟子たちを励ますために私的に語るのみであった。出家者が悟り体験記を生前に公表することは、あくまで、現代（戦後）において一般的になったのである。前近代以来の修行によって覚醒体験を得た出家者が減っていく中、持続的な禅ブームの影響もあって、彼らに自伝を書くことが要請され、その自伝の一部として、しばしば彼らの悟り体験記が公表された。

まとめれば、悟り体験記とは、覚醒体験を得た者――大部分は出家者であるが、一部分は出家者に師事する在家者である――が、三蔵の外にみずからの覚醒体験を語った文献群であり、インド文化圏になく、中国文化圏や日本にあるものである。

悟り体験記は、仏教が誕生したインド文化圏にない以上、やはり異色の存在である。ただし、覚醒体験を得た者がそれをみずからのことばで語っている悟り体験記が、覚醒体験を理解する上で、貴重な資料であることは間違いない。

部派仏教の覚醒体験は四諦の実見である

さて、先に確認したとおり、悟り体験記はあくまで三蔵の外にある。ただし、悟り体験記においては、しばしば、三蔵のことばを用いて覚醒体験が語られている。それゆえに、悟り体験記を読みとく前に、覚醒体験がブッダやその後継者たちによって三蔵の内にどう説かれているかについて、最低限、確認しておくことにしたい。

そもそも、ブッダとは、「目覚めた（者）」という意味のインド語であり、「目覚める」という意味の自動詞の過去分詞である。自動詞である以上、彼の「目覚め」は対象を持たない。ただし、実のところ、仏教文献においては、ブッダやその後継者たちは、明らかに、ある対象を知見して聖者となっている。

まず、部派仏教においては、聖者として、預流《よる》、一来《いちらい》、不還《ふげん》、阿羅漢《あらかん》という四段階がある（阿羅漢はブッダの異称でもある）。細分すれば、四段階のいずれについても、向《こう》（「その段階へ」向かいつつある者）と果《か》（〔その段階を〕結果としている者）との二つがあるから、結局のところ、四向四《しこうし》果《か》がある。

北伝の部派仏教においては、四向四果のうち、①預流向が見道《けんどう》（実見の道）、②預流果から⑦阿羅漢向までが修道《しゅどう》（修習の道）、⑧阿羅漢果が無学道《むがくどう》（学ぶべきことがなくなった者の道）へと配当されている。表示するならば、次のとおりである。

見道	修道						無学道
①預流向	②預流果	③一来向	④一来果	⑤不還向	⑥不還果	⑦阿羅漢向	⑧阿羅漢果

南伝の部派仏教においては、三道は説かれておらず、ただ、①預流向が見《けん》、③一来向、⑤不還向、⑦阿羅漢向が修《しゅ》へと配当されている。

注目すべきなのは、北伝の部派仏教において見道へと配当され、南伝の部派仏教において見へと配当されている、①預流向である。この①預流向は、初めて四諦《したい》（四つのまこと）を実見するゆえに、見道あるいは見へと配当されている。四諦とは、次のとおりである。

苦諦《くたい》（苦というまこと）
集諦《じったい》（〔苦を〕起こすものというまこと）
滅諦《めったい》（〔苦を〕滅ぼすことというまこと）

道諦《どうたい》（〔苦を滅ぼすための〕道というまこと）

具体的に言えば、〔苦を〕起こすものとは渇愛《かつあい》（愛の渇き）であり、〔苦を〕滅ぼすこととは渇愛を滅ぼすことであり、〔苦を滅ぼすための〕道とは八正道《はっしょうどう》である。

われわれ凡夫はこれら四諦について伝聞するにすぎないが、①預流向はこれら四諦を初めて実見し、それによって、煩悩を部分的に断ちきるのである。②預流果から⑦阿羅漢向まではこれら四諦をさらに修習し、それによって、煩悩を全体的に断ちきっていく。

なお、実見すると言っても、決して肉眼によって実見するという意味ではなく、慧《え》（叡智）によって実見するという意味である。

このように、四諦をさらに修習し、それによって、煩悩を全体的に断ちきるゆえに、⑧阿羅漢果に達する。その時、初めて涅槃《ねはん》（ニルヴァーナ。鎮火状態）を証得する。①預流向から⑦阿羅漢向までは涅槃を慧によって理解しているにせよ、決して身をもって証得していない。たとえば、『サンユッタ・ニカーヤ』（『相応部』）に次のようにある。

友よ、「涅槃とは有《う》（輪廻的生存）の滅である」と、わたしによって、ありのままに、正しい慧《え》でもって善《よ》く見られている。しかし、わたしは阿羅漢、漏尽者《ろじんしゃ》（煩悩が尽きた者）ではない。

友よ、たとえば荒野の道に井戸があり、しかもそこには綱も水桶もなく、その時、熱に焼かれ、熱に苦しめられ、疲れ、渇え、渇いた男が来、彼がその井戸を覗きこみ、彼に『水だ』という知《ち》があっても、身をもっては触れずにとどまるように、そのように、友よ、「涅槃とは有の滅である」と、ありのままに、正しい慧でもって善く見られていても、わたしは阿羅漢、漏尽者ではない。(SN II, 118)

ここでは南伝の仏教に属する上座部の『サンユッタ・ニカーヤ』を挙げたが、北伝の仏教に属する説一切有部《せついっさいうぶ》の『雑阿含経《ぞうあごんきょう》』(三五一経)もほぼ同じである。

では、涅槃とはいかなるものか。たとえば、『ウダーナ』(八・一)に次のようにある(①②③④は三界の最上界である無色界を構成する四つの領域)。

比丘たちよ、およそ地もなく、水もなく、火もなく、風もなく、①虚空無辺処《こくうむへんしょ》もなく、②識無辺処《しきむへんしょ》もなく、③無所有処《むしょうしょ》もなく、④非想非非想処《ひそうひひそうしょ》もなく、現世もなく、来世もなく、日と月との二つもない、その処《しょ》(領域)がある。さらに、比丘たちよ、そこには、来ることもなく、行くこともなく、とどまることもなく、死ぬこともなく、生まれることもない、とわたしは説く。それは、安立《あんりゅう》しておらず、起こっておらず、絶対に所縁《しょえん》(把捉される側)とならない。それこそが苦の終わりである。(Ud 80)

ここでは南伝の仏教に属する上座部の『ウダーナ』を挙げたが、北伝の仏教に属する説一切有部の『ウダーナ・ヴァルガ』(二六・二四―二五)もほぼ同じである。

まとめれば、部派仏教においては、覚醒体験は四諦の実見なのである。

大乗仏教の覚醒体験は真如の実見である

続いて、大乗仏教においては、聖者として、十地《じゅうじ》の菩薩と、仏地《ぶつじ》のブッダとがある。

大乗仏教においては、十地のうち、初地（歓喜地）の最初が見道、それ以降第十地（法雲地）までが修道、仏地が無学道へと配当されている。表示するならば、次表のとおりである。

見道	修道								無学道
①歓喜地	②離垢地	③発光地	④焔慧地	⑤難勝地	⑥現前地	⑦遠行地	⑧不動地	⑨善慧地	⑩法雲地	仏地

先に確認したとおり、部派仏教においては、聖者は見道において四諦を初めて実見する。それに対し、体系化された大乗仏教においては、聖者は見道において真如《しんにょ》（そのとおりのまこと）を初めて実見する。たとえば、大乗仏教に中観派《ちゅうがんは》と唯識派との二大学派があるうち、唯識派のアサンガ（無著《むじゃく》。四世紀頃）『阿毘達磨集論《あびだつまじゅろん》』と、それに対するブッダシンハ（師子覚《ししかく》。四世紀頃）の註釈との合本である、『阿毘達磨雑集論《あびだつまぞうじゅろん》』に次のようにある（「　」内は『阿毘達磨集論』の文）。

「それ（見道）は能縁《のうえん》（把捉する側）と所縁《しょえん》（把捉される側）とが等しい智でもある」とは、それによって、能取《のうしゅ》（把握する側）と所取《しょしゅ》（把握される側）との無である、真如に通達するからであ

る。(ASBh 76, 20)

すなわち、体系化された大乗仏教においては、実見されるべき真理は、四諦ではなく、真如なのである。

では、真如とはいかなるものであろうか。唯識派のヴァスバンドゥ(世親《せしん》。アサンガの弟。四―五世紀頃)『五蘊論《ごうんろん》』に次のようにある。

真如とは何か。諸法(もろもろの枠組み)の法性《ほっしょう》(きまりごと)であり、法無我《ほうむが》(もろもろの枠組みに我〔確かな自己〕がないこと)である。(PS 19, 7)

ここでは、真如とは諸法の法性であり、法無我であると説かれている。諸法の法性、法無我とは、言いかえれば、諸法の空性《くうしょう》(からっぽさ)である。真如は空性の同義語のひとつに他ならない。ヴァスバンドゥ『中辺分別論《ちゅうへんふんべつろん》』第一章においては、空性の同義語として、真如、実際、無相《むそう》、勝義《しょうぎ》、法界《ほっかい》が挙げられている。

要するに、真如とは諸法に共通の属性であり、端的に言えば、空性なのである。

われわれはこの真如について伝聞するにすぎないが、①歓喜地においてはこの真如を初めて実見し、それによって、煩悩を部分的に断ちきるのである。②離垢地から⑩法雲地までにおいてはこの真如をさらに修習し、それによって、煩悩を全体的に断ちきっていく。

このように、真如をさらに修習し、それによって、煩悩を全体的に断ちきるゆえに、仏地に達する。そのことがはっきり説かれているのは唯識派の論においてであるが、もともと、そのことは唯識派の論に先行するいくつかの大乗経において説かれていることでもある。たとえば、『八《はっ》千頌般若波羅蜜多《せんじゅはんにゃはらみた》』に次のようにある（文中の「如来」はブッダを指す）。

このように、スブーティよ、如来は真如を現にまったく自覚した場合、如来と呼ばれるのである。（ASPP 134, 31）

さらに、『律決択《りつけっちゃく》・優波離所問経《うぱりしょもんきょう》』に次のようにある。

如来はこの如実なる真如を洞察する。それゆえに、如来と呼ばれるのである。

（VVUP 29, 28-30）

部派仏教においては四諦という四つのものを実見して阿羅漢となるのであるが、大乗仏教においては真如という一つのものを実見してブッダとなるのであるとわかる。大乗仏教においては、伝統的に、大乗仏教の覚醒体験は仏教の開祖であるブッダの覚醒体験と同視されてきたが、実のところ、大乗仏教の覚醒体験を、仏教の開祖であるブッダの覚醒体験にまで遡らせることは難しい。少なくとも、ブッダに歴史的に近い部派仏教の覚醒体験は大乗仏教の覚醒体験と異なるからである。

まとめれば、大乗仏教においては、覚醒体験は真如の実見なのである。

「悟り」は「見性」の別名であって見道に該当する

ところで、真如は諸法に共通の属性である以上、真如は諸法によって構成されている有情《うじょう》（生物）のうちにも内在している。

したがって、大乗仏教においては、聖者の知見とは、われわれ自身に内在する真如を知見することでもある。

インドの大乗仏教においては、そのような、われわれ自身に内在する真如は「仏性《ぶっしょう》」と呼ばれることもある。たとえば、『大般涅槃経《だいはつねはんぎょう》』に次のようにある。

> 仏性はあらゆる有情のうちにあるにせよ、しかるにそれは煩悩のたぐいによって覆われており、〝自分自身のうちにある〟と有情たちによって見られることはできずにいる。
>
> （P no. 788, Tu 105b5-6）

さらに、そのような、われわれ自身に内在する真如は「心の本性」と呼ばれることもある。たとえば、『陀羅尼自在王経《だらにじざいおうきょう》』に次のようにある。

心は本性として光り輝いている。それを他ならぬそのとおりに知ることがある。それゆえに言われている。――「一刹那と結合している慧《え》（叡智）によって、正しくまったき菩提《ぼだい》（目覚め）を、現にまったく自覚する」と。（RGV 22, 6-7）

中国の大乗仏教においては、このような、われわれ自身に内在する仏性／心の本性を初めて実見することが「見性《けんしょう》」（仏性／心の本性を見ること）と呼ばれるようになった。すでに、六世紀に編纂された最古の禅文献、『四行論長巻子《しぎょうろんちょうかんす》』（ZGI, 47）において「坐禅終須見本性」（坐禅によってしまいには本性を見るべきである）と説かれており、この「見性」ということばは禅宗を中心として盛んに用いられるようになる。

このように、中国の大乗仏教においては、禅宗を中心として、「見道」に該当するものが「見性」ということばで呼ばれるようになった。

そして、日本の大乗仏教においては、禅宗を中心として、「見性」に該当するものが「悟り」ということばで呼ばれるようになった。仏教語としての和語「悟り」は和文の仏典が書かれるようになった鎌倉時代から現われ始める。

まとめれば、日本の大乗仏教において伝統的に「悟り」と呼ばれてきた覚醒体験は、中国の大乗仏教において「見性」と呼ばれてきた覚醒体験であって、インドの大乗仏教において説かれている見道に該当する。「悟り」は決して一回性のものとは限らず、ひとたび「悟り」を体験した後にふたたび「悟り」を体験する例は多くあるから、その場合、「悟り」ということばは、見道より後の、修道、無学道にも付与されうる。言い換えれば、「悟り」ということばは聖者の知見全般を指すのであって、決して阿羅漢／仏の「目覚め」（菩提《ぼだい》）のみを指すわけではない。「悟り」という日本語は、禅宗において、「見性」という覚醒体験を指すことばとして使われ始めたが、のちには、ほかの諸宗においても、それぞれの宗によって得られる覚醒体験を指すことばとして用いられるようになった。日本においては、悟り体験記は禅宗のみならず諸宗に分布している。

次章からは、そのような、諸宗の悟り体験記を広く採り上げることにしたい。

第一部　悟り体験記を読む

第一章　中国仏教

覚醒体験の中国伝来

大乗仏教の覚醒体験は、南北朝時代後半（六世紀頃）、はじめてインドから中国北朝に伝わった。遊牧民族による征服王朝であった北朝においては、西域との交渉が盛んであったため、多くのインド系出家者たちが西域から北朝へと到来した。彼らによって漢訳された経論を読んだこと、あるいは彼らと直接に接触したことによって、北朝においては、覚醒体験を求めてインド仏教の禅定《ぜんじょう》（集中状態）に入る、多くの中国人出家者が現われた。彼らは「禅師《ぜんじ》」と呼ばれるようになった。

北朝においては、さまざまなインド系出家者たちが、それぞれ、さまざまな禅師たちによって師事されていたと考えられる。そのようなインド系出家者たちのうち、当時、もっとも有名であったのは、少林寺に住んでいた仏陀《ぶつだ》跋陀《ばつだ》（ブッダバドラ。五―六世紀）である（彼は道宣『続高僧伝』において仏陀あるいは跋陀と呼ばれているため仏陀跋陀という名であったと考えられる。ただし、いまだ確かめられているわけではない）。それに対し、こんにち、もっとも有名であるのは、むしろ、当時ほとんど無名であった菩《ぼ》提《だい》達《だつ》摩《ま》（ボーディダルマ。五―六世紀）に他ならない。南北朝を統一した隋から唐にかけて、禅師たちは、菩提達摩を師と仰ぐ系統の禅師たちを中心として、禅宗を形成していったため、菩提達摩は禅宗の初祖として有名となった。後世においては、菩提達摩は少林寺に住んでいたと伝説されるようになったが、それは、仏陀跋陀を師と仰ぐ系統の禅師たちが、菩提達摩を師と仰ぐ系統の禅師たちに合流し、禅宗を形成していったことによって、仏陀跋陀の事蹟が菩提達摩の事蹟に重ねられたからと考えられる。

禅宗と悟り体験

禅宗は、その始まりから、「見性《けんしょう》」（仏性《ぶっしょう》／心の本性を見ること）と呼ばれる覚醒体験——日本においては伝統的に「悟り」と呼ばれてきたため、以下、悟り体験と表記する——を重視していた。そのことは、序章において紹介したとおり、すでに、菩提達摩を師と仰ぐ系統の禅師たちによって六世紀に編纂された最古の禅文献、『四行論長巻子《しぎょうろんちょうかんす》』（ZGI, 47）において「坐禅終須見本性」（坐禅によってしまいには本性を見るべきである）と説かれていることからわかる。

唐において、禅宗は臨済宗、潙仰宗《いぎょう》、曹洞宗、雲門宗、法眼宗《ほうげん》という五家に分岐していったが、後世に残ったのは臨済宗、曹洞宗のみである。両宗はともに悟り体験を重視していたが、南宋に至って、曹洞宗においては、悟り体験を軽視し坐禅を重視する宏智正覚《わんししょうがく》（一〇九一—一一五七）らが現われ、臨済宗においては、悟り体験を重視する大慧宗杲《だいえそうこう》（一〇八九—一一六三）が彼らを激烈に批判した。

なお、禅宗においては、悟り体験へと至るための精神集中の手段として、しばしば師から弟子に対して公案と呼ばれる問題が出される。悟り体験記においても、悟り体験を得た結果、師匠から出された公案に回答できるようになる場面がよく登場するが、一方で、回答が記されないケースがほとんどである。それは、後進の修行者が、悟り体験を得ることなく、体験記に記された回答を模倣して答えることを防ぐための配慮である。実際、『碧巌録《へきがんろく》』『無門関《むもんかん》』などの公案集においても回答は一切掲載されていない。

以下、代表的な悟り体験記を読んでいきたい。

悟る時は真理のほうが人に迫ってくる——菩提達摩

菩提達摩は北朝（北魏から東魏）において洛陽や鄴《ぎょう》に居住したインド人出家者である。後世において、禅宗の初祖として有名になった。以下のことばは、六世紀に編纂された最古の禅文献、『四行論長巻子』による。

三蔵法師（菩提達摩）はおっしゃった。
「悟らないでいる時は人のほうが真理に迫っていこうとするが、悟る時は真理のほうが人に迫ってくる。悟ってからは心が景色を包んでいるが、迷っているうちは心が景色に包まれている。」（ZGI, 68）

これは、筆者が知るかぎり、現存最古の悟り体験記である。いかにも簡素であるが、後世の悟り体験記に記されることばはこの菩提達摩のことばとしばしば合致するのであり、簡素ながらも含蓄深い悟り体験記と言わざるを得ない。

ここからは、南宋の臨済宗における悟り体験記を四つ読んでいく。南宋においては、五山と呼ばれる格式高い禅宗寺院が存在し、それらの名は悟り体験記において頻出する。したがって、最初に五山の名を紹介しておきたい。

①径山《きんざん》興聖万寿禅寺（通称：径山寺）：現在の浙江省杭州市
②北山景徳霊隠《りんにん》禅寺（通称：霊隠寺）：現在の浙江省杭州市
③太白山天童景徳禅寺（通称：天童寺）：現在の浙江省寧波市
④南山浄慈《じんず》報恩光孝禅寺（通称：浄慈寺）：現在の浙江省杭州市
⑤阿《あ》育王山《いくおうざん》広利禅寺（通称：阿育王寺）：現在の浙江省寧波市

訳文においては、五山を番号によって指示する。

闇室の中から白日のもとに出たかのようだった——雪巌祖欽《せつがんそきん》

雪巌祖欽（一二一五—一二八七）は宋末元初の人である。南宋の臨済宗の巨匠、無準師範《ぶじゅんしぱん》（一一七七—一二四九）の法嗣《はっす》（法を嗣ぐ者）のひとりである。数え年五歳で出家し、十六歳で剃髪した。

十八歳で行脚に出、諸方を歴参し、十九歳で見性し、二十九歳で見性を完成させた。ちなみに、日本の臨済宗東福寺派の祖、円爾《えんに》（一二〇二―一二八〇。聖一国師）は、日本から留学し、無準の法嗣となった人であり、雪巌の兄弟子にあたる。

以下のことばは『袁州雪巌欽禅師普説』（『禅関策進《ぜんかんさくしん》』所収）による。

〔一度目の悟り体験〕

浄慈《じんず》（五山④）に単《たん》（坐禅の席）を移し、七人の兄弟《ひんでい》（同輩）と仲間になって坐禅した。夜具をしまいこんで、脇を席につけなかった。ほかに修上座（未詳。□修という先輩であるが、□の一文字不明）がいて、毎日、坐布団の上におり、あたかも一本の鉄杙のようだった。地面の上を行く時には両眼を開き、両腕を垂らし、やはり一本の鉄杙のようだった。お近づきになって話をしてみたかったが、できなかった。二年のあいだ体を横にしなかったので、弱くなって眼がくらむようになり、ついに、ひとえに手放し、すべて手放した。二月あと、前からの調子が、このようにひとえに手放したおかげで、充分に精神を横溢《おういつ》させてきた。もともと、このこと（悟り）を究明したいのならば、眠らずにいては、とても得られない。夜中に熟睡するのでなければならず、ひとたび目覚めてこそ、ようやく精神をたもてるのである。

ある日、廊下で修上座を見かけ、ようやくお近づきになれた。そこで、「去年、あなたと話したかったのですが、ひたすらわたしを避けておられたのは、どういうことですか」と質問してみた。修上座は「本当の弁道人（修行者）は、爪を切るほどの手間も惜しむほどだ。ましてや、きみと話をするだろうか」と言った。そこで、「ただ今、昏沈と散乱とが押し寄せて去りません」と質問してみた。修上座は「きみが自分自身、猛烈でないからだ。高く座布団に坐り、まっすぐ背筋を伸ばし、全身を含めて一個の公案にしてしまえば、もはやいかなる昏沈と散乱とが問題になるだろうか」と言った。修上座に従って工夫してみると、気づかないうちに、身と心とをともに忘れた。澄みきったまま三昼夜が過ぎ、両眼は閉じようとしなかった。

第三日の午後に、三門（寺の正門）の下を、あたかも坐禅しているままのような状態で行きつつあると、また修上座に出会って、「きみはここで何をしているのだい」と質問された。「弁道（修行）しています」と答えた。修上座は「きみは何を道と言っているのだい」と言った。ついに答えることができなかった。ますます迷悶が加わった。ただちに禅堂に帰って坐禅したくなった。さらに首座《しゅそ》（禅堂の代表者）に出会って、「きみはただ大きく眼を開いて、どんな道理であるかを見きわめるだけでよい」と言われた。さらにこの一言を与えられて、ただただ禅堂に帰りたいだけだった。

わずかに座布団の上に坐っただけで、面前が広々と一気に開け、あたかも大地が陥没したのと同じだった。その時のことは、人に喩えで説明しようとしても、できるものではない。世の中のどんな喩えうるありさまとも違っていた。

ただちにその場を下りて修上座を探した。修上座は見るやいなや、ただちに「まずはよかった、まずはよかった」と言った。手を握って、門の前の柳の堤の上を行き、一めぐりした。天を仰ぎ、地に俯く間の、森羅万象、眼に見えるもの、耳に聞こえるものは、これまで嫌ったり捨てたりしてきた物も、無明や煩悩も、もともとすべて自分の、すばらしい、明るい真性の中から流出していた。（T48, 1100b）

このようにして雪巌は悟り体験を得た。ただし、これはあくまで始まりにすぎない。今生における悟り体験を完成させるために、雪巌はさらに修行しなければならなかった。

〔二度目の悟り体験〕

半月あまり、動揺は生じなかった。残念ながら、大いなる手腕ある、大いなる明眼ある尊宿にめぐり会っていなかったので、不適切にもそこに坐してとどまっていた。それを「見解の段階を脱け出せず、正しい知見をさまたげている」と言うのである。眠るごとに、〔動揺、静謐という〕二つの杭を作ってしまっていた。公案にすじみちがあるならば、理解することができるが、あたかも銀山鉄壁《ぎんざんてっぺき》のようであるならば、却って理解できない。先師、無準さま（無準師範）のもとで、多年にわたって入室したし、陞座《しんぞ》（登壇）していただいたが、一語として、心の底にあることがらを打ってくれるものはなかった。経典の教えや語録のうちにも、やはり一語として、この病から解放してくれるものはなかった。

このように、胸の中につかえがあること十年。ある日、天目山（現在の浙江省杭州市）の仏殿の上を行きつつあったところ、眼を挙げて一株の古い柏の木を見、それが目に触れるやいなや、省悟が起こった。これまで得てきた境地や、つかえていた物は、ばっさりと散り去った。あたかも闇室の中から白日のもとに出たかのようだった。
それからというもの、生について疑いを起こさず、死について疑いを起こさず、仏について疑いを起こさず、祖師について疑いを起こさず、初めて、径山《きんざん》老人（無準師範）の立つところを見ることができた。三十棒を与えてくださるのにふさわしいものだった。（T48, 1100bc）
このようにして、雪巌は、一度目の悟り体験から十年をかけて、今生における悟り体験を完成させたのである。

網の中にいたものが跳ね出るかのようだった――高峰原妙《こうほうげんみょう》

高峰原妙（一二三八―一二九五）は宋末元初の人であり、前出の雪巌祖欽の法嗣のひとりである。数え年十五歳で出家し、二十歳で禅僧へと転身した。三年の期限を立てて参禅し、二十四歳で見性し、二十九歳で見性を完成させた。
以下のことばは『天目高峰妙禅師示衆』（『禅関策進』所収）による。

〔一度目の悟り体験〕
ついで、のちに径山（五山①）にて僧堂へと帰った。夢の中で、忽然として「万法は一に帰するが、一はいずこに帰する」〔という公案〕を思い出した。ここから、疑いが急に起こって、ただただ、東も西もわきまえず、南も北もわからないことに至った。

第六日に、大衆《だいしゅ》に随って楼閣の上で経を音読していた。頭を上げると、忽然として、五祖法演和尚（一〇二四―一一〇四）の〔肖像画に付された〕直筆の賛が目に入った。その最後の二句においていわれていた。

百年三万六千朝〔百年、三万六千日、〕

返覆元来是這漢〔繰り返しても、もとは俺。〕

日ごろからの「〔誰がおまえのためにその〕死骸〔肉体〕を引きずってくれている」という〔雪巌祖欽さまの〕ことばが、まっしぐらに打ち破られ、ただちに魂が消し飛び、胆が喪なわれ、絶命したのち再び甦った。それはどうして単に百二十斤ある荷物を下ろした程度のことだったろうか。その時、まさしく二十四歳になっていて、三年の限度が満ちていた。（T48, 1101a）

高峰は、死骸〔肉体〕を引きずってくれている主体である、仏性／心の本性を見たのである。このようにして高峰は悟り体験を得た。ただし、これはあくまで入り口でしかない。今生における悟り体験を徹底させるために、高峰にはさらなる修行が必要だった。

〔二度目の悟り体験〕

ついで、のちに質問された。「昼間、〔心が〕広々としている状態で、〔自分は〕主人公であり得るか。」

回答した。「あり得ます。」

さらに質問された。「眠って夢を見ている間、主人公であり得るか。」

回答した。「あり得ます。」

さらに質問された。「まさしく眠っていて夢を見ていない時、主人公はどこにいるのか。」

これについては、対すべきことばがなく、述べるべき道理がなかった。和尚（雪巌祖欽）は嘱託しておっしゃった。「今からは、おぬしが仏を学んだり法を学んだり、古いことがらを窮めたり今のことがらを窮めたりする必要はない。ただただ、飢えれば飯を食い、疲れたら眠り、わずかに眠って目覚めたら、精神を抖擻《とそう》（頭陀《ずだ》。振り払い）すればよいだけじゃ。自分の、その、ひと目覚めにおいて、主人公は結局どこにいて、安身立命するのか。」

みずから誓った。「一生を投げ出して、そのばか者となって、かならずこの一問題をはっきり見てやる。」

五年を経て、ある日、眠りから覚め、まさしくこのこと（一問題）について疑っていた。忽然として、同宿していた道友《どうゆう》（仏道を求める仲間）が、枕を地に落して音を立てた。まっしぐらに疑いのかたまりを打ち破り、あたかも網の中にいたもの（魚たち）が〔網から〕跳ね出るかのようだった。あらゆる仏祖の、きわめて入り組んだ公案、古今のさまざまな因縁のうち、解決されないものはなかった。ここから、〔おのれという〕国を安定させ、天下太平となって、一瞬のうちに無為《むい》（形成されたのではないもの。真如）へと至り、あらゆる方向〔にある有為《うい》（形成さ

れたもの〕」を坐ったまま断ちきったのである。（T48, 1101a）

このようにして、高峰は、一度目の悟り体験から五年をかけて、今生における悟り体験を徹底させたのである。

以上、雪巌祖欽、高峰原妙の悟り体験記は、いずれも、明末に雲棲袾宏《うんせいしゅこう》（一五三五―一六一五）が編纂したアンソロジー『禅関策進』のうちに収録されている。同書のうちには、宋末元初の五山における悟り体験記のたぐいとして、ほかにも、蒙山徳異（一二三一―?）の『蒙山異禅師示衆』、鉄山□瓊（□の一文字不明。生没年未詳）の『鉄山瓊禅師普説』、無聞思聡（生没年未詳）の『汝州香山無聞聡禅師普説』が収録されているが（なお、彼らは緩やかな師弟関係にある）、彼らの事蹟はかならずしも明瞭でなく、彼らの悟り体験記をどこまで信頼してよいかという問題が残る。したがって、本書においては彼らの悟り体験記を採り上げずにおく。

このことはひたすらことばで言えるものではない――虚堂智愚《きどうちぐ》

虚堂智愚（一一八五―一二六九）は宋末の人である。南宋の臨済宗の巨匠、無準師範亡きあとの第一人者であった。数え年十六歳で出家し、一、二年、坐禅しても成果はなかったが、運庵普巌《うんあんふがん》にめぐり会って参禅し、それによって見性し、さらに三、四年をかけて見性を完成させた。紹定二年（一二二九）から諸寺を住持したが、淳祐九年（一二四九）から北山景徳霊隠《りんにん》禅寺（五山②）の鷲峰庵《じゅほうあん》に隠棲し、のち、阿育王山《あいくおうざん》広利禅寺（五山⑤）、南山浄慈《じんず》報恩光孝禅寺（五山④）、径山《きんざん》興聖万寿禅寺（五山①）を順に住持した。ちなみに、日本の臨済宗大徳寺派の祖、南浦紹明《なんぽしょうみん》（円通大応国師。一二三五―一三〇九）は、日本から留学し、虚堂の法嗣となった人である。

以下のことばは『虚堂和尚語録』双林夏前告香普説《そうりんげぜんごうこうふせつ》による。

〔一度目の悟り体験〕

のちに、金山寺（現在の江蘇省鎮江市）において、運庵先師（運庵普巌）が招きによって雪上（現在の浙江省湖州市を指す）を通過するのに邂逅し、入室することを得た。ただただ、発語させてもらえずにいるだけだった。わずかに口を開けば、ただちに言われた。「とりあえず、真摯な状態でいよ。蕪雑でいる必要はない。」

室内においてはつねに「古帆未掛《こはんみか》」（〔釣り舟に〕古くからの帆すらいまだ掛かっていなかった〔時はどうだったか〕）という公案を示された。わずかに口を開けば、ただちに罵倒された。

ある日、侍者寮において、こう思った。「『古帆未掛』に何の会得しがたいことがあろうか。その実は、ただただ、〔心の海に〕一つの泡すらいまだ生じていなかった前のこと、〔心の海に〕一つの念（分けへだて）すらいまだ起こっていなかった前のことである。この僧侶（運庵）はひねくれ者であって、却って宗師（この公案の作者である、唐の巌頭全豁《がんとうぜんかつ》〔八二八―八八七〕）をさかさまに彼の巣に入れようとしている。巌頭は彼（運庵）がやって来るのをはっきり見とおしており、ただちに彼の口を塞いで、ひとえに〔「小魚呑大魚《しょうぎょどんたいぎょ》」（〔大小に対する念（分けへだて）がいまだ起こっていなかった以上、〕小さい魚が大きい魚を呑んでいたさ〕という答えを〕築いてくれている。これを『人から一牛を得て、人に一馬を返す』と言うのである。どうして人に発語させなかったりしてよかろうか。」

ついに、この一見解を担って、方丈《ほうじょう》〔老師の自室〕へ行って質問を呈した。声がいまだ終わらないうちに、先師はおっしゃった。「どうして犬の口と同じになってしまい、静かな状態で密々に体得しないのかね。毎日ひたすらここに来て、古人について是非を論評するならば、いつ終わりがあるかね。」

寮に帰ってきて、覚えずして煩悶した。忽然として、「古帆未掛」という公案、「清浄な行者は涅槃に入らない」という公案〔『文殊師利所説般若波羅蜜経』。T8, 728b〕について会得した。そのほかの初歩的な公案についても、通暁していくのをだんだん自覚した。

次の日、〔入室の合図の〕鼓が打たれるのを聞いて入室した。先師はわたしの顔がややおのずから異なっているのを見、却って「古帆未掛」という公案を手放して、わたしに、〔唐の南泉普《なんせんふ》願《がん》（七四八—八三五）が猫を飼おうとする弟子たちに質問し、弟子たちが回答できなかったため猫を斬ったのに対し、外出先から戻った彼の高弟、趙州従諗《じょうしゅうじゅうしん》（七七八—八九七）が草履を頭に載せてみせ、南泉から歎賞されたという〕「南泉斬猫《なんせんざんみょう》」〔という公案〕について質問した。拙僧はただちに機転の語を発して言った。「大地ですら、〔わたしの体験を〕載せて起こせません。」

先師は頭を低めて微笑した。（巻四。T47, 1014a）

このようにして虚堂は悟り体験を得た。ただし、これはあくまで初歩にとどまる。今生における悟り体験を確固とさせるために、虚堂はさらなる修行を経なければならなかった。

〔二度目の悟り体験〕

たとえそういうふうであったにせよ、半年が過ぎて、心は昔のままに騒がしくなった。人に〔ことばで〕切り込まれることを、依然として去り得なかった。

のちに、〔寿塔（生前の墓）の代金をめぐって疎山匡仁が弟子に質問し、羅山道閑が弟子に代わって回答し、疎山匡仁から「光を放った」と評された〕「疎山寿塔」という公案を、三、四年のあいだ看《み》た。ある日、無心のうちに、たちまち大嶺の古仏（羅山道閑）が光を放った時のことを会得し、ようやく自在を得、人にごまかされなくなった。前から看ていた公案を、ふたたび取り出して一見するに、その日より前の所見と大いに異なっていた。このこと（悟り）はひたすらことばで言えるものではないと信知したのである。（巻四。T47, 1014ab）

このようにして、虚堂は、一度目の悟り体験から三、四年をかけて、今生における悟り体験を確固とさせたのである。

百千もの三昧《さんまい》がいずれも手の先端にあった——無学祖元《むがくそげん》

無学祖元（一二二六—一二八六。仏光国師）は宋末元初の人である。南宋の臨済宗の巨匠、無準師範の高弟のひとりであり、日本の円爾や、前出の雪巌祖欽の後輩にあたる。数え年十四歳で出家し、二十二歳で見性し、三十一歳で見性を完成させた。

のち、蒙古（元）の南宋侵攻に遭遇し、そのこともあって、弘安二年（一二七九）、日本の鎌倉幕府執権、北条時宗（一二五一―一二八四）の招聘を受けて来日した。同四年、第二回蒙古襲来（弘安の役）に際し、精神的支柱として時宗を支え、戦後、同五年、鎌倉に円覚寺を開創した。日本の臨済宗円覚寺派の祖と仰がれる。

以下のことばは『仏光国師語録』告香普説《ごうこうふせつ》による。

〔一度目の悟り体験〕
老僧（無学祖元）は十四歳で径山《きんざん》（五山①）に上った。十七歳で発心し、「狗子無仏性《くしむぶっしょう》」（犬には仏性がない）という公案に参じた。みずから、一年でかならずものにしようと期したが、ついに解するところがなかった。さらに一年を経たが、やはり解するところがなかった。あらためて三年を経たが、やはり参入するところがなかった。第五年、第六年に到って、たとえそのように参入するところがないままであったにせよ、〔「犬にも仏性がありますか」「無（ない）」という〕この一個の無字を看《み》ることが充分になった。夢のうちにも看、天を満たし、地を満たすのはただ一個の無字だけだった。そのあいだに、一人の老僧がわたしに「あんた、今や、この無字を手放してしまいなさい」と教えてくれた。わたしはただちに彼のことばによって、手放して地に坐った。

わたしはたとえそのようにこの無字を手放してしまったにせよ、この無字は長々とわたしに纏いつき、年来の場所を得たままであった。この無字のせいで、〔自分が〕坐っている時をも見ず、おのれの身があるのも見ず、ただ空蕩蕩地《くうとうとうち》（何もない状態）を見るだけだった。

このように坐したまま半年になった。心・意・識は、あたかも鳥が籠から出たように、あるいは西へ行き、あるいは東へ行き、あるいは南へ行き、あるいは北へ行き（※心が体外離脱したことを指す）、あるいは二日のあいだ坐したまま、あるいは一日一夜坐したままであったが、それでも辛苦を見いださなかった。その時、僧堂のうちには九百くらい人がいて、工夫《くふう》をする者は多かった。ある日、坐禅していると、身と心とが乖離し、〔心が〕戻ってこられなくなった。連単《れんたん》（坐禅の席を連ねている者たち）はわたしが死んでしまったと言った。一人の老僧がいて、「彼は定《じょう》（集中状態）において凍りついてしまい、神息（心）が戻ってこられないのじゃ。おまえたち、ただ彼の身をあぶって覆ってやればよいのみ。彼は自分で戻ってくる」と言った。はたして、ことばのとおり、戻ってきた。連単に質問したところ、一日一夜がたっていた。これよりのちは、ひたすら坐禅を貪った。夜のあいだはやはり少し眠った。眼を閉じた時は、ただ空蕩蕩地を見るだけだった。この一かけらの状態があって、この一かけらの状態において、修行は熟していった。ひたすらこのうちを遊泳した。眼を開いた時は、却って〔空蕩蕩地を〕何も見なかった。

ある夜、坐ったまま三更（午前零時）に到り、眼を開いて目覚めたまま床上にいたところ、忽然として、首座寮《しゅそりょう》（禅堂の代表者の寮）の前の三下版（〔合図のために〕三回打つ板）が響くのを聴いた。本来の面目〔仏性／心の本性〕が一撃で現前した。眼を閉じている時の対象と、眼を開けている時の対象とが同一だった。ただちに急いで床に飛び降り、月の下に走り出た。含暉亭の上で、夜空を眺めて大いに笑い、言った。「大いなるかな、法身《ほっしん》。元来、このように広大であったとは。」（巻九。T80, 227c）

法身とは、真如の別名である〔仏性／心の本性と同〕。ただし、この時、無学はいまだ充分に悟り体験を得たわけではなかった。

〔二度目の悟り体験〕

これよりのち、歓喜は徹底しなかった。僧堂においてまったく坐っていられず、することもないまま、ひたすら山を遶《めぐ》って、東へ行き、西へ行った。あるいは含暉亭の上にいて、月が出るのを見、日が出るのを見、さらに、仏教の『経』〔未詳〕において「日と月とは東から西へと過ぎ、一日に四十億万里を経る」と言われているのを考えた。

わたしがいる震旦《しんたん》〔中国〕のうち、楊州の地域を天の〔東から西への〕中間点として、〔楊州から〕日いずるところに到るまで、やはり二十億万里ある。どうして、日の先端がひとたび出たならば、光はただちにわたしの顔を射るのだろうか。わたしはさらに「わたしの眼の光がかの日のところへ到るのだ。〔眼は〕さらに軽快であってあたかもそれ〔光〕に似ている。わが眼、わが心が〔全世界に遍満する〕法身なのだ」と思った。

ここに到って、永劫以来の鎖の枷《かせ》は爆発したようになって砕け散った。永劫以来、螻《けら》や蟻の巣のうちに坐している状態だったが、今日になって、全方向にある仏国土《ぶっこくど》はわたしの一毛孔のうちにあった。わたしはみずから「あらためて大悟することはあるまい。また快活となった」と思った。この時、〔数え年〕二十二歳であった。（巻九。T80, 227c-228a）

このようにして無学は悟り体験を得た。ただし、これすらいまだ充分ではなかった。彼は「あらためて大悟することはあるまい」と思ったが、そうではなかったのである。

〔認めなかった無準師範〕

わたしはいつも人に「自分は『狗子無仏性』の話にのしかかられていたが、〔それを〕下ろした。わたしは五、六年のあいだ工夫した」と説いた。そのあいだ、象潭□泳（未詳。□の一文字不明）、絶学□儒（未詳。□の一文字不明）がわたしに「そうじゃない。きみはたとえこの公案から得入しなかったにせよ、却って、この公案がきみの胸のうちに痞《つか》えている状態になっている。〔この公案によって〕大きな業識《ごっしき》（〔前世からの〕業を保持している識。アーラヤ識）をさらに手放せるよ。きみがもし〔この公案を〕手放さなかったならば、いまだかならずしもこの二見解（二度の悟り体験）はなく、快活さも得られたはずだ。この公案に参じたならば、気力も得られるよ」と説いたが、〔わたしは〕公案に対する気力を手放してしまっていた。老僧は彼らに「わたしが証得しなかったわけでもないし、あなたがわかっていないわけでもない」と言った。

みずから〔公案を〕千もわかり百もわかったと思った。頌を作りおわって、先師、無準《ぶじゅん》さま（無準師範《しばん》）にお見せした。

一槌打破精霊窟　（一撃、精霊の巣を破り、）
突出那吒鉄面皮　（那吒《なた》の鉄面皮、ぶち抜いた。）
両耳如聾口如啞　（耳は聞こえず、口きけず、）
等間触著火星飛　（すぐに火花の飛ぶを見た。）

老和尚（無準師範）は良いともおっしゃらず、悪いともおっしゃらなかった。ただ〔頌が書かれた紙を〕地面にほうりなさっただけだった。わたしはみずから〔頌が書かれた紙を〕収めて僧堂に帰った。ただ法身が広大であるのを知っただけであり、やはり、老和尚が首をすくめた意味をわからないままだった。（巻九。T80, 228a）

このように、無準は無学の見性を認めなかったわけであるが、無学の見性は何が足りなかったのであろうか。そのことを理解するために、まず、北宋の禅籍『景徳伝灯録《けいとくでんとうろく》』（巻十一。T51, 284a）を見てみたい。同書においては、唐の香厳智閑《きょうげんちかん》（九世紀）が、礫《つぶて》が竹を一撃する音を聞いて見性した時、作った偈《げ》が載せられている。

一撃亡所知（一撃、知られるものは消え、）
更不自修治（あらたにみずから治さない。）
動容揚古路（動作に古き道を揚げ、）
不堕悄然機（しょんぼりした身に陥らない。）

「一撃亡所知」とは、通常の認識対象が消え去ったことを指す。「動容揚古路」とは、古き道——諸仏が履《ふ》んできた道——を体現することを指す。数日後、無学が無準のもとに参上して質問した時、無準が引き合いに出したのはこの偈であった。

幾日か過ぎて、参上して質問した。老和尚（無準師範）は「おまえは香厳（香厳智閑）が悟った時の頌を見たか、否か」とおっしゃった。老僧（無学祖元）は「おぼえています」と申し上げた。老和尚はわたしに一回暗誦させ、さらにわたしに解説させた。わたしはただちに「〔『一撃亡所知　更不自修治』という〕前半の二句は、〝〔法身は〕本来このように現成《げんじょう》していたのである以上、どうして参究する〔ことによって法身を治す〕必要があろうか〟です」と申し上げた。老和尚は「『動容揚古路　不堕悄然機』というのはどうか」とおっしゃった。老僧はただちに説き得なくなった。老和尚は竹篦《しっぺい》（竹でできたへら）を取り、ただちに〔老僧を〕打って追い出しなさった。老僧はやはりわからないままだった。（巻九。T80, 228a）

結局、自分の見性に何が足りなかったのかわからないまま、無学はさらに修行せざるを得なかった。

〔三度目の悟り体験〕

翌年（一二四九）、老和尚（無準師範）が亡くなったので、霊隠《りんにん》（五山②）へ下って住み、阿育《あいく》王《おう》（五山⑤）を過ぎて、浄慈《じんず》（五山④）に転じた（一二五一）。浄慈においては書記になるよう請われたが、受けなかった。ふたたび径山《きんざん》（五山①）に上った。これは径山に上がる三回目だった。石渓《しっけい》和尚（石渓心月《しんげつ》。?――一二五五）は老僧が来たのを見て、はなはだ喜んだ。その時、先師（無準師範）の会座にいた龍象（エリート）たちはいずれも姿が見えなくなっていた。僧堂の僧侶たちのうちにも、面識のある者は少なかった。

胸のうちに重ねて新たに疑いが起こった。僧堂において、さらに、一夏のあいだ、坐禅した。修行から退いて前堂首座《ぜんどうしゅそ》（前堂の代表者）となって苦労し、その〔前堂首座の〕個室でひたすら眠ったような状態のまま、半月寝てしまった。

たまたま松源崇岳《しょうげんすうがく》（一一三二―一二〇二）の普説を閲覧し、〔「たとえば牛が車を引く時、車がもし進まないならば、牛を打つのがよいか、車を打つのがよいか」という〕「打牛車《だぎっしゃ》」の話を看《み》、知客《しか》寮《りょう》（接待係の寮）の前に到ると、忽然としてあたかも平地から一回登仙《とうせん》（仙人となって昇天）するかのようになった。みずから「一千七百則の公案についてまったく疑いがなくなった」と説いた。

石渓和尚の室内に入るたび、一度、入室を許されるや、三回は行かずにいられなかった。石渓さまはわたしに翻弄されたが、わたしをどうすることもできず、また、〔わたしに〕悪辣な手段を施すに忍びず、ただうまくまるめこむだけだった。わたしは〝一度、すぐさま竹篦をくらいたいものだ〟と思ったが、手をくだしてくれる人がいなかった。

その年（一二五一）、ふたたび浄慈（五山④）へ帰って、蔵主《ぞうす》（書庫係）となって禅を説明した。諸公はみな老僧が五山のトップの上に超え出ていると言った。（巻九。T80, 228ab）

無学は「一千七百則の公案についてまったく疑いがなくなった」にせよ、心の奥底では「一度、すぐさま竹篦をくらいたいものだ」と思っていた。その機会がやってきたのは翌年である。すなわち——

〔虚堂智愚との出会いと四度目の悟り体験〕

二年目（一二五二）に霊鷲（霊隠〔五山②〕の霊鷲峰）へ帰って住んだ。鷲峰庵に到ったのをきっかけとして、虚堂さま（虚堂智愚）に参じて請益《しんえき》（教えてくださるようお願い）し、彼の話を聴いたが、討究すべき箇所はまったくなかった。この老先生はわたしに「おまえさんは、後年、禅を説明する長老のひとりとなってしまうだろうな」と説きたまうた。わたしはみずから「まさしくかならず禅を説明すべきなのに、どうして〔虚堂さまは〕わたしが禅を説明する長老となるのを嫌がるのだろうか」と思った。一夏のうちに、二十回、〔鷲峰〕庵に到った。〔虚堂さまは〕口を動かせばただちに東山下のこと（五祖法演〔一〇二四―一一〇四〕の門下のこと）を説きたまうた。わたしはますますわからなかった。〔虚堂さまは〕ある時、古今の例を引いて、あたかも千波万浪のように、それを説いてやまなかった。わたしが両眼を瞠《みは》っているのを見、さらに微笑なさった。

ある日、頌を作って石林行鞏（一二二〇―一二八〇）と氷谷□衍（?―一二六七。□の一文字不明）と横川如珙（一二二二―一二八九）との三人が国清寺《こくせいじ》（天台山。現在の浙江省杭州市）へ往くのを送ったのをきっかけに、彼（虚堂智愚）は〔その頌を〕取り出して老僧に示したまうた。頌において言われていた。

因思三隠寂寥中（三人《みたり》欠く寂《さ》び、思いては、）
為愛尋盟別鷲峰（友情誓い、別《わか》る鷲峰《じゅほう》。）
相送当門有脩竹（送る門辺《かどべ》に高い竹。）
為君葉葉起清風（君らに葉葉《はば》が清風起《た》つ。）

老僧はこの老漢《ろうかん》（虚堂智愚）に「ここにはまったく少しの禅もありません」と申し上げた。老虚堂さまは頌〔が書かれた紙〕を取るや、老僧の顔の正面を一撃し、「おまえはそれでも五山の蔵主だというのかっ！」とおっしゃった。老漢の腹のうちの禅道が一斉に〔わたしを〕打って断ち、〔わたしは〕たちどころに彼のうちに潜む密かなはたらきを知った。

日が暮れて霊鷲へ帰った。雪竇重顕《せっちょうじゅうけん》（九八〇—一〇五二）が盤山宝積《ばんざんほうしゃく》（八—九世紀頃）の公案（『景徳伝灯録』巻七。T51, 253b）をひねくっているくだり（『明覚禅師語録』巻二。T47, 680ab）を看《み》たことをきっかけに、あたかも剣を投げ上げて空《そら》のうちに揮い、〔どこまで〕届くも届かないもお構いなく、空の放物線に跡もなく、剣の刃も欠けていないかのようになった。さらに、仏祖から仏祖へと伝えられてきた、灼然たる、文字を絶するありさまを悟った。以前からの滞りを一時に脱した。

秋になって、のちに天童（五山③）へ帰った。（巻九。T80, 228b）

「一千七百則の公案についてまったく疑いがなくなった」にせよ、心の奥底では「一度、すぐさま竹篦をくらいたいものだ」と思っていた無学は、虚堂智愚との出会いによってそれをくらい、「以前からの滞りを一時に脱した」のである。

虚堂智愚については、先にその悟り体験記を紹介した（本書五一頁）。ここでは、鷲峰庵に隠棲していた頃の、虚堂の円熟した悟境を窺うことができる。

〔五度目の悟り体験と無準師範の面影〕

翌年（一二五三）に大慈（大慈寺。現在の浙江省寧波市）へ帰った。

三年後（一二五六）に浄頭《じんじゅう》（トイレ洗浄係）となった。痴禅元妙《ちぜんげんみょう》（一一一一—一一六四）の普説を看《み》たことをきっかけに、井楼《せいろう》（井戸のある建物）に到って、〔つるべで〕水面を打って轆轤《ろくろ》を牽いていると、覚えずして百千もの三昧《さんまい》〔集中状態〕がいずれも手の先端にあった。香厳〔香厳智閑〕が〔礫が〕竹を撃つのによって悟ったという因縁に対しては、ここに到って、あたかも〔わたしが〕彼の室内に入っ〔て印可され〕たかのように、あらためて糸や毛ほどの隔てもなくなった。無準老人〔無準師範〕がこの世を去ってから七年、一旦、〔無準老人の〕面影が〔わたしの前に〕あたかも生けるがごとくとなった。〔巻九。T80, 228bc〕

このようにして、無学は、一度目の悟り体験から九年をかけて、今生における悟り体験を貫徹させたのである。

さて、無学は何によって悟り体験を貫徹させ得たのか。もう一度、香厳智閑の偈を見てみたい。

一撃亡所知　〔一撃、知られるものは消え、〕
更不自修治　〔あらたにみずから治さない。〕
動容揚古路　〔動作に古き道を揚げ、〕
不墮悄然機　〔しょんぼりした身に陥らない。〕

無学は無準の膝下において、「一撃亡所知　更不自修治」という、見性に至っていたが、いまだ、「動容揚古路　不墮悄然機」という、古き道——諸仏が履んできた道——を体現する体験に至っていなかった。今、諸仏が履んできた百千もの三昧が手の先端にあるという体験によって、ようやく、悟り体験を貫徹させ得たのである。

ここまでは、宋の臨済宗における悟り体験記を四つ読んできた。ここからは、明の臨済宗における悟り体験記を二つ読んでいく。

何かになぞらえて他人に示すことはできない――隠元隆琦《いんげんりゅうき》

隠元隆琦（一五九二―一六七三）は明末清初の人である。旅行中に消息不明となった父を捜し求め、観音菩薩の霊場、普陀山を訪ねるうちに発心し、泰昌元年（一六二〇）、出家した。諸方を歴参し、天啓四年（一六二四）、金粟山広慧寺において密雲円悟（一五六六―一六四二）に参禅し、それによって、同六年、見性した。

黄檗山万福寺の住持を経て、在日中国人の求めに応じ、承応三年（一六五四）、来日した。当初は帰国を予定していたが、日本人の求めによって永住を決意し、寛文元年（一六六一）、宇治に新たな黄檗山万福寺を開創した。日本の黄檗宗の開祖と仰がれる。

以下のことばは、順治八年（一六五一）に数え年六十歳を迎えた隠元が弟子の請いに応じてみずから語り、弟子によって筆記された自伝『行実』による。

丙寅（一六二六）の冬に至って、五峰（五峰如学。一五八五―一六三三）が〔金粟山広慧寺の〕西堂首座《しゅそ》（西堂の代表者）となった。師（隠元）は拳を立てて、「これを知ったなら天下は泰平になるし、これを知ったなら天下は競争になる。どう決断したものだろうか」と言った。五峰は「それをどこで得てきたのか」と言った。師はすかさず一喝した。五峰は「そんなこと（一喝）をどこでおぼえてきたのか」と言った。師はさらに一喝した。五峰はすかさずひっぱたいた。師はふたたび一喝した。五峰はさらにひっぱたいた。師は二喝し、五峰もまた二回ひっぱたいた。大衆《だいしゅ》は「隠元さんは、今日は負けたな」と思った。師は「お前さんたちにわかることじゃない」と言った。

それからというもの、坐することもできず、横になることもできず、気が噴き上げて地を噴き払い、目を据えたまま歩きまわり、千人のうち一人すら見えなくなり、自分のからだがあるのすら見えなくなった。

翌日の朝課《ちょうか》である読経に至って、維那《いのう》（役僧）が磬《けい》（ベル）を一回鳴らした時、はっとして、自分のからだがそこにあるのに気づいた。朝課が終わってのちは、やはり元に戻って歩きまわった。大衆は「隠元さんは薬をやっているな」と思った。

そのまま、第三日の午前に至って、忽然として窓の外から一陣の風が吹き入って、寒さに体毛が逆立つと、全身に白い汗が浮かんで、大いに源底《げんてい》（仏性《ぶっしょう》／心の本性）に徹した。すなわち、（現在世、過去世、未来世という）三世の諸仏、歴代の祖師たち、天下の老和尚たち、有情（生物）と無情（無生物）が、ことごとく一つの毛先ほどのうちにはっきりと現われ、二分できず、別々でないのを知ったのである。何かになぞらえて他人に示すことはできないが、自分で証得することによって知ったのである。心のうちはいちじるしい歓喜にあふれ、人に逢うたびにすぐさま笑った。人は「隠元さんは魔物に取り憑かれた」と思った。師は「お前さんたちにわかることじゃない」と言った。ただし、『経』（『楞厳経《りょうごんきょう》』巻九。T19, 147c）に「もし聖者の証得と思い込めば、ただちに魔物の群れに入ってしまう」と言われているのを記憶していたので、結局、歓喜の色を浮かべることはなく、もとどおり普通でいた。

淑知師（隠元の同輩）は師（隠元）が証得したものを知って、五峰に「このかたは徹した」と言った。そこで、（五峰は師を）呼んで寮に来させ、「おぬしには悟ったことがあるそうだが、試しに言ってみよ」と言った。師は「言うのは難しくありませんが、大衆を驚かせ動揺させまいかと恐れているのです」と言った。五峰は「ただ説いてみればよいのみ。何の差しさわりがあろうか」と言った。師はとんぼがえりをして退出した。五峰は「本物の獅子の子は吼えるのが凄いわい」と言った。（能仁晃道〔編著〕［1999：410］。漢文箇所）

最後に「師はとんぼがえりをして退出した」とあるのはわかりにくいが、おそらく、悟り体験が世間の喩えによっては表現できない体験であったことを、とんぼがえりによって象徴してみせたと考えられる。

千の鉄枷《てつかせ》をはずしたかのようだった――木庵性瑫《もくあんしょうとう》

木庵性瑫（一六一一―一六八四）は明末清初の人である。幼くして父母を失い、祖母に育てられるうちに発心し、祖母の許しを受け、天啓六年（一六二六）、出家した（得度は三年後）。開元寺

（現在の福建省福州市）において曹洞宗の永覚元賢（一五七八―一六五七）に参禅し、同十年、見性した。

同十六年、金粟山広慧寺に転錫《てんしゃく》し、順治元年（一六四四）、隠元隆琦（前出）に師事を始めた。

明暦元年（一六五五）、隠元を追って来日した。寛文元年（一六六一）、隠元とともに宇治に新たに開創された黄檗山万福寺に移った。日本の黄檗宗の第二祖と仰がれる。

以下のことばは明暦二年（一六五六）冬に木庵が上意によって幕府へ提出した自伝『行実』による。


いまだいくばくも経たないうちに、さらに苕渓《ちょうけい》（浙江省）の永覚和尚のところへ到って大戒（波《は》羅《ら》提《だい》木《もく》叉《しゃ》）を具足した。前から参じていた「身を隠すところには痕跡をなくす〔が、痕跡をなくすところには身を隠すことがない〕」という公案について、〔永覚和尚に〕工夫《くふう》を請益《しんえき》（教えてくださるようお願い）した。永覚さまは「あたかもひどい飢えや渇きのさなかにいるのと同様、公案をわずかなあいだも離してはならぬ。浮ついた気持ちは溶け去り、もとからあるものである光明が自然にすぐさま現ずるであろう」とおっしゃった。

ただちに教えにしたがって堂に帰り、力を尽くして、もともと参じていたもの（公案）を取り出すと、十三昼夜にわたって、寝食ともに忘れた。

初めの二日はひたすら昏迷するままだった。

第三日に到って、猛烈の上に猛烈を加え、ただちに、四肢と五臓とが軽く澄んでくるのを覚えた。公案と身心とがぐるぐる回って一かたまりとなり、〔公案を〕放そうとしても〔公案は〕去らなかった。

第十三夜に大衆《だいしゅ》に随って経行《きんひん》（緩歩）していると、花のように揺らめくともし火から炎がほとばしった。自己のからだが光の影のうちを経行しているすがたを、ありありと見た。廓然《かくぜん》として旧物《きゅうぶつ》（仏性《ぶっしょう》／心の本性）に触れた。ああ、元来、立ち枯れた木であったものを、幽霊だの盗賊だのと誤認していたのだ。この時はあたかも千の鉄枷《てつかせ》をはずしたかのようであり、快さは名状しがたかった。そこで、一偈を作ってみた。

奇哉奇哉甚奇哉　（不思議や不思議、摩訶不思議。）
一朶灯花午夜開　（ともし火の花、夜開き、）
覿露明明無向背　（まる出しに見え、対立なし。）
騰今耀古絶安排　（今で昔《むかし》見せ、順序なし。）

翌朝、方丈《ほうじょう》（老師の自室）に上って、その悟りの由《よし》を説明申し上げた。永覚さまは「そのことは軽々しく扱うべきことではない」とおっしゃった。

ついに、偈によって応じておっしゃった。

一段霊通　（悟り一件は、）

無管無帯　（縛られず。）
鳥飛空而絶迹　（空ゆく鳥に跡はなく、）
水涵月以難蓋　（水月みなを蓋できず。）

そこで、退出した。それからは、仏を疑わず、祖師を疑わなかった。（MZ1, 422-423）

「ああ、元来、立ち枯れた木であったものを、幽霊だの盗賊だのと誤認していたのだ」とは、自己のからだを自己と誤認していたのだという意味である。旧物（仏性／心の本性）こそが自己であったということに、ようやく気づいたのである。

第二章　日本仏教Ｉ　臨済宗（前近代・出家者）

覚醒体験の日本伝来

大乗仏教の覚醒体験は、鎌倉時代、臨済宗とともに、初めて中国（南宋）から日本に伝わった。そもそも、鎌倉時代より前においては、覚醒体験のための定《じょう》（集中状態）を得た者は日本にいなかった。平安時代、日本天台宗の開祖、最澄（七六七―八二二）が比叡山の出家者に天台宗の定の業《わざ》を得させたいと主張した時、奈良仏教の代表者である六人の僧統たちはまさしくそのことを理由として反対したのである。最澄『顕戒論』に次のようにある。

僧統は〔朝廷に〕奏聞して言った。「この国にはもともと定を得た人がおりません。〔天台宗の定の〕業が本物であるか偽物であるかを、どうしてわかりましょうか。」〈以上、奏聞の文〉

（T74, 597c）

結局、最澄の主張は許可されたにせよ、その後の日本天台宗においては、定を得るどころか、天台本覚《ほんがく》思想（日本天台宗において発達した、誰でももともと悟っているという思想）の影響によって、わざわざ覚醒体験を得なくてもよいという楽観的な考えかたが広がっていった。

さらに、平安時代末期からは、末法思想《まっぽう》（仏法の終末が到来するという思想）の影響によって、末法の時代においては覚醒体験が得られないという悲観的な考えかたも広がっていった。この時代に広く読まれた、唐の道綽《どうしゃく》（五六二―六四五）『安楽集』に次のようにある。


それゆえに、『大集月蔵経《だいじつがつぞうきょう》』において言われている。「わたし（釈迦牟尼）の末法の時代において、何億もの衆生が行を起こし、道のために修習するにせよ、一人として〔道を〕得る者はいないであろう。」（T47, 13c）

現実の『大方等大集経《だいほうどうだいじつきょう》』月蔵分《がつぞうぶん》においては、このとおりの文はない。しかし、前半生に北朝の禅師として覚醒体験を求め、後半生に浄土教に帰してからも道綽禅師と呼ばれたこの人がこのように発言したことの意味は重い。この文は、浄土宗の開祖、法然（一一三三―一二一二）によって『選択本願念仏集』冒頭において引用され、浄土真宗の開祖、親鸞（一一七三―一二六三）によって『高僧和讃』道綽讃においてパラフレーズされ、末法の時代においては覚醒体験が得られないという悲観的な考えかたを広めていった。

ところが、それと同じ頃に大きな転機が訪れる。仏跡巡拝を求めて中国（南宋）に渡った日本天台宗の栄西（一一四一―一二一五）が、かの地において興隆していた禅宗に接触したのである。日本においては、末法の時代においては覚醒体験が得られないという悲観的な考えかたが広まっていたのに対し、中国においては、禅によって覚醒体験を得る人が続出しつつあった。栄西はそれを知って感激し、ついにみずから臨済宗において参禅し、日本に初めて臨済宗を伝えたのである。建久九年（一一九八）に書かれた栄西『興禅護国論』に次のようにある。

質問。今おっしゃったとおりでしたら、インドにおいても中国においても仏教が興隆しているわけですね。仏果《ぶっか》（仏という結果）を証得する人は今でもいるのでしょうか、いないのでしょうか。

回答。予《よ》がこの眼で見、耳で聞いたかぎりでは、中国には灰身《けしん》の人（生きながら身を灰のようにし、絶対に生まれ変わらなくなった人。阿羅漢）がいる。インドでもそうである。先にそれを説いたとおりである。

〔質問。〕そうでしたら、日本も〔そういう人が〕いるようになれるでしょうか、なれないでしょうか。

回答。やはりいるようになるはずである。（T80, 16a）

たとえ末法の時代であっても、インドや中国においては仏法が興隆しており、覚醒体験を得る人は今でもいる。もし参禅するならば、日本においてもそのような人が現われるはずである。――栄西は力強く断言している。

栄西は中国において印可を受けた以上、覚醒体験を得ていたと考えられるが、みずからの覚醒体験については何も書き残していない。ともあれ、その後の日本においては、栄西が断言したとおり、参禅し、覚醒体験を得る人々が現れ始めるのである。

臨済宗と悟り体験

日本臨済宗は、鎌倉時代に南宋に留学した複数の日本人出家者、あるいは南宋から来日した複数の中国人出家者によって開かれた。こんにち、日本臨済宗において諸派が分立しているのはそのことと関係する。臨済宗を初めて日本に伝えたのは栄西であるが、彼はあくまでそのような複数の出家者のうちの一人であったにすぎない。栄西は臨済宗建仁寺派の祖と仰がれるが、日本臨済宗全体の祖というわけではない。

第一章において確認したとおり、臨済宗は「見性《けんしょう》」（仏性《ぶっしょう》／心の本性を見ること）と呼ばれる覚醒体験――日本においては伝統的に「悟り」と呼ばれてきたため、以下、悟り体験と表記する――を重視する。

以下、代表的な悟り体験記を読んでいきたい。

妄想の巣窟を踏み破ってくつがえした――夢窓疎石《むそうそせき》

夢窓疎石（一二七五―一三五一）は鎌倉時代末期から室町時代初期にかけての人である。武士の家に生まれ、弘安六年（一二八三）、真言宗において出家したが、永仁二年（一二九四）、栄西が創建した京都の建仁寺に入り、臨済宗において再出家した。禅語録を読むだけになっていた建仁寺の風潮に疑念をいだき、見性を求めて、嘉元元年（一三〇三）、鎌倉の万寿寺において高峰顕日《こうほうけんにち》（一二四一―一三一六）に参禅した。さらに、坐禅への専念を求めて、奥州へ転錫《てんしゃく》し、同三年五月、常陸国臼庭《うすば》（現在の茨城県北茨城市）の御家人比佐居士の領地において見性した。

のち、京都に天龍寺を開創した。臨済宗天龍寺派の祖と仰がれる。

夢窓疎石の法系は来日した南宋の無学祖元《むがくそげん》（本書五四頁）を源流とする。略法系図を示せば、次のとおりである。

無学祖元―高峰顕日―夢窓疎石

以下のことばは文和二年（一三五三）に法嗣である春屋妙葩《しゅんおくみょうは》（一三一一―一三八八）が本人からの聞き書きをまとめた法話集『西山夜話《せいざんやわ》』による。

〔奥州に〕閑居して三年を経ても、一かけらをも見地として成しとげられなかった。ある日、ふと、仏国禅師（高峰顕日）が別れに臨んで教えを垂れてくださり、「修行者が、もし世間のものと世間を超えたもの（悟り）との間にわずかでも何かをさし挟むならば、悟ることはできぬ」とおっしゃったのを思い出した。そこでみずから思った。〝わたしは世俗諦《せぞくたい》（世間のもの）に対してはこれまで何も望んだことはなかったが、しかしいまだ〔世間のものと世間を超えたものとの間に〕仏法をさし挟むことを免れていなかったので、悟りへのさまたげを作ってしまった。〟

それが間違いであることがわかったので、求める心はおのずから止んだ。ただ、〔山のように〕どっしりとして時を過ごすだけだった。

ある夜、まっしぐらに以前からの妄想の巣窟を踏み破ってくつがえし、はじめて、仏国禅師が示してくださったことが偽りではなかったことを知ったのである。(T80, 494a)

「仏法をさし挟む」とは、〝仏法を仲介として悟りを得よう〟という、求める心をさし挟むことと考えられる。

その時の心の中の楽しみはことばで言い表せるものではない――抜隊得勝《ばっすいとくしょう》

抜隊得勝(一三二七―一三八七)は南北朝時代の人である。武士の家に生まれ、在家のまま参禅したのち、文和四年(一三五五)、出家した。諸方を歴参し、延文三年(一三五八)、出雲の雲樹寺において孤峰覚明《こほうかくみょう》(一二七一―一三六一)に参禅し、それによって見性した。のち、甲斐に向嶽庵(現在の向嶽寺)を開創した。臨済宗向嶽寺派の祖と仰がれる。

抜隊得勝の法系は、『無門関《むもんかん》』の著者として有名な、南宋の無門慧開《むもんえかい》(一一八三―一二六〇)を源流とする。日本から入宋した心地覚心《しんちかくしん》(一二〇七―一二九八。法灯円明国師)が無門の法を日本に伝えた。略法系図を示せば、次のとおりである。

無門慧開―心地覚心―孤峰覚明―抜隊得勝

以下のことばは本人の法話集『塩山仮名法語』による。

みずから心を見るに、〔心は〕あたかも大空《おおぞら》のようであり、形もない。〝ここで耳によって声を聞いており、響きを知っている主体とは、はたして何であろうか〟と、少しも気を許さないまま、深く疑うだけとなり、さらに、知られるべき道理が一つもなくなりはてて、〝自分がいる〟ということを忘れはてた時、以前からの見解が絶えはてて、疑いが充分になったため悟りが充分になることは、あたかも桶の底が抜ける時、入っていた水が残らないことに似ている。あたかも朽ちはてた木にたちまち花が開くことに似ている。もしそういうふうになるならば、諸法に対し自在を得て、大解脱の人となるはずである。

たとえそのような悟りがあるにせよ、ただただ、幾度も悟られる悟りを打ち捨てて、悟る主体へと戻り、根本へと帰って、固くたもっているならば、情識《じょうしき》（感官による認識。眼識、耳識、鼻識、舌識、身識）が尽きてゆくのにしたがって自性《じしょう》（仏性／心の本性）が輝いてゆくことは、あたかも玉を磨くにしたがって〔玉が〕光を増していくのに似ており、しまいには必ず全方向にある諸世界を照らすはずである。このことを疑ってはならぬ。（NZGI1, 67-69）

悟り体験を得るための方法として抜隊が推奨するのは、〝声を聞く主体は何か〟と疑うという方法である。この方法は『楞厳経《りょうごんきょう》』（巻六。T19, 131b）に「反聞聞自性　性成無上道」（却って〔声を〕聞く自性を聞くならば、自性は無上の道を成しとげる）とあるのによる。〃声を聞く主体〃とは、結局のところ、仏性／心の本性に他ならない。

雑念が浮んでくるのをやめようともしてはならぬし、同じ雑念を二つ続けようともしてはならぬ。ただただ、雑念が浮かんでくるにせよ、静まるにせよ、雑念をもてあそばずに、ただただひとえに〃自分の心とは何か〃と疑うがよい。〃深く疑え〃と言うのも、悟らせてやりたいからである。知ることができないものを知ろうとするせいで、心の行く道がとだえ、どうにもならなくなった時点を、〔本当の〕坐禅と呼ぶのである。坐していてもこのように疑い、立ち居ふるまいをしていても、横になっていても、目覚めても、ただただ、〃自分の心をいまだ悟っていない〃ということを念頭に置いて、根底まで疑うことを、〔本当の〕工夫《くふう》と呼ぶのである。

工夫がひたすらになって、疑う心が徹底する時、疑いがにわかに破れて、〃この心が仏だ〃という正体の現われることは、あたかも箱が破れて、〔箱に入っていた〕鏡の隠れるところがなくなることに似ている。〔その正体は〕全方向の諸世界を照らしつつも、全方向の諸世界に跡を残さない。その時、初めて〔地獄、畜生、餓鬼、人、天、阿修羅という〕六道輪廻《りくどうりんね》の道が断ちきられ、罪障が消滅する。その時の心の中の楽しみはことばで言い表せるものではない。たとえば、夢の中で地獄に堕ちて、獄卒にさいなまれると見、苦しみがかぎりない時、その夢がにわかに覚めて、あらゆる苦しみが一つも残らないのに似ている。その時、輪廻をも抜け出したと言うのである。（NZG11, 88-90）

〝声を聞く主体〟を疑っているうちに、疑う心が破れて、仏性《ぶっしょう》／心の本性が顕現する。それを見ることが悟り体験なのである。

坐禅の時、雑念の起るのを強いて厭ってはならぬし、また、好いてはならぬ。ただただ、その雑念をもとに戻して、〔雑念の〕起こるみなもとを見すえて動じずにいるうちに、あらゆる雑念のおおもとである情識《じょうしき》が滅してゆくことは、あたかも火中にある炭を燃やし尽くすには火を煽ぐよりほかに手だてがないことに似ている。

さらに、みだりな想いが尽きて胸中に一つの物もなく、内側〔である自己〕と外側〔である他者〕との隔てがなくなることは、晴れわたった大空《おおぞら》のようであって、全方向にわたってすっきりしているにせよ、悟りではない。もしこれを〔悟りと〕認めて〝〔自分は〕仏性をはっきりさせた〟と思うならば、ただただ、光の影を見て正体とみなすようなものである。もしそうなってきた時は、いよいよ猛然と精彩を加えて、あらゆる声を聞いている自分の心を見きわめるがよい。（NZG11, 100-101）

心が晴れわたった大空のようになる体験はいまだ悟り体験ではない。それを悟り体験と見なすのは光の影を見て正体とみなすようなものである。

しばらく雑念が収まった時、大空《おおぞら》のように何も〔雑念が〕なくなったのを見て、悟りと思ってはならぬ。この時、雑念を起こさずに、しかもますます疑うべきこととして、〝これほど心と言うべきかたちもないのに、あらゆるものの声を、はたして何物が聞いているのか〟ということを究めるならば、大空が破れて、父母が生まれていない時からの本来の面目が現われるはずである。たとえば、ひどく眠り込んでいる者がにわかに目覚める時、あらゆる夢が破れるのに似ている。そのようになる時は、急いで指導者に会って、その裁定に与《あずか》るがよい。

（NZG11, 138-139）

晴れわたった大空のようになったその心が破れたのちに顕現する、仏性／心の本性、それを見ることが悟り体験なのである。

あらゆることは不生《ふしょう》によって調《ととの》う——盤珪永琢《ばんけいようたく》

盤珪永琢（一六二二—一六九三。仏智弘済禅師）は江戸時代初期の人である。儒者の家に生まれ、父の死後、数え年十二歳で『大学』を習い始めたが、『大学』冒頭の「明徳」の意味に疑問を持ち、「明徳」の意味を知るために、寛永十五年（一六三八）、出家した。諸方を歴参し、正保四年（一六四七）、故郷赤穂の庵において見性した。

盤珪永琢の法系は南宋の虚堂智愚《きどうちぐ》（本書五一頁）を源流とする。日本から入宋した南浦紹明《なんぽしょうみん》（一二三五―一三〇九。円通大応国師）が虚堂の法を日本に伝えた。略法系図を示せば、次のとおりである。

虚堂智愚―南浦紹明―宗峰妙超―関山慧玄―授翁宗弼―無因宗因―日峯宗舜―義天玄承―雪江宗深―東陽英朝―大雅耑匡―功甫玄勲―先照瑞初―以安智察―東漸宗震

東漸宗震―南景宗嶽―牧翁祖牛―盤珪永琢

東漸宗震―庸山景庸―愚堂東寔―至道無難―道鏡慧端―白隠慧鶴

以下のことばは元禄三年（一六九〇）の法話を記録した本人の法話集『盤珪禅師説法』による。

それから故郷へ帰って庵を結んで住み、あるいは昼夜にわたって臥せず、念仏三昧にしていたこともあり、ただいろいろあがいてみても、かの明徳については埒があかず、あまりに身命を惜しまず五体をひどく痛めたので、尻が破れて坐するに難儀をいたしました。されども、今思えば、その時はまだましなものでございました。それでも一日も横になって寝はいたしませんでした。されども、尻が破れて痛むため、杉原紙を尻の下に一帖ほどずつ取り換えては敷いておいて、坐しました。そのようにして坐しないならば、むしろ尻から血が出て、痛みまして坐しにくくございましたので、綿なども敷くことがございましたわな。それほどでありましたけれども、一日一夜たりとも、ついに脇を席に付けませんでした。その数年の疲れがのちになって一度に起き、大病者になっても、明徳について済ますことができず、久しく明徳にかかずらって骨を折りましたわな。

それから病気がだんだん次第に重くなって、身が弱って、のちには痰を吐けば親指の先ほどの血痰がかたまりとなって、ころんころんと、まんまるになって出ました。ある時、痰を壁へ吐きかけてみたところ、ころんと、すべって落ちるほどのことでございましたわい。この時、親しくしている者たちが「庵にいて養生せい」と申しましたのにすがって、皆にまかせて庵にいて、しもべを一人使って患っておりましたが、だんだん病が逼迫して、ずっと七日ほども食がとまって、おも湯のほかは〔喉を〕通りませず、それゆえ、もはや死ぬ覚悟をして、思っていましたことには、「あれあれ、しかたがない。別に心残りが多いことはないけれど、ふだんからの望みが達成されずに死ぬことになるなあ」などとばかり思っておりました。折々に、喉が奇妙でございまして、痰を壁に吐きかけてみましたところ、まっ黒な、ムクロジのように固まった痰が、ころん、ころんところげ落ちましてのち、そののち、胸のうちがどうにか快いようになりましたところへ、ひょいと「あらゆることは不生《ふしょう》（生じない状態）によって調《ととの》うのに、今日まで〔それを〕知ることができなくて、さてもさても、無駄骨を折ったことだなあ」と思いつきまして、ようやく、前からの誤りを知ったのでございますわな。（BZZ 14-15）

まさに身命を惜しまない修行によって得られた悟り体験であるが、結局、「明徳」の意味は何だったのか。そのことについては、盤珪みずからが語っている。以下のことばは光林寺本『盤珪禅師説法』による。

鏡に物を映せば映る、除《の》ければ除《の》く。鏡は明らかなものなので、〔物が〕映ったまま、映る物を除《の》けようとも除《の》けまいともしないのが、鏡にある明らかな徳でございます。そのように、人々の心も、目をさえぎったり耳をさえぎったりする物を、〔除《の》けようとしたり、除《の》けまいとしたりする〕すこしの念（分けへだて）もないまま、みずから見ることや聞くことがはっきり通ずるのが、仏心《ぶっしん》（ブッダとしての心）にある〔明らかな〕徳であると知ったのみでございます。

（BZZ 108）

人々は念のせいで対象へはっきり通ずることができないが、人々が本来有している仏心は、あたかも鏡が対象をはっきり映すように、すこしの念もないまま、対象へはっきり通ずることができる。そのことが明徳なのである。

盤珪が「あらゆることは不生によって調う」と言っていた「不生」も、念が生じない状態であると考えられる。

さて、「不生」に確定した人はどうなるのか。そのことについても、盤珪みずからが語っている。以下のことばも光林寺本『盤珪禅師説法』による。

不生ということに確定するならば、確定したその場から、人を見る眼が開けます。みども（盤珪）はついに人を見そこないはしませぬ。誰であっても、不生である人ならば同じこと。それで、わが宗を明眼宗《みょうげんしゅう》と申します。確定すれば、親が産みつけてくれた不生の仏心《ぶっしん》でおりますから、わが宗を仏心宗と言います。どの人も不生の仏心でありますから、そのほかにまったく一つの仏もございませぬ。〔そのほかに〕見つけるべき仏と言っても、〔そんな仏は〕ありはしませぬ。

不生ということに確定しましたなら、その場から、人を見る眼が開けて、人の心胆が見えますから、〝法を成就した〟と思いなされ。法の成就の場ですから、ただ今〔みどもが〕言うことをいまだ確定しない人は、みどもが皆さんを言いくるめるかのように当分は思いなさって肯定しない人もいらっしゃるでしょうけれども、これ以降、みどもが言ったことを誰でも確定なさった日が来るならば、その時、その場を立たずに、その場から、人〔の心胆〕が見えましょう。その時になって思い当たって、みどもが皆さんを言いくるめなかったことを、初めておわかりになるでありましょう。それ以降の時のために、精魂込めて、ただ今、皆さんの耳に入れ、催促しておくことでございます。嘘をついて皆さんをだましましたら、妄語の罪で、死んでからみどもは舌を抜かれます。（BZZ 17）

「不生ということに確定しましたなら、その場から、人を見る眼が開けて、人の心胆が見えます」ということについては、第十一章であらためて考察することにしたい。

心は驚きのもと崩落した――白隠慧鶴《はくいんえかく》

白隠慧鶴（一六八六―一七六九）は江戸時代中期の人である。商家に生まれ、幼時から地獄を恐れ、元禄十三年（一七〇〇）、みずから望んで出家した。宝永五年（一七〇八）、越後高田の英巌寺において神秘体験を得たが慢心し、同年、あらためて信州飯山《いいやま》の正受庵《しょうじゅあん》において道鏡慧端《どうきょうえたん》（正受老人。一六四二―一七二一）に参禅し、それによって見性した。

彼の法系からは英才たちが続出して臨済宗諸派を継承した。そのことによって、日本臨済宗中興の祖と仰がれる。

白隠慧鶴の法系は南宋の虚堂智愚《きどうちぐ》（本書五一頁）を源流とする。日本から入宋した南浦紹明《なんぽしょうみん》が虚堂の法を日本に伝えた。略法系図については、盤珪永琢のくだりにおいてすでにそれを示した（本書八三頁）。

以下のことばは宝暦九年（一七五九）に刊行された本人の著書『八重葎《やえむぐら》』による。

〔神秘体験〕

それからというもの、大いなる烈しい志を起こし、大いなる誓いの心を引き出して、あらゆるご縁を放りだし、ひとりひそかに〔越後高田の英巌寺にあった越後高田藩主〕戸田侯のみたまやの、全体に小石が敷きつめられた地面に引きこもって、ひそかに死んだように坐すること数日。痴呆のようになって、論理は尽き、言語は窮まり、〔坐禅の〕技術もまた窮まった。平常の、心と意と識と〔五〕根（眼、耳、鼻、舌、身）とはすべて働かなくなった。あたかも層をなす万《ばん》仞《じん》の氷のうちにあるかのよう、一本の瑠璃瓶のうちに坐するかのようであって、息もまた絶えそうになった。

不思議なことに、夜半になってたちまち遠くから鐘の音を聞いて、忽然として大徹大悟し、身心脱落、脱落身心して、瑠璃でできた楼閣を吹き倒し、氷でできた盤面を放り砕き、どの方向にも空間がなく、大地にわずかな土もない状態になった。二十年生きてきて、いまだかつて見ず、いまだかつて聞かなかったような大歓喜。思わず声を張り上げて叫んで言った。「稀有なことじゃ、巌頭《がんとう》老人は依然としてご無事であったわい。」

手を打ち鳴らして呵呵大笑したが、同伴の者は驚いて、気が狂ったと見なした。それ以来、あらゆる人がかげろうのように見えた。二三百年来、自分のように気づいた者も稀であろうと自認した。それ以来、高慢のはたぼこは山のように聳え、驕慢の心は潮のように湧いてきた。

これはじつに宝永五年（一七〇八）、干支は戊子《つちのえね》、英巌寺における眼目会の開講の三日から五日ほど前のこと、わしが二十四歳の春であった。（HZHZ7, 153-154）

「巌頭老人」とは、唐の巌頭全豁《ぜんかつ》（八二八―八八七）を指す。著名な禅僧であった彼は、賊に斬首され、絶叫して死んだと伝えられ、それを伝え聞いた若年の白隠は、一時期、禅が頼みになららないことを悲観、修行を放棄していた。

ともあれ、これによって慢心した白隠は道鏡慧端との出会いによって慢心をくじかれ、彼のもとで修行に専念することとなる。

〔悟り体験〕

それからというもの、あらゆる角度から公案に取り組んで、寝食を忘れた。先以来の歓喜は、かえって汲み尽くせぬ愁いとなった。かの英巌寺のみたまやにいた日に較べ、その苦労は十倍であった。ある日、托鉢して飯山の城下に到って、ある家の門の前に立ったところ、じっとしたまま前後不覚となった。その時、〔その家に〕気のふれた人がいて、目を剥き、急に走り来って、箒の柄を伸ばして、わしの頭を烈しく打った。菅笠が破れて、心は驚きのもと崩落した。全身ばったりと倒れ臥して、息も絶えること半刻。そばにいた人たちは誰もがそれを見て、打ち殺されたと考えた。

やがて息を吹き返し、起き上がってみると、以前まで手をこまねいていた数個の設問が、根底から解消されていた。歓喜に堪えず、ゆっくりゆっくり庵室に帰り来たったところ、正受老人は軒下に立って、離れたところから一見し、微笑んでおっしゃった。「おまえ、何か得たか。」

わしは進み寄って詳しく所見を説明申し上げた。正受老人は大いに歓喜し愉悦なさって、さらに幾重もの奥深い門（公案）を設け、幾つも続く茨の草むら（公案）を布いてくださったの

である。(HZHZ7, 172-173)

悟り体験を神秘体験と区別するものは叡智である。「以前まで手をこまねいていた数個の設問が、根底から解消されていた」とあるように、白隠は神秘体験によっては獲得されなかった叡智を悟り体験によって獲得したのである。

このようにして白隠は悟り体験を得た。ただし、これすらいまだ浅かったのである。今生における悟り体験を深化させるために、白隠はさらに修行を費やさなければならなかった。

白隠が今生における悟り体験を深化させたのは、享保十一年(一七二六)のことである。寛保三年(一七四三)に刊行された本人の語録『息耕録開筵普説』に次のようにある。

仏はおっしゃっている。「わたしは正法眼蔵、涅槃妙心、実相無相法を有している。摩訶迦《まかか》葉《しょう》(大《だい》迦葉)に付嘱《ふしょく》しよう。」

このことばについても、大いに間違えている者が多い。

自分は昔日、〔このことばについて〕正受老人から切り込まれ、答え得て、痛棒を喫したにせよ、実のところ、いまだ徹底していなかった。あたかも船上から遠くの樹を見るようであった。拙僧は初め十五歳にして出家し、十六歳の時、みずから嗟嘆した。「たとえ師に随って袈裟《けさ》をまとい剃髪したにせよ、いまだ滴《しずく》や塵《ちり》ほども仏法の霊験を見ていない。自分は『法華経』は諸仏の本志であり〔釈尊〕ご一代にわたる諸経の王であると聞いている。」

そこで、取ってみて、一回黙読したが、一回終わって、巻を閉じて大いに嘆息して言った。「この経の大半は因縁を談じている。中間にたとえ『唯有一乗』『諸法寂滅』などという語があるにせよ、かの臨済（臨済義玄。？—八六七）が言った『世を救うための薬、表向きの説』（『臨済録』。T47, 500b）である。まことに取るに足りない。」

すでに大いに脱力して久しくなった。のちに院に来住し、まさしく不惑（四十歳）に及んで、孤灯をかかげてこれ（『法華経』）を再読した。読み進んで、第三である譬喩品に至るや、以前からの疑惑が撲然として解決し、諸経の王が王であるゆえんが燦乎として目の前に満ちた。涙のあとが点々と連なって、あたかも豆袋に穴が開いて（豆が）漏れたかのようだった。覚えずして声を放って泣いた。以前に悟得し証得した、多少の因縁が大いに間違っていたことを初めて知った。そこにおいて、正受老人の平生《へいぜい》からの享受について初めて徹見し、大覚者である世尊の舌の根が両側の筋を欠いて（自由自在に働いて）いることを了知した。臨済とともに三十棒を与えてくださるにふさわしいものだった。（KZS11, 息耕録開筵普説原文15）

このようにして、白隠は、一度目の悟り体験から十八年をかけて、今生における悟り体験を深化させたのである。『法華経』に対する白隠の知見は、寛延二年（一七四九）に刊行された本人の著書『遠羅天釜《おらてがま》』（巻下「法華宗の老尼に贈りし書」）において説かれている。

也《や》太奇《たいき》！　也太奇！——今北洪川《いまきたこうせん》

今北洪川（洪川宗温。一八一六―一八九二）は江戸時代末期から明治時代初期にかけての人である。町人の家に生まれ、若くして儒者として身を立てたが、近世の儒者がいたずらに訓詁学に走るばかりで決して聖人の道を心で究明しないことを歎き、道を究明するために、天保十一年（一八四〇）、京都の相国寺において出家した。大拙承演《だいせつしょうえん》（一七九七―一八五五）に参禅し、同十二年（一八四一）四月二十七日、相国寺において見性した。

大拙承演の指示によって、大拙承演の法兄弟、儀山善来《ぎさんぜんらい》（一八〇二―一八七八）に参禅し、さらに嗣法《しほう》した。のち、明治八年（一八七五）、鎌倉の円覚寺を住持し、翌年、臨済宗円覚寺派初代管長となった（一八七六―一八九二）。

今北洪川は白隠慧鶴の末孫である。略法系図を示せば、次のとおりである。

白隠慧鶴―峨山慈棹┬隠山惟琰―太元孜元┬大拙承演
　　　　　　　　　│　　　　　　　　　└儀山善来―洪川宗温
　　　　　　　　　└卓洲胡僊

以下のことばは文久二年（一八六二）に刊行された本人の著書『禅海一瀾』による。

このように決心してのち、身をなげうって仏道に当たった。一衣一鉢しか有せず、口に入れるのは野菜と荒米、身に触れるのは熱喝（熱い叱咤）と嗔拳（怒りの拳）。胸の中は時に懊悩し、時に悶絶したが、いよいよ激して衰えなかった。

苦闘が久しくなったころ、一夜、定《じょう》（集中状態）のさなかに、忽然として前後の時間から切り離され、絶妙の佳境に入った。あたかも大死の状態のようであり、すべて、対象と自我とがあるのを知覚しなかった。ただ、自分の体内にあった一つの気が、全方向の世界に満ち溢れ、光り輝くこと無量であるのを、知覚するのみだった。

しばらくして、息を吹き返した者のようになったが、視聴も言動も、豁然《かつねん》としていつもの日と違っていた。そこにおいて、試みに天下の最高の道理、すばらしい意義を探ってみたところ、どの個物についても明らかになり、どの対象についてもはっきりした。歓喜のあまり、手が舞い、足が踊るのを、自分でも忘れるほどだった。ただちにせわしなく絶叫し続けた。「百万の経典も太陽の下のともし火にすぎない。也太奇《やたいき》（摩訶不思議）！　也太奇（摩訶不思議）！」

そこで、ちょっとした偈を作って言った。

疎濶孔夫子（お久しぶりです孔子さま。）
相逢阿堵中（こんなところで逢えるとは。）
憑誰多謝去（誰に感謝を言えましょう。）
好媒主人公（仲立ちしたのは自分自身。）

ただちに走って老漢（大拙承演）の部屋をノックし、みずからの所見を申し上げたところ、老漢はにこにこ笑っていらっしゃるだけだった。わしは思った。〝わしはかつて禅にすばらしい悟りがあると聞いたが、今日、初めて、古人がわしを欺かなかったことを知った。〟

時に天保十二年（一八四二）四月二十七日の夕べのことであった。（今北洪川［1910 : 28-30］）

「わしはかつて禅にすばらしい悟りがあると聞いた」とは、宋の大慧《だいえ》宗杲《そうこう》（一〇八九―一一六三）と竹庵《ちくあん》士珪《けい》（一〇八三―一一四六）とによって編纂されたアンソロジー『禅門宝訓』（巻二。T48, 1026a）のうちに引用されている『龍門記聞』に、宋の石門《せきもん》蘊聰《うんそう》（九六五―一〇三二）がのちの達《たつ》観曇穎《かんどんえい》（生没年未詳）と初対面した時のことばとして、「あなたのおっしゃることは紙の上のことばにすぎぬ。心の真髄に関しては、いまだその深奥をご覧になっておられぬ。すばらしい悟りをお求めになるがよろしい」とあるのを指す。洪川は出家前に『禅門宝訓』を読んでいた（北条時敬〔編〕［1894 : 2a］）。

第三章　日本仏教Ⅱ　臨済宗（近代・出家者）

臨済宗と悟り体験

前近代の臨済宗においては、江戸時代に白隠慧鶴が現われ、その門流にずば抜けた出家者たちを輩出して宗風を発揚した。近代の臨済宗においては、白隠の末孫である出家者たちが、廃仏毀釈から軍国主義へと向かう時代の荒波に翻弄されながらも、宗風を護持していく。

近代の臨済宗において一言すべきは、諸派が分立し、それぞれに管長が置かれたことである。管長制度は明治五年（一八七二）に始まる。

当初は臨済宗と曹洞宗とを併せて禅宗の管長が置かれたが、同七年、臨済宗と曹洞宗とが分離し、それぞれ管長が置かれた。

同九年、臨済宗から黄檗宗が独立して管長が置かれた。

その結果、同年、臨済宗においても、天龍寺派、相国寺派、建仁寺派、南禅寺派、妙心寺派、建長寺派、東福寺派、大徳寺派、円覚寺派が分立し、それぞれ管長が置かれた。

同十三年、永源寺派が東福寺派から、同三十六年、方広寺派が南禅寺派から、同三十八年、国泰寺派が相国寺派から、仏通寺派が天龍寺派から、同四十一年、南禅寺派から向嶽寺派がそれぞれ独立し、管長が置かれた。

昭和十六年（一九四一）、国泰寺派を除く諸派が合同して臨済宗を形成し、管長が置かれたが、戦後、ふたたび諸派が分立し、それぞれ管長が置かれるに至っている。

以下、代表的な悟り体験記を読んでいきたい。

本章の登場人物について、略法系図を示せば、次のとおりである。

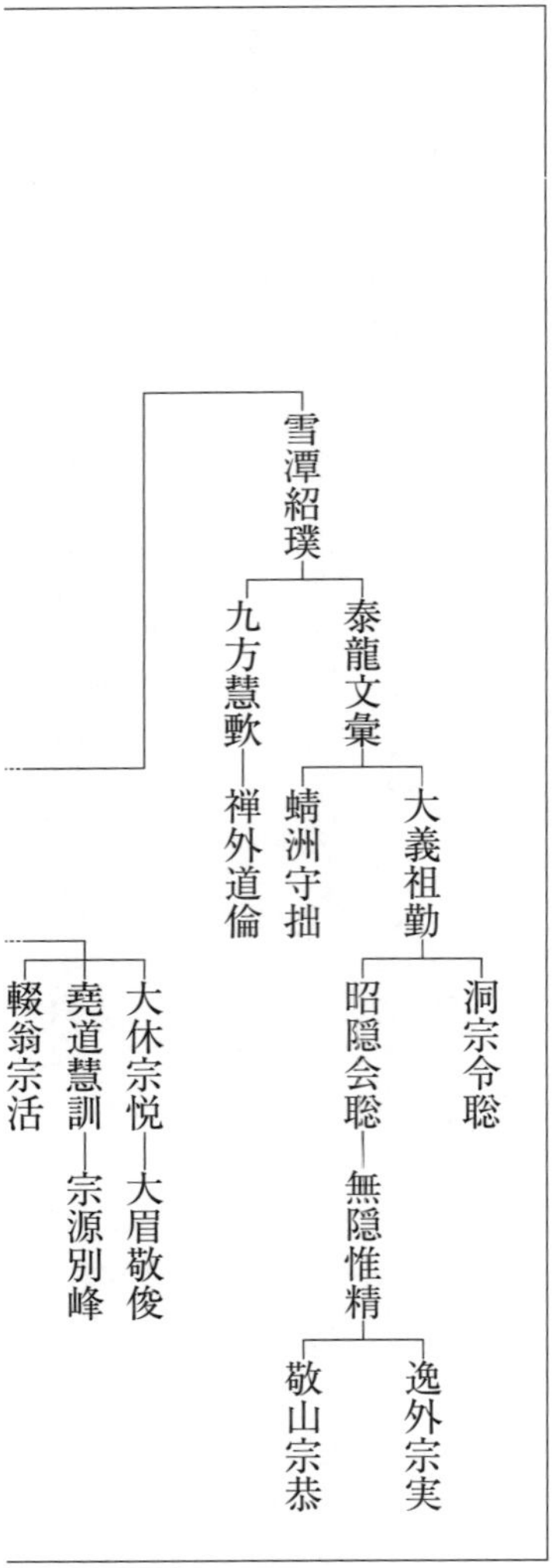

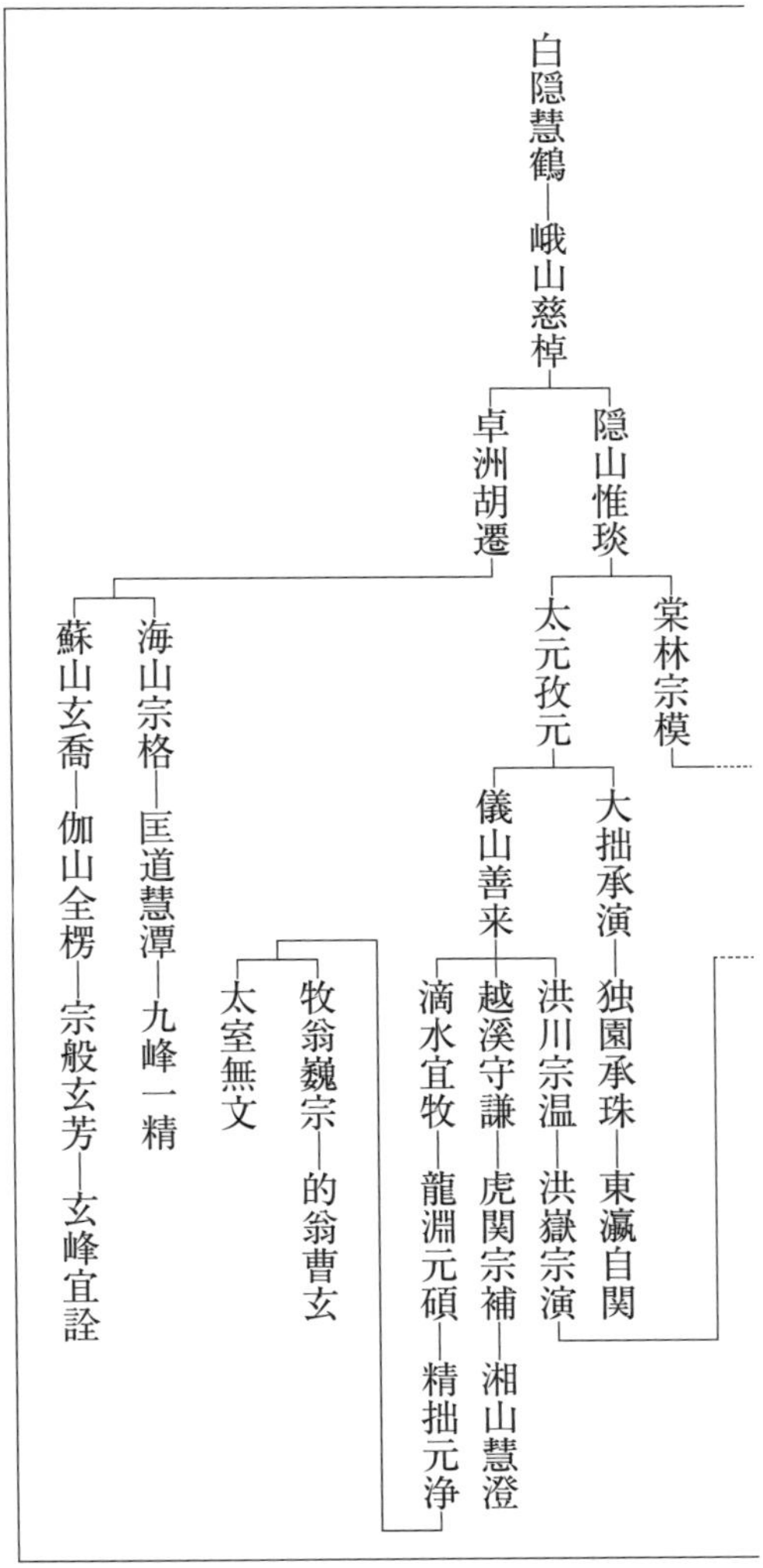

也《や》太奇《たいき》と絶叫す——峯尾大休《だいきゅう》

峯尾大休（大休宗悦。一八六〇—一九五四）は幕末から昭和にかけての人である。農家に生まれ、病弱だったこともあって、亡母の菩提を弔うため、明治三年（一八七〇）、出家した（剃髪は同五年）。同十二年、円覚僧堂に掛搭《かとう》し、今北洪川（本書九二頁）に参禅し、同十三年、見性した。

洪川の死後、兄弟子、釈宗演《しゃくそうえん》（洪嶽宗演。一八六〇—一九一九。円覚寺派管長〔一八九二—一九〇五、

一九一六―一九一九）に参禅し、さらに、嗣法した。明治三十六年、平林僧堂を開単した。のち、妙心寺派管長（一九三七―一九四二）、臨済宗管長（一九四二―一九四三）となった。
以下のことばは大正十三年（一九二四）に書かれた本人の履歴書「韜光窟《とうこうくつ》経歴」による。

明治十三年六月四日頃半夏《はんげ》接心《せつしん》中日夜白（隠カ）夜の隻手音声《せきしゆおんじやう》公案を透過見性《とうくわけんしやう》す、其《そ》の模様は奇観無《な》きにも非《あ》らされど披露するは遠慮す、唯《ただ》入室の帰途也太奇《やたいき》々々と絶叫す。
（玉村竹二、葉貫磨哉［1988：448］。カタカナをひらがなに変換。ふりがなを追加）

「隻手音声公案」とは、「両手が打ち合わされて音声がある。隻手（片手）にいかなる音声があるか」という公案である。白隠慧鶴（本書八七頁）によって考案された。「也太奇」とは、「摩訶不思議」という意味の感嘆句である。大休の師、今北洪川も見性においてこれを絶叫していた（本書九三頁）。
注意すべきなのは、「披露するは遠慮す」ということばである。出家者が悟り体験記を生前に公表することは、前近代から近代にかけては、決して一般的なことではなかった。たとえば、大休の兄弟子、釈宗演は、明治八年十二月に得た悟り体験を、自伝『衣《ころも》の綻《ほころ》び』において、次のような一行で済ませているにすぎない。

予《よ》が袈裟《けさ》下《げ》に箇《こ》の一大事あるを省したは此時《このとき》であつた。

（長尾宗軾［1920：194］。ふりがなを追加）

出家者が悟り体験記を生前に公表することは、あくまで、現代（戦後）において一般的になったのである。本章において採り上げる悟り体験記のうち、出家者が生前に公表した悟り体験記は、ほとんど現代になって刊行されたものである。

三日も四日も所知を忘じておった――山本玄峰《げんぽう》

山本玄峰（玄峰宜詮。一八六六―一九六二）は明治から昭和にかけての人である。幼くして養子に出され、目を患って養家を離れ、盲目に近い身で四国遍路をするうち、行き倒れ同然で助けられた雪蹊寺（第三十三番札所）において、明治二十三年（一八九〇）、出家した。同二十四年、永源寺に掛搭したが、同二十六年、祥福寺に転錫《てんしゃく》し、見性宗般《けんしょうそうはん》（宗般玄芳《げんぽう》。一八四八―一九二二。大徳寺派管長〔一九〇八―一九二二〕）に参禅し、二十七歳あるいは二十八歳ごろ、見性した。

さらに、諸方を歴参し、大正三年（一九一四）、宗般に嗣法した。のち、妙心寺派管長（一九四九―一九五一）となった。

以下のことばは昭和三十六年（一九六一）に法嗣である中川宋淵《そうえん》（一九〇七―一九八四）が語った「玄峰老師年譜普説（御遷化後間もない七月一日　全生庵における法話）」による。

そうして、雲水生活がはじまった。雪蹊寺を出られて、滋賀県に永源寺という臨済宗永源寺派の本山があるが、そこにお経も何もご存じないままお入りになった。半分は寺男のような状態だった。つぎに神戸の祥福寺、喚応《かんのう》老師の下でご修行、このころはもう、すべて無字三昧であった。解定《かいちん》といって、夜の寝る時間になると、こっそり一人抜け出して、高い土塀がある、その土塀の上で無字三昧であった。二十七、八歳のころでございましょう、ある時、臨済宗ばかりでなく、各宗のお坊さんたちが集まっての、大きなお葬式があった。そのお葬式が始まる前、二階で、ほかの雲水と一緒に待っておられた。その間も無字三昧であった。折りから没《い》り日がパッと明かるかった。向うから日蓮宗の坊さんたちの行列が練り込んでくる。それを見た途端に、がらーっと。……その時の有様をよくいうておられた。

「背中の大骨の両脇がビリビリふるえて、脇の下からは熱い汗がたらたらと流れ、三日も四日も所知を忘じておった」と。（中川宋淵［1970：142］）

「無字三昧」とは、「無」の一字となる三昧（集中状態）を指す。「所知を忘じておった」とは、通常の認識対象が消え去ったことを指す。唐の香厳智閑《きょうげんちかん》が、礫《つぶて》が竹を一撃する音を聞いて見性した時、作った偈《げ》のうち、第一句「一撃亡所知」による（本書六〇頁）。

さて、「がらーっと」した人はどうなるのか。そのことについては、玄峰みずからが語っている。以下のことばは昭和三十五年に刊行された本人の講義録『無門関《むもんかん》提唱』による。

自分がガラーッとしたときに人を見ておると、人がふらふらしているように見える。然るに見性了々、自分の魂を自分で扱つて歩いておる人を見ると、足《あし》実地を踏んで歩いておる。ジッと地から歩いておる。どことなしに、納まりがついている。自身の本性を知らぬ者は、ぼおッとして歩いておる。ちようど紙でこしらえた人形がぶらさがつているように見える。ちようど自動車の前によく人形を吊つておるが、あんなに見えるよ。そういうときがあるのじや。それくらい人の胸中もすき通つて見える。人の境界も見える。

(山本玄峰［1960：22］。ふりがなを追加)

「それくらい人の胸中もすき通つて見える。人の境界も見える」ということについては、第十一章であらためて考察することにしたい。

手の舞《まひ》足の踏所《ふむところ》を忘れ大歓喜を得た——古川堯道《ぎょうどう》

古川堯道(堯道慧訓。一八七二—一九六一)は明治から昭和にかけての人である。幼少から寺で遊ぶことを好み、明治十五年(一八八二)、みずから望んで出家した。同二十二年、宝福僧堂に掛搭し、井山九峰《いやまきゅうほう》(九峰一精。一八三四—一九一六)に参禅し、同二十四年十一月、見性した。さらに、諸方を歴参し、釈宗演に嗣法した。のち、円覚寺派管長(一九二〇—一九三〇、一九三五—一九四〇)となった。

以下のことばは大正元年(一九一二)頃に書かれた本人の自伝『担板漢《たんばんかん》』による。

明治廿《にじふ》四年二十歳の冬十一月ある朝無門関《むもんかん》の頌《じゆ》「趙州無字、全提正令、纔渉有無、喪身失命」を見て豁然《かつねん》として黒雲の開《ひらき》て太陽を見るか如《ごと》く千里の異境ニ有《あり》て旧知に逢《あふ》か如し〔○〕手の舞《まひ》足の踏所《ふむところ》を忘れ大歓喜を得た〔○〕直《ただち》に老師の室に入《いり》て衆段《しゅだん》の関鎖《かんさ》を透過《とうくわ》した〔○〕

（古川堯道［1959］。ふりがなを追加）

「無門関の頌」とは、南宋の無門慧開《むもんえかい》が編纂した公案集『無門関』のうち、「犬にも仏性がありますか」「無（ない）」という無字の公案――「無（ない）」と答えた者は唐の趙州従諗《じょうしゅうじゅうしん》（七七八―八九七）――に付された、次のような無門の頌（詩）である。

趙州無字　（趙州無字の公案は、）
全提正令　（正しい指令の全提示。）
纔渉有無　（わずかも有無に渉るなら、）※
喪身失命　（身と命とがなくなるぞ。）

※「無字」の「無」を「有無」のうちの「無」と見なすなら、との意。

それまで修行してきた堯道は、この頌を見て豁然《かつねん》として見性し、井山九峰から出された「衆段の関鎖」、すなわち、いくつもの公案を即座に解いてしまったのである。『担板漢』は堯道の前半生を扱っているにすぎない。ただし、堯道の後半生における悟境は、彼の弟子、辻雙明《そうめい》（本書一三五頁）が豊富に伝える堯道のことばによって窺い知られる。以下のことばは、堯道の存命中である昭和三十三年（一九五八）に刊行された、雙明の著書『禅の道をたどり来て』による。

「公案の数《かず》ばかり、いくら数えても、無想定《むそうじょう》に入らなくては駄目だ。無想定では、霊もなく肉もなく、五感に対するところの万象《ばんしょう》もなく、いわんや公案もない。」

「絶対界（註・無限平等の世界のこと）へも相対界（註・有限差別の世界のこと）へも、自由自在に出入できるのでなくてはな」とも言われた。（辻雙明［1958：66］）

「無想定」とは、通常の心機能がなくなる集中状態である。泳げなかった堯道は、かつて諸方を歴参していた時、加古川で水難事故に遭い、「無想定」に入って川の流れに身をまかせ、浜に打ち上げられたのち、定から出て蘇生したことを述べている（古川堯道［1957：58］）。「絶対界」とは、真如であると考えられる。

曹源池の周囲を一晩中踊り回った――関精拙《せいせつ》

関精拙（精拙元浄。一八七七―一九四五）は明治から昭和にかけての人である。画家の家に生まれ、郷里の風習に従って、明治十二年（一八七九）、寺の養子にもらわれ、同十五年、出家した。同二十六年、天龍僧堂に掛搭し、橋本昌禎《しょうてい》（峨山昌禎。一八五三―一九〇〇。天龍寺派管長〔一八九九―一九〇〇）に参禅し、それによって、見性した。

昌禎の死を承け、昌禎の法兄、高木龍淵（龍淵元碩。一八四二―一九一八。天龍寺派管長〔一八九二―一八九七、一九〇一―一九一三〕）に参禅し、さらに嗣法した。のち、天龍寺派管長（一九二三―一九四五）、臨済宗管長（一九四三―一九四五）となった。

以下のことばは昭和十六年（一九四一）に発表された本人の談話「集瑞軒夜話」による。

悟りといふことに就《つ》いては、自分で先《ま》づこれでと思つたことは、二回や三回ではないけれども、神戸に居《を》つた時に、龍淵和尚から印可を貰《もら》つた。別にその時の心境を云うても、たゞやれ〳〵と感じたばかりだ。しかし日がたつて見ると、何《な》んぢやつまらんといふ感じもする。

（関精拙［1941：44］）

これを悟り体験記と呼ぶことは適切ではないかもしれないが、凡百の悟り体験記を凌ぐ並々ならぬ悟境が筆致から感じられるため、ここに載せた。なお、精拙の見性については、彼の弟子、大森曹玄（本書一一七頁）が精拙の次のようなことばを伝えている。

「わしのようなものでも、初関《しょかん》をブチ抜いたときには、嬉しくて嬉しくて、曹源池の周囲を一晩中踊り回ったものだ」と云《い》われる。（大森曹玄［1957：62］。ふりがなを追加）

「曹源池」とは、天龍寺の境内にある池である。なお、精拙の悟境については、第十二章において紹介する、『大法輪』誌初代編集長、中野駿太郎の話をも併せ見られたい（本書二六五頁）。

驀然《まくねん》として漆桶《しっつう》を打破した——釈大眉《たいび》

釈大眉（大眉敬俊《けいしゅん》。一八八二—一九六四）は明治から昭和にかけての人である。父が今北洪川の門下において釈宗演と同学であったことから、明治二十八年（一八九五）、釈宗演の養子となって出家した。同三十四年、南宗僧堂に掛搭し、東海蜻洲《とうかいせいしゅう》（蜻洲守拙《しゅせつ》。一八四九—一九二二）に参禅し、それによって見性した。

同三十五年、建仁僧堂に転錫した。長年にわたって宗演を補佐し、宗演の死後、兄弟子、峯尾大休（本書九七頁）に嗣法した。のち、国泰寺派管長（一九四四—一九五一）となった。

以下のことばは昭和十六年（一九四一）に刊行された本人の口述『閑雲忙水　詩偈六十年譚』による（一部、旧かなづかいに乱れがあるのは原文のまま）。

十六歳の冬から背負ひ込んでゐる公案をズッと担《かつ》ぎ通《どう》しであつたので二夏目の頃にはしば〳〵大疑《たいぎ》現前《げんぜん》し前後《ぜんご》際断《さいだん》の境《きやう》に立ち到つた。かくして其冬制《そのとうせい》の或暁《あるあかつき》、老師の召上《めしあが》る粥《かゆ》を炊《かし》ぎつ、其場《ば》に凝然《ぎやうねん》として坐《ざ》忘《ぼう》の境に入つてゐる時、附近の工場から響くサイレンの天地をツン裂《ざ》く音に和《わ》して驀然《まくねん》として、漆桶《しつつう》を打破し朝の参禅を待ちかねる様《やう》にして自ら喚鐘《くわんしやう》を出して一番駆《か》けに室内に飛込んで所見《しよけん》を呈《てい》したところ、老師からシタ、カ痛掌《つうしやう》を見舞はれた、が、こうし

て修行もやうやく軌道に乗つて来た。（釈大眉［1941：22］。ふりがなを追加）

「前後際断の境」とは、前後の時間から切り離された境地を指す。

「坐忘の境」とは、坐ったまま認識対象を忘れている境地を指す。「漆桶を打破し」とは、漆桶《うるしおけ》のように黒い迷いで一杯の、通常の心を破ったことを指す。

なぜ大眉が東海から「シタ、カ痛掌を見舞はれた」のかはよくわからないが、手荒に祝福されたということかもしれない。

儂《わし》の体が爆発して飛んでしまった――朝比奈宗源《そうげん》

朝比奈宗源（宗源別峰。一八九一―一九七九）は明治から昭和にかけての人である。農家に生まれ、幼くして両親を喪い、十一歳で出家した。明治四十二年（一九〇九）、妙心僧堂に掛搭し、池上湘山《しょうざん》（湘山慧澄《えちょう》。一八五六―一九二八）に参禅し、同四十四年、見性した。

さらに、円覚僧堂に転錫し、古川堯道（本書一〇一頁）に参禅し、さらに嗣法した。のち、円覚寺派管長（一九四二―一九七九）となった。

以下のことばは昭和三十四年（一九五九）に刊行された本人の著書『佛心《ぶっしん》』による。

その時分、私は夕方、昏鐘頃からの坐が一番よく坐れることを知り、日々その時間を大切に思っており、その日も気持ちよく坐り、いつか無字三昧に入り、時のうつるをも知らずにいました。そこへ直日《じきじつ》が入堂し、開板をうち、献香した後、経行《きんひん》（禅堂内を坐禅する心で歩くこと）の柝《たく》をうった刹那、たちまち胸の中ががらりとして、何もかも輝きわたり、その時は、ああともこうともいうべき言葉もなく、ただ涙がこぼれて、人について堂内を歩いていても、虚空を歩くようで、ああやっと分かったと嬉しくてたまりませんでした。やがて止静になっても、その感激はますますふかく、長香一炷《しゅ》（一本）がすみ、独参の喚鐘が出るのをまちかねて、まっさきに入室し、湘山老師にいきなり、「できました」と申し上げました。それまではいつも「できません」としかいったことのない私が、勢いこんでこういいましたので、老師も、「ふうん、どう見たか」と。私が見処を申し上げると、「そう見まいものでもない」と。その場でいくつかの拶処《さっしょ》（問題）を透りました。ここにくわしくは申し上げられませんが、ここで私は佛心の一端を見たのであります。佛心は生を超え死を超えた、無始無終のもの、佛心は天地をつつみ、山も川も草も木も、すべての人も自分と一体であること、しかも、それが自己の上にぴちぴちと生きてはたらいて、見たり聞いたり、言ったり動いたりしているのだという、祖師方の言葉が、そのとおりであるということを知ったのであります。（朝比奈宗源［1959 : 35-36］）

「昏鐘」は日没を告げる鐘、「直日」は禅堂のまとめ役である。

同じ体験を、宗源はのちにあらためて描写している。以下のことばは昭和五十三年（一九七八）に刊行された本人の談話集『覚悟はよいか』による。

えッ？　見性の内容、それはむつかしいよ、きみ。強いてひとことでいうならば、昔からの祖師がたがいわれた通りだった、というきわめて平凡な答えしかない。
儂はそのかなり前から夕方の坐禅がもっとも純一になれることがわかっていたので、その日もその時間に坐っていた。すると直日が入って来て経行《きんひん》といって禅堂の中をぐるぐる歩く合図の柝《たく》（ひょうし木）をカチンと鳴らした。そのカチンが全く突然でその衝撃でまるで儂の体が爆発して飛んでしまったように思え、がらりーとしてあと大衆と一しょに堂内を歩いていても、まるで虚空を歩いているよう、見るもの聞くもの何もかもきらきら輝いた感じ、そこに生も死もあったものではない。ハハァ、これが見性かと、一時に涙がふき出した。経行がすんだあとの長香一炷がまち遠しく、いよいよ参禅の喚鐘が出ると真先に飛び出して老師の室内に行き、いきなり、「できました」と言った。いつも「できません」といっていた儂がそういっても老師は驚いたようすもなくそこで老師との間でいくつかの拶処《さっしょ》（老師の指摘）と見処《けんじょ》（私の答え）とのやりとりがあったが、それはどうでもよい。これで儂の死んでも死なない問題がはっきりしたんだ。（朝比奈宗源［1978 : 57-58］）
宗源が「がらりーとして」と言っているのは、山本玄峰が「ガラーッとした」と言っていたのと同様である。心が開けたさまを「がらりー」と擬音語で表現したのである。

歓びが心の奥底から全身に充ちあふれてきた――梶浦逸外《いつがい》

梶浦逸外（逸外宗実。一八九六―一九八一）は明治から昭和にかけての人である。信仰心の篤い家庭に生まれ、十二歳でみずから望んで出家した。大正四年（一九一五）、大徳僧堂に掛搭し、川島昭隠《しょういん》（昭隠会聡。一八六五―一九二四）に参禅し、同五年（一九一六）一月十四日、見性した。さらに、正眼僧堂に転錫し、川島昭隠と、その法嗣、小南惟精《いせい》（無隠惟精。一八七一―一九四〇）とに参禅し、惟精に嗣法した。のち、妙心寺派管長（一九六九―一九七八）となった。以下のことばは昭和四十九年（一九七四）に刊行された本人の著書『耐える　人間にとって真に必要なもの』による。

臘八大摂心《ろうはつだいせっしん》の前日の四九日《しくにち》（掃除の日）の日の浴頭《よくず》（風呂焚き）はとくに、雲水たちが志願してやることになっていましたが、私は希望して浴頭になったのです。浴頭は、同じ大徳寺僧堂の浅野銀州という先輩禅士と二人でやりました。

このとき、風呂焚きの仕事をしながら銀州禅士は私の冬至大摂心のときの脳貧血でたおれたことに同情して、いろいろ親切に指導激励してもらっていたのです。

私の心は静かでおだやかでした。私は無心に風呂焚きをしていたのです。風呂の下の焚き口に私は、庭で掃きためた枯葉などをぐんぐん奥の方まで押し込んでいました。あまり押し込んだものですから、風呂の焚き口はなかなか燃え出さないのです。私はなおも無心に枯葉を奥の方へ押し込んでいました。

そのときです。

〝パッ！〟と音を立てて火線が奥から焚き口の方へ逆に勢いよく吹き出してきました。その瞬間、私は豁然（かつねん）として見性しました。お悟りをひらいたのです。万物爽々として歓びが心の奥底から全身に充ちあふれてくるのを覚えました。

ひとたび見性いたしますと、あとにつづく公案がどんどん解決していきました。私はそのとき、油断大敵と思っていよいよ前より一層自重して努力精進をつづけたのであります。

（梶浦逸外［1974：79-80］。ふりがなを追加）

「豁然」とは、心が開けたさまを指す。それまで修行していた逸外は、火線が吹き出すのを見て豁然として見性し、公案をどんどん解いていったのである。

「天真光明遍照《てんしんこうみょうへんじょう》」と絶叫して躍り上がって歓喜した──白水敬山《しろうずけいざん》

白水敬山（敬山宗恭。一八九七─一九七五）は明治から昭和にかけての人である。生家の経済的理由によって、小学校卒業後、新聞社の文選工となったが、維新の偉人の事蹟を知って志を立て、同郷の陸軍中将、白水淡《あわじ》（一八六三─一九三二）を訪ねて師事するうち、禅に造詣が深かった淡の影響によって出家を決意し、大正六年（一九一七）、淡の紹介によって博多の聖福寺において出家した。同七年、聖福僧堂に掛搭し、龍淵東瀛《たつぶちとうえい》（東瀛自関。一八四八─一九二一）に参禅し、それによって見性した。

同十一年、臨済宗大学（現在の花園大学）に入学し、同十四年、卒業した。同年、正眼僧堂に掛搭し、小南惟精に参禅し、さらに嗣法した。のち、峯尾大休（本書九七頁）が開単した平林僧堂の師家となった。

以下のことばは昭和四十九年（一九七四）に刊行された本人の著書『牧牛窟閑話』による。

制末大摂心の時だった。五日目の夜中、例の如《ごと》く本堂の椽先《のきさき》で坐禅三昧《さんまい》に入っていたところ、豁然として心境が開けて、思わず「天真光明遍照《てんしんこうみょうへんじょう》　天真光明遍照」と絶叫して躍り上ってて歓喜した。自己の心気力が宇宙に遍満して身心を忘失してしまった。そのまま《ママ》いたたまらず隠寮《いんりょう》に飛んで行った。老師は障子の内側から「自恭《じきょう》か、やったネ」と声をかけられた。老師は蒲団の上に坐を組んでおられたが、衲《わし》が見解を呈すると「うむうむ」と頷き、衲の肩に手をかけていかにも嬉しそうに「よくやった」と、大きくゆすぶられた。そして無字の拶所《さっしょ》やその他数則を与えられたが即座に透過した。よく古人は破竹の勢いで透過したとあるが、衲がその時の体験は、与えられた公案に対し、即座に明答ができる心境は、ちょうど清水が渓《たに》の底からブクブクと自然に涌き出る感じであった。

それから老師は知客寮《しかりょう》を通じて衲を隠侍寮《いんじりょう》に呼びかえされた。まだ薄暗かったが、老師は隠寮前の庭の掃除を命ぜられた。衲は歓喜の念に満ち満ち掃除をした。朝も全く明け渡り、東天より旭光が燦と輝いた瞬間、庭の草木初め一切のものが、一斉《いっせい》に歓声を発した感じに、衲は思わず箒木《ほうき》を捨てて両手を高く上げ「天真光明遍照　天真光明遍照」を連呼した。この時「ワッハッハッ……」と笑う声がするのでその方を見ると、東瀛老師が東司《とうす》（便所）から出て手を洗いながらこちらを見ていられるところであった。それからの毎日は歓喜一杯で、夜寝るのが惜しまれるくらいであった。

公案も次々面白いくらい透過するのでつい増上慢《ぞうじょうまん》を起した。今迄《いままで》大磐石のように思われた老師が軽く見えて来た。役位《やくい》の和尚さん達も眼中になくなってしまった。老師は幾度も「仏法の大海は弥々《いよいよ》入れば弥々深しじゃ、小を得て足《た》れりとするな」と誡められたが、心中自負している衲は少しも意にかけなかった。ところがある時老師から難透《なんとう》の公案を二、三則示されて判らず詰ってしまった。老師は「ソレ見ろ、鼠の尻ッポ程《ほど》の見性をして、大きな顔をしているがこれ位の公案が判らないのかッ」と大いに叱責せられた。そこで初めて目が醒めた。そのうち宗《しゅう》乗余乗《じょうよじょう》等に対する学問智識の不足を感ずるようになって来た。例えば仏教の教相、禅宗の歴史、祖師方の行状等に対する智識の不足が痛感されて来た。そこで東瀛老師にそのことを語り、妙心本山の臨済大学（今の花園大学）に入学したい旨《むね》を懇願した。老師はなかなか許可せられなかったが、種々嘆願の結果ようやく承諾された。その時衲に対して「学問も必要だが、参禅のことは忘れるな。他日一度は必ず他の規矩《きく》厳粛な道場に掛錫《かしゃく》してシッカリ修行せよ。喚鐘《かんしょう》が出たら決して参禅を欠かすでないぞ。これは衲のお前に対する遺言じゃ」と誡められた。

（白水敬山［1974：158-160］。ふりがなを追加）

東瀛の厳しくも慈愛あふれる姿が印象的である。かくて、敬山は「宗乗余乗」、すなわち、臨済宗とほかの諸宗とを学ぶべく臨済宗大学へ向かった。大学に入ってからの敬山については、次に紹介する悟り体験記のうちにその姿が鮮やかに描かれている。

わたくしは飛び上がるほど驚いた――山田無文《むもん》

山田無文（太室無文。一九〇〇―一九八八）は明治から昭和にかけての人である。運送問屋に生まれ、大正八年（一九一九）、東洋大学印度哲学科に在学中、チベット留学者、河口慧海《えかい》（一八六六―一九四五）の雪山精舎においてシャーンティデーヴァ『入菩薩行』の講義を受けたことをきっかけに、発心して雪山精舎に寄宿し慧海に師事したが、発病してやむを得ず帰郷した。同十年、臨済宗の河野大圭の指導によって快癒したことをきっかけに、同十一年、大圭のもとで出家し、臨済宗大学に入った。同十三年、臨済宗大学の学生全員が、毎学期、京都府八幡《やわた》市の円福寺に一週間の接心《せっしん》に行っていた頃、秋の大接心において見性した。

昭和四年（一九二九）、妙心僧堂に掛搭したが、天龍僧堂に転錫し、関精拙（本書一〇三頁）に参禅し、さらに嗣法した。のち、妙心寺派管長（一九七八―一九八二）となった。

以下のことばは昭和四十年（一九六五）に刊行された本人の著書『手をあわせる』による。

秋の大接心のときであった。わたくしたちはめいめい、座布団と日用品をかついで、八幡の円福寺へ籠城した。広い禅堂であったが、五、六十人のものが坐ると、ぎっしり、いっぱいだった。そのとき、わたくしの真向いに坐っておるクラスメートが、じつに坐禅に熟達しておった。彼は学校へはいる前に、博多の聖福寺で数年、坐禅をしてきておるのである。

わたくしが足が痛くなったとき、ふと彼を見ると、彼はすわったままびりっともしていない。わたくしが眠くなってふと彼を見ても、彼は動かない。わたくしが体がだれて、どうにもならなくなってふと彼を見ても、彼はさゆるぎもしない。わたくしは大いにファイトをわかした。負けてなるものかと坐りこんだ。
四、五日たつと、わたくしも坐って坐ることを忘れ、立って立つことを忘れ、心身を忘却するところまで進んだ。まことに神人合一の清寂さである。そして第六日ごろ、参禅の帰りに、本堂の前の真黄色な銀杏《いちょう》を見たとき、わたくしは飛び上がるほど驚いた。わたくしの心は忽然《こつねん》として開けた。無は爆発して、妙有の世界が現前したではないか。隠寮へ走って参禅したら、公案は直ちに透り、二、三の問題を出されたが、その場で解決してしまった。
天《あま》の岩戸はたちまち開かれ、天地創造の神わざが無限に展開されたのである。すべては新しい。すべては美しい。すべては真実である。すべては光っておる。そしてすべては自己である。わたくしは欣喜雀躍《きんきじゃくやく》した。手の舞い足の踏むところを知らずとは、まさにこのことであったろう。

天地とわれは不二である。世界とわれは不二である。人類とわれは不二である――このような直観の心境が、どうして喜ばずにおられようか。「いまこの三界《さんがい》はことごとくこれわが有なり、その中の衆生《しゅじょう》はみなこれわが子なり」と証言された釈尊のお言葉が、けっして誇張でもなく、欺瞞でもなく、自覚の実感としてしみじみ味わわされたのである。

人類と世界に対する不二の愛情こそ、人間性の真実であることを自覚できたのである。かつて人類のために自分の一生をささげると誓った菩提心こそ、人間性の本質であって、わたくしの発心《ほっしん》があやまりでなかったことを、わたくしは親しく体験したのである。

そのときの師家は、当時の学長であり、のち妙心寺派管長となられた神月徹宗老師であり、そのときの向い側に坐っていたクラスメートとは、現平林寺僧堂の師家、白水敬山老師である。よい道友を持たなければ道は成就しないことを痛切に味わわされて、わたくしはいまも敬山老師に感謝しておる。（山田無文［1965：94-96］）

「釈尊のお言葉」とは、『法華経』譬喩品《ひゆぼん》（巻二。T9, 14c）である。

かつて、河口慧海の雪山精舎においてシャーンティデーヴァ『入菩薩行』の講義を受けたことをきっかけに、発心した無文であったが、発病してやむを得ず帰郷した。しかし、この時、見性したことによって、無文はみずからの発心があやまりでなかったことを親しく体験したのである。同じ体験を、無文はのちにあらためて語っている。以下のことばは昭和四十七年（一九七二）に公表された本人と梅原猛との対談「願いは限りなく」による。


八幡の円福寺です。そのとき、私は忘れもしませんがね。私の向かい側の単に、白水敬山和尚が坐っていたんです。いまの平林寺の老師ですがね。彼は学校へ来るまでに四年か五年、九州の博多の崇《(聖カ)》福寺で坐禅してきたんですが、こっちが身体がだるくなっていやだなあと思って、つっと見ると、平然としているんです。「この野郎、負けてなるものか。」こっちがまた足が痛くなって、モゾモゾしておるのに、向う側はビクともしません。それで、こいつに負けちゃならんと思って、一所懸命励みました。お蔭さんで、学生時代に円福寺でとにかく見性しました。そうしたら、禅堂の丸柱がえらい大きいものに見えてくるのです。妙な気持ちになってくるんですわ。そうして参禅をして、帰りに庭先に銀杏の木があって、それが真黄色に色づいてましてな。それを見たときに、忽然として悟った。というと、これはホラみたいですけれども、本当に忽然として悟りましたね。（山田無文、梅原猛［1972 : 28］）

そうして、次の参禅のとき、公案が通りました。二、三の拶所もその場で通っちゃったんですから、それからもう半年ぐらいはうれしかったですな。何を見てもうれしかった。

（山田無文、梅原猛［1972 : 28］）

つまり、銀杏の木が、真黄色に立っている。見たときには、ほんとうに自分がなくなったのですな。銀杏だけが映っている。ちょうどレンズで銀杏だけを見たような。見ておる自分はなくなってる《ママ》。そういう気持ちですな。何といったらいいか、すっかり開放された気持ちでしょうな。（山田無文、梅原猛［1972 : 28］）

「すっかり開放された気持ち」とは、先に「わたくしの心は忽然《こつねん》として開けた」とあったのと同じであって、心が完全に開け放たれた気持ちという意味であるらしい。

「おれだっ」と、うれしかったですね——大森曹玄《そうげん》

大森曹玄（的翁曹玄。一九〇四—一九九四）は明治から昭和にかけての人である。少年時代より剣道を学び、大正十二年（一九二三）、日本大学を中退し、日本主義運動に傾斜した。同十四年、関精拙（本書一〇三頁）に出会って参禅し、昭和八年（一九三三）、天龍僧堂において見性した。同二十一年、関牧翁（牧翁巍宗。一九〇三—一九九一。精拙の法嗣、養子。天龍寺派管長〔一九四六—一九九一〕）のもとで出家し、さらに、牧翁に嗣法した。剣と禅と書とによって知られた。以下のことばは昭和五十一年（一九七六）に刊行された本人参加の座談会記録『徹して生きる』による（厳密に言えば、曹玄は、見性した時、在家者であった。ただし、一般的に出家者として知られているため、便宜的にここで扱うことにする）。

私自身のそれは、あまりはなばなしくないので、話したくないんですけど……。私は坐禅を終わって外へ出て、東司《とうす》（便所）へ行ったんです。そこで用をたしていると、向こうの大谷石の壁に当たって、シャーッという音がしますね。あれがものすごく大きい音に聞こえたのですが、そのときに「ハッ」と気づきました。「おれだっ」と、うれしかったですね。しかしあまり派手《はで》じゃない。どうもきれいじゃないですけど……（笑）。

（山田霊林、山本秀順、大森曹玄、武藤義一［1976：255］）

やや謙遜ぎみにユーモラスに説かれているが、曹玄の見性はのちのちまで天龍僧堂に語り継がれるほどのものであったらしい。秋月龍珉《りょうみん》(一九二一—一九九九)は次のような逸話を紹介している。

これからのちの公案の調べは、「大森のホーロク千枚、かなづち一丁」という言葉が今に天龍に残っているように、文字通り一瀉千里に行けたという。(秋月龍珉[1965:68])

見性した直後の曹玄は、あたかも一丁の金槌で千枚の焙烙《ほうろく》を一気に重ね割りするように、一回の見性で多くの公案を一気に透過していったのである。

第四章　日本仏教Ⅲ　臨済宗（近代・在家者）

臨済宗と悟り体験

前近代の臨済宗においては、禅はおおむね出家者によって修められ、参禅する在家者は僅少であったが、近代の臨済宗においては、在家者への禅の普及が図られ、参禅する在家者が増大した。前近代に参禅した在家者が粒よりであったのに対し、近代に参禅した在家者が玉石混交となったことは否めないが、ともあれ、在家者たちは、実社会のさまざまな方面において活躍しながら、宗風を顕揚していく。

以下、代表的な悟り体験記を読んでいきたい。

本章の登場人物について、略法系図を示せば、次頁のとおりである（在家者に傍線を付す。正式に嗣法した者は辻雙明と苧《お》坂《さか》光《こう》龍《りゅう》のみ）。

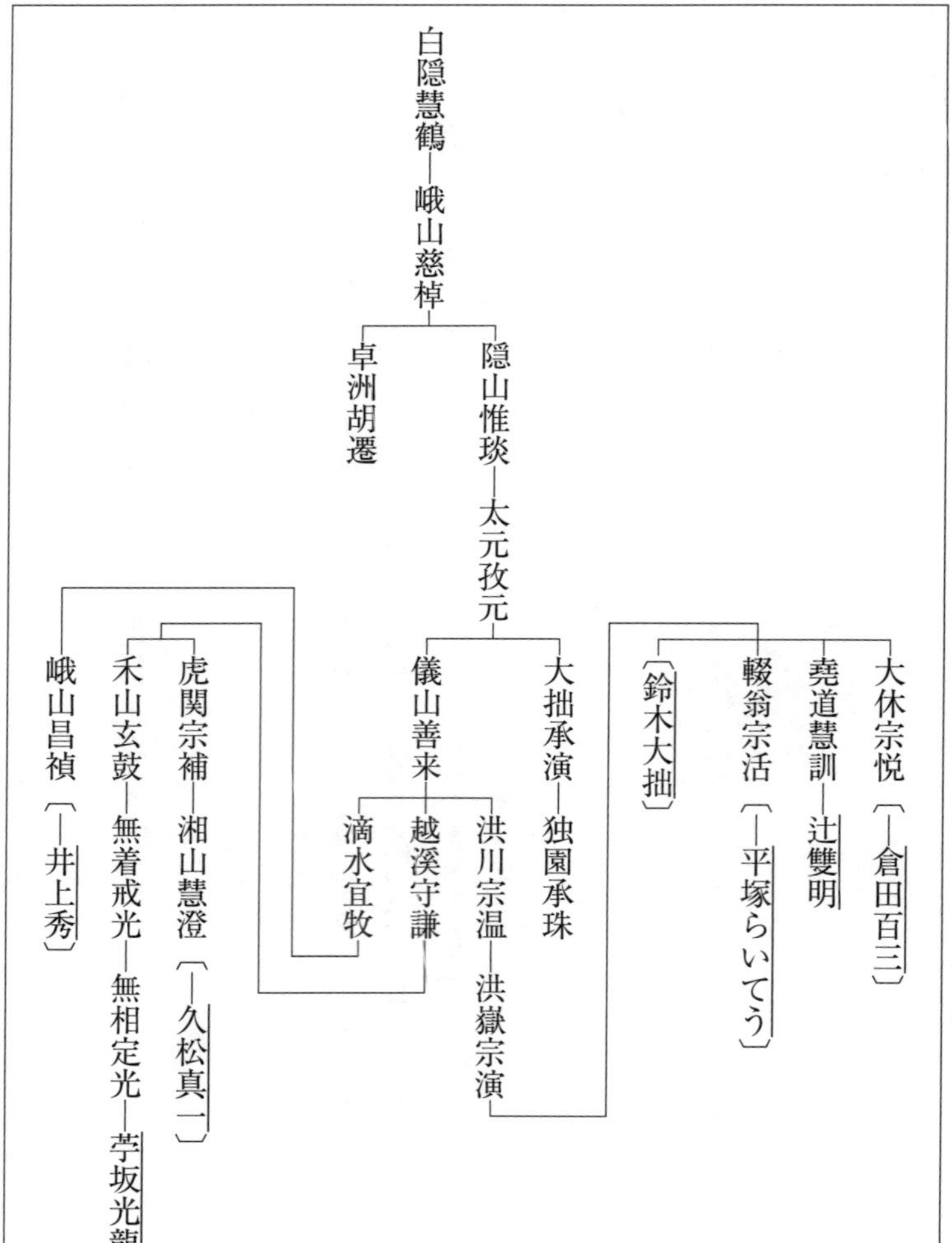
白隠慧鶴
峨山慈棹
卓洲胡僊
隠山惟琰
太元孜元
大拙承演
独園承珠
儀山善来
洪川宗温
洪嶽宗演
大休宗悦
（―倉田百三）
堯道慧訓
辻雙明
輟翁宗活
（―平塚らいてう）
（鈴木大拙）
越溪守謙
滴水宜牧
虎関宗補
湘山慧澄
（―久松真一）
禾山玄鼓
無着戒光
無相定光
苧坂光龍
峨山昌禎
（―井上秀）

これが無なのだな！――鈴木大拙

鈴木大拙（一八七〇―一九六六）は明治から昭和にかけての人である。医者の家に生まれ、早くに父を喪ったのち、明治十五年（一八八二）、石川県専門学校（のちの第四高等学校）中等科に入学し、学友西田幾多郎（一八七〇―一九四五）らに交わったが、同二十一年、生家の経済的事情ゆえに本科を中退した。同二十四年、あらためて東京専門学校（現在の早稲田大学）に入学したが、鎌倉の円覚寺において今北洪川（本書九二頁）に参禅することが頻りとなったため半年ほどで中退した。同二十五年、前年に東京帝国大学（現在の東京大学）文科大学選科に入学した西田の勧めによって改めて選科に入学したが、円覚寺において釈宗演に参禅することが頻りとなったため三年ほどで退学した。シカゴにおける万国宗教大会（一八九三）において宗演と知り合ったポール・ケーラス（一八五二―一九一九）の仕事を助けるために宗演から渡米を要請され、渡米直前の同二十九年十二月、円覚寺において見性した。

のち、禅思想家、仏教学者となった。禅を世界に普及させた人物として著名である。

以下のことばは明治三十五年九月二十三日付の西田幾多郎宛書簡による。

之《これ》に就《つ》き思ひ起《おこ》すは、予の嘗《かつ》て鎌倉に在《あ》りし時、一夜期定《きてい》の坐禅を了《を》へ、禅堂を下り、月《つき》明《あかり》に乗じて樹立《こだち》の中を過ぎ帰源院の庵居《あんきょ》に帰らんとして山門近く下り来《きた》るとき、忽然として自らをわする、否《いな》、全く忘れたるにはあらざりしが如《ごと》し、されど月のあかきに樹影参差《しんし》して地に印せるの状、宛然《さながら》画の如く、自ら其《その》画中の人となりて、樹《き》と吾《われ》との間に何の区別もなく、樹是《これ》吾《わ》れ、吾れ是《こ》れ樹、本来の面目、歴然たる思《おもひ》ありき、やがて庵に帰りて後も胸中釈然《しやくぜん》として少しも凝滞なく、何となく歓喜の情に充《み》つ、当時の心状《しんじやう》今一々言詮し難《がた》し、頃日《けいじつ》ゼームス氏の書を読むに到りて、予の境涯を其まゝに描かれたる心地《ここち》し、数年来なき命《いのち》の洗濯したり、此《こ》の境涯は鉄舟（白隠和尚なりしか、今覚えず）（或る伊豆の豪農居士かとも思ふが、白隠時代の）（なりしと思也）が清見潟（清水港か）を籠の中より見て「風光如画」と感じた云々《うんぬん》とあると同一般ならん、独園和尚の講座なりしと思ふ、此話《この》をきゝたるは、

此の境涯は哲学にあらず、道徳にあらず、意識の上へ一寸顔を出して閃電せんが如く亦直《またぢか》に引き込む刹那、悟入《ごにふ》する所ありて安心の語を得るなり、機一髪なり、

（SDZ36, 222. ふりがなを追加）

「帰源院」とは、円覚寺の塔頭《たっちゅう》のひとつである。「ゼームス氏の書」とは、その年に刊行されたアメリカの宗教学者ウィリアム・ジェームズ（一八四二―一九一〇）の著書『宗教的経験の諸相』を指す。さらに、「風光如画」とは、白隠慧鶴（本書八七頁）に師事した駿河の豪農居士、山梨了徹（一七〇七―一七六三）が自宅で見性したのち白隠のもとへと駕籠で向かい、駕籠の窓から田子の浦を見た時の逸話である。明治二十三年（一八九〇）に刊行された荻野独園（独園承珠。一八一九―一八九五）『近世禅林僧宝伝』（荻野独園［1890：43b］）に「自轎窓臨、眺田子浦、美景如画図、胸中益爽然」（駕籠の窓から田子の浦を眺めるに、美景はあたかも絵のようであり、胸の中がますます爽やかになった）とある。大拙が「独園和尚」と呼ぶのも荻野独園を指す。

この時期に得られた見性については、大拙みずからが高弟である秋月龍珉に次のように語っている。

「まあ、こうして無中《むちゅう》で坐ったわけだ。ある晩ふっと〝ああこれだ〟ということがあった。これが無なのだな！　総参《そうさん》の喚鐘《かんしょう》がなって無中になって飛び込んだ。〝それだ〟というので、老師が揆処《さつしょ》を幾つかぶっつけられる。ま、それも無中で透《とお》った。そのうちちょっと返事のできぬ揆処があって、チリンチリンをくって部屋を出た。摂心《せっしん》というのは、善いような悪いようなものだ。今から思えば、あのときに喚鐘がならず独りでいて、もっともっとじっくり坐りぬいていたら、もっとしっかりした公案の透過ができたのではないかと思うこともある」

（秋月龍珉［1992：139］。ふりがなを追加）

「無中」とは、無のただ中を指す（〝夢中〟ではない）。「総参」とは、総員参加の入室である。

「そんなことで、アメリカに行く前の年の臘八《ろうはつ》の摂心に、〝これだ！〟ということがあったわけだ。そのとき総参になって、もう少し続けて坐りたかったが、仕方がないから立って入室した。老師も〝よし！〟というので、二つ三つ続けざまに揆処を出された。それはなんでもなくゆけたが、三、四へんめに引っかかった。ちょっとぐずぐずしたら、たちまちチリンチリンときた。その揆処は次の朝早く片付けた。〝これで何年来の胸のつかえがおりた〟という感もなかったわけではないが、一方また〝これでまったくいい〟ということもなかった。このときはまあ無我無中のようなものだ。西田（幾多郎博士）も書いていたな。〈無字を許さる、されども余甚だ悦ばず〉というのだったかな。その人の性格にもよるが、わしもこのとき喜ぶということも特別なかったようだ」（秋月龍珉［1992：140-141］。ふりがなを追加）

「無字を許さる、されども余甚だ悦ばず」とは、西田幾多郎の明治三十六年八月三日付の日記に出ることば「晩に独参無字を許さる　されとも余甚悦はす」（NKZ17, 128）を指す。

このようにして大拙は悟り体験を得た。ただし、これはあくまで一段落ついたにすぎない。今生における悟り体験を確立させるために、大拙はさらに修行を要した。

「ともかく無字を五年ほど工夫して、アメリカに発つ前の年の臘八の摂心で、一応〝見性〟したわけだが、一年ほどしてアメリカへ行ってあるとき「ひじ、外に曲らず」という一句に契当《かいとう》して、はっと悟った。ま、それまでは、見性といっても無我無中であったわけだ。ここで自分でもいささかはっきりしてきた」（秋月龍珉［1992：139］。ふりがなを追加）

「ひじ、外に曲らず」とは、公案集『碧巌録』（巻一。T48, 140a）に出る語である。

このようにして、大拙は、一度目の悟り体験から一年ほどを経て、今生における見性をひとまず確立させたのである。

豁然《かつねん》と光を見出し、望みの境地に到達しました——井上秀《ひで》

井上秀（一八七五—一九六三）は明治から昭和にかけての人である。庄屋の家に生まれ、明治二十七年（一八九四）、京都府高等女学校を卒業し、弟の突然の死によって、翌二十八年、婿養子を迎えて生家を継いだ。弟の死の衝撃によって生死の問題に不安を感じ、キリスト教に接近したが疑問をいだき、大阪の漢学塾において儒学を学んだ。『孟子』公孫丑上の「浩然の気」を養うことを願い、同年、京都の天龍寺において橋本昌禎《しょうてい》に参禅し、半年後、見性した。明治三十四年、創設されたばかりの日本女子大学校に入学し、同三十七年、卒業したのち、同四十一年、コロンビア大学およびシカゴ大学に留学した。のち、日本女子大学校校長（一九三一—一九四六）などを歴任した。戦時中に大日本青少年団副団長（一九四一—一九四五）を務め、戦後、公職追放を受けた。

以下のことばは昭和三十一年（一九五六）に発表された本人の手記「禅と私」による。

私も与えられた公案の工夫に苦しみつづけたあげく、ついに豁然《かつねん》と光を見出し、望みの境地に到達しました。その時の喜び、身も魂も脱落して、真の再生を得たその嬉しさは、筆舌に尽くせないほどのものでありました。耳にひびく鐘の音、鳥のさえずりも、常のものより一層美しく、目に映ずる花の紅も緑もまた一しお麗しい。まことに手の舞い足の蹈むところを知らずとの喜びを味わいました。

私はついに「隻手の音声《おんじょう》」を聞くことが出来ました。いわゆる普遍の実在＝仏性《ぶっしょう》がはっきり

獲得できたのでありました。釈尊の「天上天下唯我独尊《てんじょうてんげゆいがどくそん》」の境地も、白隠禅師の「衆生本来仏なり」の意味も体得しました。前にいだいたキリスト教の疑問もとけ、儒教の浩然の気も、判然と理解されました。人生に対する疑問も、精神上の不安も、この刹那すつかり消え去りました。この心境で老師の前に出ましたところ、いまだ一言も発しないに、私のならす鐘の音をきかれただけで、私のすべてを直観され、見性は出来たと許されました。

（井上秀［1956：258-259］）

「隻手の音声」とは、「両手が打ち合わされて音声がある。隻手（片手）にいかなる音声があるか」という公案に依拠している。白隠慧鶴（本書八七頁）によって考案された。

この体験こそが、女性教育に奮励した、秀の生涯にわたる活動のきっかけとなったのである。

真の人生の大道の入口が開かれたのです——平塚らいてう

平塚らいてう（一八八六—一九七一）は明治から昭和にかけての人である。官吏の家に生まれ、日本女子大学校入学後、今北洪川『禅海一瀾』（本書九二頁）を読んだことをきっかけに、明治三十八年（一九〇五）、東京の両忘庵において洪川の法孫である釈宗活《しゃくそうかつ》（輟翁宗活。一八七一—一九五四）に参禅し、それによって、同三十九年七月、見性した。

のち、女性による女性のための初めての文芸誌『青鞜』を主宰するなど、女性運動家として活躍した。

以下のことばは昭和三十年(一九五五)に刊行された本人の自伝『わたくしの歩いた道』による。

ここで禅の修行に話がもどりますが、女子大卒業後はもちろんいっそう両忘庵通いに、何よりも力を入れていました。参禅を重ねても「本来の面目」は容易に通りそうもないのですけれど、私自身のうえには座禅をつづけている間にいろいろの変化が知らぬまに起っていました。まずからだの調子が変ってきたのに気付きました。からだが不思議に軽くなり、日に何里と歩くのに少しも疲れを感じません。夢というものをほとんど見なくなったこと、睡眠時間が僅かで足りることなども知りました。雑念がだんだんにへって、心がよほど透明になってきたからでしょう、視野が広くなり、ものの隅々が見えるようになり、いつも心たのしいのでした。周囲のもの――ことに祖母や母は私がたいへん健康になったとよろこんでくれました。

やっと半年かかって、卒業の年の夏七月、公案を解決することができ、この修行にはいる最初の関門を突破したのでした。禅家の人たちはこれを「見性」と申しておりますが……。それはとにかく、私はその日、あまりのうれしさに、とてもそのまま真直ぐに家へ帰ることなどできず、田んぼ道をどこまでも、どこまでも歩いて日暮里から三河島の田んぼを、それから小台《おだい》の渡しをわたって、西新井の方へ、帰りには豊島の渡船の方へ出て、飛鳥山に登るなど、どの道をどう通ったか日の暮れるまで歩きまわりました。足の疲れはもちろん、自分のからだのあることさえ忘れて天地の中にとけて歩いていました。「心身脱落」という言葉が禅書にありますが、ほんとうにその通りです。無我とは決して形容詞ではありません。

これ以後、私は慧薫《えくん》とよばれるようになりました。（平塚らいてう［1994：52-53］。ふりがなを追加）

同じ体験を、らいてうはのちにあらためて語っている。以下のことばは昭和四十六年に刊行された本人の自伝『元始、女性は太陽であった』による。


ようやく老師に認められて見性《けんしょう》を許されたのは、女子大卒業の年の夏で、慧薫《えくん》という安名《あんみょう》を老師からいただきました。修行者の見性の体験など読みますと、頓悟《とんご》というようなことがよく書かれていますが、わたくしの場合は半年あまりもかかって、徐々に心境が展開し、ついに百八十度の心的革命というか、一大転回を遂げたのでした。これはわたくしにとっては、まさしく第二の誕生でした。わたくしは生まれかわったのでした。第一の誕生は、わたくし自身は知らないわたくしの肉体の誕生でしたが、第二のこの誕生は、わたくし自身の努力による、内観を通して、意識の最下層の深みから生まれ出た真実の自分、本当の自分なのでした。

求め、求めていた真の人生の大道の入口が開かれたのです。さすがにうれしさのやり場がなく、わたくしはその日、すぐ家に帰る気になれず、足にまかせてどこまでも歩きました。日暮里から三河島へ田圃道《たんぼみち》を、それから小台《おだい》の渡しをわたり、西新井の方面へ、どの道をどのように通ったのか、終日歩いて、足の疲れなどはおろかなこと、自分のからだの存在も忘れて歩いていました。「心身一如」とか「心身脱落」とかいうような禅書の言葉が、嘘でないことがよくわかりました。お釈迦さまが、天上天下唯我独尊といわれたことも、大言壮語でもなんでもなく、体験的な真理であることがわかりました。神とは何か、自我とは何か、神と人間との関係、個と全体との関係などと、女子大時代に頭の中だけの、概念の世界で模索していた諸問題が、みんないっしょに解決され、がらんとした思いで、愉快というよりほかありません。

（平塚らいてう［1971：187-188］。ふりがなを追加）

「頓悟」とは、すぐさまの悟りを指す。これの対義語は「漸悟」であり、だんだんの悟りを指す。らいてうの悟り体験は一年たらずで得られているから、前近代における悟り体験に較べ、はるかに「頓悟」であったはずであるが、らいてう自身は「頓悟」であったと言っていない。おそらく、らいてうが言っている「頓悟」とは、臨済宗の出家者の悟り体験記でおなじみの、心が豁然と開ける悟り体験を指しており、らいてうはみずからの悟り体験がそのような悟り体験ではなかったと言っているのである。

この悟り体験によって、らいてうは精神的にやや突飛な状態に陥り、翌明治四十年、釈宗演門下の禅僧、中原秀嶽（一八七八―一九二八）に接吻して求婚されたり、同四十一年、夏目漱石門下の小説家、森田草平（一八八一―一九四九）と心中を約束して「煤煙事件」を起こしたりするに至っている。ただし、この体験によってらいてうがある種の精力を得、それが女性運動を続けるための原動力となったことは確かなように思われる。

無相にして自在なる真の自己を覚証した——久松真一

久松真一（一八八九—一九八〇）は明治から昭和にかけての人である。浄土真宗の門徒の家に生まれ、中世的な浄土真宗の信仰に疑念をいだき、京都帝国大学において近代的な理性の哲学を学んだ。しかし、対象的認識である哲学の無力さに絶望し、主任教授、西田幾多郎から池上湘山《しょうざん》を紹介され、大正四年（一九一五）十一月五日から妙心僧堂において湘山に参禅し、それによって、同年十二月三日、見性した。

のち、宗教哲学者となり京都大学教授などを歴任した。学問と修行との一致を目指すＦＡＳ協会の創始者として知られる。

以下のことばは昭和三十年（一九五五）に公表された本人の自伝「学究生活の想い出」による（文中の「彼」は本人を指す）。

十二月一日、やっと湘山に参ずることも、禅堂内にて坐ることも許された。参じた時の室内での湘山は、平時とは全く打って変わって、近づき難き孤危峭峻なる千仭の断崖絶壁であった。彼は、その際立った徹底な応変には感嘆を禁じ得なかった。彼に取っては、僧堂式に坐禅し、しかも禅堂内で雲水と同じ規矩《きく》によって接心《せっしん》するのは、これが初めてであり、のみならずそれがまた、一年中に最も峻烈な臘八大接心であったのであるから、身心共に従来かつて経験したことのないほどの苦痛であった。他処では見られないような堂内の殺気立った異常な緊張と、寸毫も仮借せぬ直日《じきじつ》（現在は禅堂内の総取締役）の策励と、開けっぱなしの窓から吹き込む寒風とは彼を極度に戦慄せしめた。坐に不慣れのための結跏《けっか》の疼痛や、首や肩や腰の凝りは刻一刻増してゆくばかりで、顔をしかめ歯を喰いしばり、辛うじて坐相を保つことができる程度で、ややもすれば、肝心の工夫もその方へ奪われ勝《が》ちであった。しかし他方、刻々と迫りくる独参や総参に、心は否応《いやおう》なしに工夫《くふう》へと駆り立てられ、身心共にますます窮し行くばかりであった。湘山は入室ごとにいよいよ攀縁を絶する銀山鉄壁と化し、彼のまっ白な独眼の睨みは殺人光線となった。三日目の彼は、針の穴ほどの活路もなき、通身黒漫漫《こくまんまん》の一大疑団《ぎだん》となり、文字通り絶体絶命の死地に追い込まれた。ここでは、彼が何か或《あ》る個別的な問題を対象的に解こうとして行きつまったというようなことでもなく、あるいは普遍的全体的な問題を対象的に解こうとして解き得ず、それが大きな疑問として心中に懐かれているというようなことでもなくして、彼自身が全一的に一大疑団と化したのである。疑団とは、疑われるものと疑うものとが、一つであって、しかもそれが全体的な彼自身であるようなものである。鼠が銭筒《ぜにづつ》に入って伎已《わざすで》に窮した如《ごと》く、百尺竿頭《かんとう》に登りつめて進退これきわまった如く、全く窮しきって身動きもできない。しかるにあにはからんや、即《こ》の時、いわゆる窮すれば変じ、変ずれば通ずるという如く、この一大疑団の彼は、忽然として内より瓦解氷消し、さしも堅固なる銀山鉄壁の湘山も、同時に跡《あと》形《かた》もなく崩壊し、湘山と彼との間には、髪を容《い》れる隔ても無《な》くなり、ここにはじめて、彼は無相にして自在なる真の自己を覚証すると同時に、またはじめて湘山の真面目に相《あい》見することができたのである。ここで彼は「歴代の祖師と手を把《と》って共に行き、眉毛厮結んで同一眼に見、同一耳に聞く」といった無門の語の偽らざるを知った。一斬一切斬《いちざんいっさいざん》、一成一切成《いちじょういっさいじょう》といわれるように、彼が多年解決し得なかった一切の問題は、抜本塞源《ばっぽんそくげん》的に解決せられ、未だかつて経験したことのない大歓喜地を得た。彼は今、存在・非存在を越えた無生死底《むしょうじてい》を自覚し、価値・非価値を絶した不思善不思悪底《ふしぜんふしあくてい》を了得した。次の句は、当時彼がこの風光を表現したものである。

雨雲の晴れにし後ぞことさらに澄みまさるなり大空の月
親しきはしのつく雨の降りやみし静夜を破る滝つ瀬の音

（ZHShCh1, 432-433. ふりがなを追加）

「無門の語」とは、南宋の無門慧開が編纂した公案集『無門関』のうち「趙州狗子」に出る語である。

なお、これの四年前にやはり妙心僧堂において池上湘山に参禅し見性した朝比奈宗源の悟り体験記（本書一〇六頁）をも併せ見られたい。

宇宙と自己とが一つになつてゐるのを覚証した――倉田百三

倉田百三（一八九一―一九四三）は明治から昭和にかけての人である。商家に生まれ、大正五年（一九一六）、浄土真宗の開祖、親鸞（一一七三―一二六三）を扱った戯曲『出家とその弟子』を発表し流行作家となったが、強迫観念に苦しみ、昭和六年（一九三一）四月から七月にかけて、真言宗の成田山新勝寺において断食水行した。さらに、妻が精神的変調を来たしたことに悩み、宇宙をあるがままに受け取ることを求めて、同年十一月、平林僧堂において峯尾大休（本書九七頁）

に参禅し、独悟した（本人が昭和七年と書いているのは誤記。鈴木範久［1980：186-187］）。以下のことばは昭和十五年に公表された本人の随筆「われぞみ仏」による。

昭和七年の晩秋、すでに臘八の接心も近きころ、私は平林の裏山を歩いて、田圃《たんぼ》道に差しかかつた際私は宇宙と自己とが一つになつてゐるのを覚証した。其処《そこ》には天地と彼我《ひが》とは端的に一枚であつた〔。〕其処には宇宙そのものが厳存し、しかもそれは呼吸をし、目をみ開いてゐた。呼吸をして活《い》きてゐた〔。〕ぱつちりと目をみひらいて自覚してゐた。私は思はず声をあげて絶叫した。向《むか》ふの農家から烟《けむり》が立ち登つた。それは自分が吐き出したのだ。——かう感じた時は私は走り出してゐた。

私は寺に帰り、つき上げて来る法悦を抑へ、静かに禅堂に打坐《たざ》して入室の時を待つた。宇宙が呼吸しぱつちりと目をみ開いてゐる。これぞみ仏だ！

老師に見《まみ》えた時、私はもう一語も発せず、説明もしなかつた。ただ一声絶叫したのみであつた。法そのものが其処にましまし、私も、老師もなかつた。権威そのものが臨在した。

私はもう「受取る」といふことの必要でない、そして可能でない世界に出てゐた。宇宙と自己とがひとつである時、宇宙を受取るとはナンセンスである。其処にはたゞ一枚の「そのまゝ」があるのみ。（KHS6, 156. ふりがなを追加）

これを読むかぎり、百三の悟り体験は、臨済宗の出家者の悟り体験記でおなじみの、心が豁然と開けて大悟する体験とは異なるものであったと推測される。この悟り体験については、第十一章においてあらためて検討したい。

襖《ふすま》を開くと、寂滅為楽《じゃくめついらく》の響きがした――苧坂光龍《おざかこうりゅう》

苧坂光龍（一九〇一―一九八五）は明治から昭和にかけての人である。大正十三年（一九二四）、京都帝国大学に在学中、発心して静岡裾野の般若不二道場において釈定光《しゃくじょうこう》（無相定光。一八八四―一九四八。釈迦牟尼会初代会長）に参禅するも、見性を得られないまま京都へ帰還した。坐禅する勇気を失って勉学に励んだが、翌年（一九二五）、上洛した定光に再会したことをきっかけに見性した。

卒業後、昭和七年（一九三二）、定光に嗣法した。のち、釈迦牟尼会第二代会長となった。以下のことばは昭和三十年に発表された本人の随筆「老師を訪ねて」による。

大正十四年の秋、老師はふたゝび御入洛された。もはや坐禅する勇気は失つていたが、老師に対する思慕の念にかられて、とにかく御挨拶に参上した。その夜の御提唱は、全くわたくし一人に対する慈悲の御垂示と感激し、遂に三晩共《とも》引続き拝聴に出席した。四日目の朝、京都駅頭に老師をお見送りして、発車の間際《まぎわ》莞爾とした尊顔を拝して、以心伝心、無上の法喜《ほうき》を味《あじわ》つた。その夜法友《ほうゆう》を尋ね、老師のことども語り合い、十時頃室を辞せんとして襖《ふすま》を開くと、寂滅為楽《じゃくめついらく》の響きがした。その妙音を聞いた瞬間、実にこの上ない禅悦に浸り、

有頂天の境界というか、恍惚の心境のまま遂に夜明《よあけ》を迎えた。そこでわたくしは、これ程《ほど》老師に私淑していながら、公案の為《ため》に近づくことを得ないのであるから、今後は公案に参ずることは止《や》めて、たゞ老師の膝下に侍《じ》して、朝夕左右の御奉仕するのが無上の幸福であり、分《ぶん》相応なことであると決意するに至つた。そこで十二月二十四日、冬休《ふゆやすみ》になると同時に、再び不二道場に老師をお訪ねした。到着した時は夜更《よふけ》であつたので、静かに休ませていたゞき、二十五日早朝入室した途端に、不思議に公案円成《えんじょう》し、老師も非常なおよろこびで、『男子出生す』と赤飯のお祝《いわい》をして下さつた。（芋坂光龍［1955：63］。ふりがなを追加）

「寂滅為楽」とは、〝寂滅を楽とする〟との意である（寂滅は涅槃の同義語）。再会した定光の大きな人格に触れたことが、光龍の心を開かせ、見性へと向かわせたことがわかる。定光と、その師、戒光とは、真言宗の出家者であり、臨済宗において参禅し、嗣法した人々である。彼らは、明治の戒律復興運動の指導者、釈雲照《しゃくうんしょう》（一八二七―一九〇九）の門下であり、『波羅《はら》提木叉《だいもくしゃ》』をたもつ清僧であった。

「なにもない」限りの無《な》い自らを知った――辻雙明《そうめい》

辻雙明（一九〇三―一九九一）は明治から昭和にかけての人である。東京商科大学（現在の一橋大学）に在学中、鎌倉の円覚寺の学生接心会において古川堯道（本書一〇一頁）に参禅した。堯道の高い人格に惹かれ、卒業後、勤務のかたわら、堯道に参禅を継続し、昭和十一年（一九三六）

十一月、円覚寺において見性した。

出征、抑留を経て帰国し、昭和二十四年、堯道に嗣法した。悟境を深めるために出家したが、帰家して在家者として生きた。のち、不二禅堂堂長となった。

以下のことばは昭和三十三年に刊行された本人の著書『禅の道をたどり来て』による。


それは私が数え年三十四歳の時の事《こと》であるが、十一月の一日から三日まで、私は円覚僧堂の摂心《せっしん》に参加し、いささか「正念工夫《しょうねんくふう》」に熱したために、僧堂の大衆《だいしゅ》と一しょに飯台についていながらも、箸をとることを忘れていたこともあり、歩きながら「工夫」していて、浅い溝に落ちたこともあり、朝の三時頃から夜十時頃までの間の坐禅が終った時、「一日が一瞬間のうちに過ぎたようだ」という感じを抱いたこともあった。その時の私は、いわゆる「黒漫々《こくまんまん》」の境涯の中に在《あ》ったのである。

予定の三日間は終ったが、「見性《けんしょう》」はできなかった。「まだ駄目か」と思いながら、私は円覚の山を下りた。ところが、帰路の電車の中で、私の心境に突如として変化が起った。車中のすべての人の額《ひたい》が、ことごとく光明を放っているように感ぜられた。人だけでなく、見るもののすべてが光を放っていた。

荻窪駅から七、八丁ほどの処《ところ》に在《あ》った自宅に帰ると、どういう訳《わけ》か「歓喜」が湧き起って来て、文字通り「手の舞い、足の踏む処を知らず」という風《ふう》に、私は家の中を踊りまわった。「これは変だ」と思い、私はすぐにまた円覚寺へ引きかえし、僧堂へ行って、「内参」(不定時の入室参禅のこと）を願ったが、遅い時刻のために許されず、その夜は居士林《こじりん》に殆《ほと》んど徹夜して坐禅し、翌朝、参禅してこの事を老師に話すと、「歓喜のある間は、まだ駄目だ」と言われ、堯道老師は『臨済録』の中にある

「心は万境《ばんきょう》に随って転《てん》ず、転処《てんしょ》、実に能《よ》く幽なり。流れに随って性《しょう》を認得すれば、喜びも無《な》く、また憂いも無し」

という偈《げ》を沈々と静かに口ずさまれ、「この偈が解《わか》れば見性しているのだ」と言われた。

この朝、会社へ出勤すると、部長の岡本氏が「辻さんは何か余程《よほど》いい事があったのかな、額《ひたい》が輝いているよ」と言われた。

私はいよいよ猛然と坐りだした。（辻雙明［1958：54-55］。ふりがなを追加）

「居士林」とは、円覚寺の在家者向け禅道場である。

興味ぶかいのは、「歓喜のある間は、まだ駄目だ」という堯道のことばである。第三章において確認したとおり、堯道はみずからの見性について「手の舞《まひ》足の踏所《ふむところ》を忘れ大歓喜を得た」と述べていた（本書一〇二頁）。しかし、そののちは、「歓喜のある間は、まだ駄目だ」というところまで悟境を深めていたのである。雙明は、『禅の道をたどり来て』の別の箇所（辻雙明［1958：66］）において、「悟ったら、悟りのサの字もない処まで修行しなくてはならぬ」という堯道のことばを記している。

雙明に見性が訪れたのは、その十一月三日からしばらく経った時のことだった。

十一月下旬の某日、入室参禅の時、「何故《なぜ》、須弥山《すみせん》と言うか」という公案に対する見解《けんげ》を呈した時、堯道老師の言下に、私はいわゆる「団地《かじ》一声《いっせい》」「はっと」と《ママ》、「自性即《じしょうすなわ》ち無性《むしょう》」なることと、この有限・相対の身が直《ただ》ちに無限・絶対なものであることを、自分の身体で直《じか》に知ったのである。無限な自己を体験的に自覚したのである。「なにもない」限りの無《な》い自らを知ったのである。そして私は此《こ》の日の此の時に、「毒狼窟」裡《り》において、新《あた》らしく精神的に誕生したという思いがしているのである。（「毒狼窟」は堯道老師の師家《しけ》としての室号である。）

これからは公案に対する見解《けんげ》が、油然《ゆうぜん》と湧き出るように起り、私は次々と、公案を透過《とうか》して行った。そして翌年の一月、堯道老師から「雙明」という居士号をもらうこととなり、また「大機院雙暗雙明居士」という法名ももらった。（この「雙明」「雙暗」という語は、碧巌録《へきがんろく》の第五十一則「雪峯、是《こ》れ什麼《なん》ぞ」の「頌」の「評唱」の中にも出ているということは、後日になって知ったところである。）（辻雙明 [1958 : 57-58]。ふりがなを追加）

「団地一声」とは、〝あっと一声〟という意味である。「自性」とは、仏性／心の本性を指す。たとえ十一月三日に歓喜を得たにせよ、単に歓喜が先行したにすぎず、いまだ見性していなかった雙明は、十一月下旬のこの日、見性したのである。

第五章　日本仏教Ⅳ　曹洞宗

曹洞宗と悟り体験

日本曹洞宗は鎌倉時代に南宋に留学した道元（一二〇〇―一二五三）によって開かれた。

第一章において確認したとおり、臨済宗は「見性《けんしょう》」（仏性《ぶっしょう》／心の本性を見ること）と呼ばれる覚醒体験――日本においては伝統的に「悟り」と呼ばれてきたため、以下、悟り体験と表記する――を重視する。それに対し、道元は「見性」という呼びかたを嫌悪する。なぜなら、そのような、われわれ自身に内在する仏性／心の本性は、異教徒によって主張されている、我《が》（アートマン。霊魂）のようなものであるかのように感じられるからである。

ただし、道元が悟り体験を批判したかと言えば、決してそうとは言えない。道元は「見性」という呼びかたを用いないにせよ、しばしば、ほかの呼びかたで悟り体験に言及している。たとえば、「悟《さとり》」という呼びかたがある。道元・懐奘《えじょう》『正法眼蔵随聞記』に次のようにある。

公案や話頭（逸話）を黙読していささか気づくことがあるようであっても、それは仏祖の道から遠ざかるためのきっかけである。無所得無所悟にして端坐して時を過ごせば、ただちに仏祖の道となるはずである。古人も、ことばを黙読することと、祇管《しかん》坐禅（ひたすらな坐禅）とをともに勧めたが、なおも、坐禅をもっぱら勧めたのである。また、話頭によって悟を開いた人がいるにせよ、それ（話頭）も、坐禅の功能によって悟が開けるためのきっかけである。〔悟が開けるための〕正式な功能は坐禅によっているはずである。（巻六。DZZ16, 288）

ここでは、明らかに、悟りが開けることが前提とされている。「無所得無所悟」とは、悟り体験がないことではない。悟り体験を待ちわびることがないことである。あるいは、「得道《とくどう》」（道を得ること）「得法《とくほう》」（法を得ること）という呼びかたがある。『正法眼蔵随聞記』に次のようにある。

そうであっても、大宋国の叢林においても、ひとりの禅師のもと、数百人数千人のうちに、本当に得道、得法する人は、わずかに一人二人である。そうである以上、故実や用心もあるのがよいことである。

今、それを思案するに、志が充分であるか、充分でないかである。本当に志が充分であって、身のほどに随って参学する人は、やはり、得道、得法しないということがない。

（巻三。DZZ16, 187）

すなわち、道元は悟り体験を「見性」と呼ぶことを嫌悪したのであって、悟り体験そのものを批判したのではないと考えられる。道元の死後、中世から近世にかけての曹洞宗においては、悟り体験は重視され、僧伝によるかぎり、さまざまな悟り体験者が現われていた。

ただし、農村部を中心に展開し、早くから葬式仏教への傾斜を深めていた曹洞宗においては、臨済宗に較べ、悟り体験者の割合がかならずしも多くなかった。その結果、近世の曹洞宗においては、卍山道白《まんざんどうはく》（一六三六―一七一五）が、嗣法《しほう》について、大悟による嗣法を主張せず、面授《めんじゅ》（面接によって〔法を〕授けること）による嗣法を主張するに至った。そのことを批判された卍山は、著書『卍山和尚洞門衣袽集』において、次のように述べている。

こんにち、法門（曹洞宗）は下降しており、真証実悟底《しんしょうじつごてい》（本当に悟った者）を求めても、まばらであってあたかも明けがたの星のよう、おおかたはそういう人ではない。しかるに、面授親承という正規があって亡びないので、埒外へとはみ出さないでいられるのである。あたかも蛇が竹筒のうちにいて曲がることができないのに似ている。このことによって言うならば、面授がこんにちあることは、利益がないと言われるべきではない。（SZ15, 128a）

もちろん、近世の曹洞宗においても悟り体験者がいなかったわけでは決してない。近世の曹洞宗においては、たとえば、臨済宗の白隠慧鶴（本書八七頁）と同時代に悟境を謳われた、大梅法璟《だいばいほうてん》（一六八二―一七五七）のような高僧も現われている。大梅については、第七章において、真言宗の慈雲飲光《じうんおんこう》の悟り体験記（本書一六三頁）に関連してあらためて一言する。

近代の曹洞宗においては、臨済宗において修行した原田祖岳《そがく》（大雲《だいうん》祖岳。一八七一―一九六一）が悟り体験の重要性を力説し、その膝下に多くの修行者を集めた。

以下、代表的な悟り体験記を読んでいきたい。

わしはたしかに種《たね》を取ったぞ――鈴木正三《しょうさん》

鈴木正三（一五七九―一六五五）は戦国時代から江戸時代にかけての人である。三河武士の家に生まれ、徳川家康および秀忠に仕えたが、若い頃から生死の問題に関心をいだき、元和六年（一六二〇）、本意を遂げて出家した。諸方を歴参し、寛永十六年（一六三九）、見性した。

以下のことばは門人である恵中《えちゅう》が慶安元年（一六四八）に本人からの聞き書きをまとめた法話集『驢鞍橋《ろあんきょう》』による。

また、見性の状態も〔わしに〕なかったわけではない。これも六十一の歳、八月二十七日、明ければ二十八日となる暁のこと、はらりと生死を離れ、たしかに本性に契合した。その時の心は、ただ〝〔何も〕ない、〔何も〕ない〟と躍り上がっていたいだけの心であった。まことに、その時はたとえ首を斬られても、〝〔何も〕ない、〔何も〕ない〟で毛先ほども実体がなさそうに思えた。

三十日ほど、このようにして過ごしていたが、わしは〝いや、わしに似合わぬことじゃ。ただ一種の気持ちの上の変化にすぎまい〟と思い、こちらから投げ捨て、もとの状態に取って返し、かの死（見性）を胸の中に押し込めて、強く修行したのである。案《あん》の定《じょう》、みな、そらごとであって、今に至るまで、正三という糞袋《くそぶくろ》（大便がつまった皮袋）を後生大事にしたままでおる。（巻下。SShDZ 241）

ここでは、正三が見性したのち、それを投げ捨てて、さらに強く修行したことが説かれている。ただし、このことは正三にとって見性が不要であったことを意味しない。正三は次のように述べている。

わしも八十歳まで生きたが、何の変化もない。しかしながら、わしはたしかに種《たね》を取ったぞ。（巻下。SShDZ 271）

ここでは、正三が仏となるべき「種」を取ったことが説かれている。正三が「種」を取ることができたのは、見性したのち、それを投げ捨てて、さらに強く修行したからである。見性しないかぎり、「種」を取ることもできない。良くないのは、見性したのち、そこに安住することである。一度の見性にとどまらず、さらに強く修行して、今生における見性を確定させなければならないのである。

これではじめて楽になったね——原田祖岳

原田祖岳は明治から昭和にかけての人である。旧士族の家に生まれたが、幼くして父が事業に失敗して失踪し、そのために、明治十六年（一八八三）、寺の養子となって出家した（得度は翌年）。青年期に無常を感じて発心し、見性によって宗教的な問題を解決することを決意し、同二十三年春、臨済宗一の鬼叢林、岐阜の正眼僧堂に掛搭《かとう》した。大義祖勤《たいぎそきん》（一八四二—一八九四）、洞宗令聡《とうじゅうれいそう》（一八五四—一九一六）に参禅し、洞宗のもとで見性した（大義、洞宗については、本書九六頁の略法系図を見よ）。

失踪した父が東京にいることが判明し、正眼僧堂を辞去して上京し、父の勧めで大学に入ることを決意した。同三十一年、曹洞宗大学林専門本校（現在の駒澤大学）に入学し、同三十四年、卒業したのち、研究生として内地留学を命ぜられ、その間《かん》、臨済宗の南禅僧堂において豊田毒湛《どくたん》（毒湛匝三《そうさん》。一八四〇—一九一七。南禅寺派管長〔一八九六—一九〇九〕、妙心寺派管長〔一九〇九—一九一七〕）に参禅した（この時も見性している。なお、祖岳が臨済宗において印可を受けたことはない）。

同四十四年から大正十年（一九二一）まで、曹洞宗大学（現在の駒澤大学）教授を務めた。その間、いくつかの寺を住持したが、同十一年、あらためて故郷である小浜の発心寺（専門僧堂）に晋山した。祖岳が住持する発心寺は曹洞宗一の鬼僧堂として名声を博し、外国人を含む真摯な修行者たちが全国から参集した。

歯に衣着せぬ性格で、忽滑谷《ぬかりや》快天《かいてん》（一八六七—一九三四。駒澤大学学長〔一九二五—一九三四〕）に対しいわゆる「曹洞宗正信論争」（一九二八以降）を仕掛けて宗内の輿論を二分するなど、物議を醸すこともあった。

以下のことばは昭和三十五年（一九六〇）に刊行された本人からの聞き書き『大雲祖岳自伝』による。

〔一度目の悟り体験〕

見性にはわたしはかなり骨が折れた。だからそれが出来たときの喜びは、筆舌に尽せぬものがあった。

老師に独参して入証《にゅうしょう》を許されて帰る途中、湯殿《ゆどの》があったから、そこへ入ってひとりでテンテコおどりをしたほどだ。

あそこはその頃みな隻手《せきしゅ》だったから、わたしも安居《あんご》して間もなく隻手をもらった。それで自分としてはかなり骨折ったつもりだったけれども、大義老師のときにはとうとう出来ず、洞宗老師になって漸く出来た。それは安居してから二年半くらいたってからのことだった。

（原田祖岳［1960：29-30］。ふりがなを追加）

「入証」とは、見性を指す。「隻手」とは、白隠慧鶴（本書八七頁）によって考案された「隻手音声」という公案を指す。

〔二度目の悟り体験〕

さて、あれほどに有頂天になった初めての見性も、日がたつにつれてだんだんあやしくなって、胸中の安心感がぐらつき出してきた。そこで第二の見性をめがけてまたまた骨を折ることにした。もちろん静中《じょうちゅう》だけでなく、「動中《どうちゅう》の工夫は静中の工夫にまさること百千万倍」ということを聞いていたから、いつも油断なく、ねてもさめても隻手を離したことはなかった。

あれは近郊托鉢《たくはつ》に道友《どうゆう》四、五人と朝早く出かけた時だった。まだあまり早くてあたりは暗く、托鉢先の家も寝ている時刻だったから、途中のお宮様の境内《けいだい》で、落葉《おちば》を集めて火をたき、体を温めていると、白々《しらじら》と明けてきたから、そろそろ一人ずつに別れて出かけた。わたしもとある百姓家《や》の方へ近づくと、婆さんが入口の便所で用便をたして家に入って行ったのが、ゆく手に見えた。その後へわたしは行って、「正眼寺の托鉢」と大きい声でどなった。家の中から起きて米を持って来るのを待つその間、ふと入口の小便ダメを見るともなく見ると、いましがた婆さんがたれていった小便の泡がクルクルと動いていた。それを見て第二の見性があった。

これではじめて楽になったね。もっともずっと後に、京都の修行時代にも二、三度あったけれども。（原田祖岳［1960：32-33］。ふりがなを追加）

「京都の修行時代」とは、祖岳がのち南禅僧堂において豊田毒湛に参禅した頃のことを指す。このようにして、祖岳は、ひとまず、今生における見性を安定させたのである。

さて、祖岳によって印可された弟子たちのうち、特に一家をなしたのは、安谷白雲《はくうん》（白雲量衡。一八八五―一九七三）と長沢祖禅尼《そぜん》（古舟祖禅《こしゅう》。孝潤祖禅とも。一八八八―一九七一）とである。白雲の門流はのちに曹洞宗から独立して三宝教団《さんぼうきょうだん》（現在は三宝禅）を形成し、世界的に活動を続けている。祖禅尼の門流は東京三鷹の観音寺尼僧堂（尼僧専門道場）を拠点とし、真摯な尼僧を生み出し続けている。

ここでは、祖禅尼の悟り体験を採り上げる。

自分の大きさ、広さにびっくり仰天――長沢祖禅尼

長沢祖禅尼は明治から昭和にかけての人である。幼くして尼僧に憧れ、出家を望んだが両親に反対され、師範学校を卒業して教職に就き、両親の死を弔ってのち、二十七歳で原田祖岳のもとで出家した。大正九年（一九二〇）四月、祖岳の紹介によって、若き日の祖岳も掛搭した、臨済宗の正眼僧堂に掛搭し、川島昭隠《しょういん》に参禅し、その年の冬に見性した。なお、同時期の正眼僧堂に梶浦逸外（本書一〇九頁）もいたはずである。

昭隠の死後、その法嗣、小南惟精《いせい》に参禅したが、重病に罹って正眼僧堂を離れ、小浜の発心寺において祖岳に参禅した。昭和十年（一九三五）、観音寺尼僧堂を開単し、同二十一年、曹洞宗尼僧団の副団長、同三十六年、全日本仏教尼僧法団の副総裁にそれぞれ就任した。

以下のことばは昭和十四年に刊行された本人の著書『女子参禅の秘訣』による。

自己天然の妙徳に目醒《めざ》める早途《はやみち》は坐禅でございます、真剣なる坐禅でございます。なぜかと申しませば、私共《わたくしども》が一心不乱に坐禅をして居《ゐ》る姿は、自己天然の妙徳を実行してゐる姿であります。自分には、なるほどそれに相違ないと自覚して居《を》りませんでも、立派に実行して居るのでございます。さうですから、此《こ》の実行をギシリ〳〵と重ねて行きますと、因果必然で立派に、ハハア、ナルホド、ココダツ……と自己天然の妙徳に目醒める時がまゐります。之《こ》れを例へて見ますと、丁度子供がゴム風船をピー〳〵と吹いて居りますと、初めはシナビて居つた風船がだん〳〵に膨れて行きます、最後に張り切つてしまひますと、風船の皮がパチーンと破れてしまひませう、……さうすると今迄《いままで》風船の中にあつた空気と、皮の外にあつた空気とが一つになつてしまひませう。此の様子を私共の心境に比べて見ませうか、此の風船の皮が私共の心の悩みのいたづらものに当るのです。私共は此の風船の皮のやうな小さい固まつた城を持つて居りまして、此の城の中の空気ばかりが自分で、此の皮の外は皆《みな》他人であつて、全然違つた性質のものであると対立的に考へたり、敵として考へたりして、いろ〳〵の苦しみを生み出すのであります。此の皮、此の城を破つて、ハハア、ナルホド中の空気も外の空気も同じであつた……何だ……私も私以外の一切の物も皆同じであつたのだ……何を夢見て居たのであらう、馬鹿々々しいことであつた……天地同根万物一体と気がついて見ますと、皮の中の少量の空気が、大空《たいくう》の中に入つて無限の空気と一致したと同じく、小さい私が無限の私と一致してしまひまして、自分の大きさ、広さにびつくり仰天、実に心身の大安楽を体験するのであります。之れを自己天然の妙徳に目醒めたとも、自己天然の妙徳を実現したとも申します。

（長沢孝潤［1939：117-119］）

ゴム風船を破る喩えはいかにも近代的であり、祖禅尼が自分のことばで語っていることがよくわかる。

祖禅尼の門流の悟り体験記をまとめた文集として、昭和三十一年に刊行された『参禅体験集』（飯塚孝慈〔編〕［1956］）がある。この文集においては、祖禅尼のもとで見性した出家者と在家者、合計六十人の悟り体験記が収められており、六十人のうち、三十六人が女性出家者――尼僧――、十九人が女性在家者、五人が男性在家者である。部派仏教の三蔵のうちには、悟り体験者である女性出家者たちの詩を集めた仏典として『テーリーガーター』――中村元は『尼僧の告白』と訳した――があるが、この文集はまさしく現代の『尼僧の告白』と呼ばれるにふさわしい。

祖禅尼のことばにあるとおり、祖禅尼の門流においては、風船の皮をパチーンと破るように通常の心を破って見性することが求められる。本書は日本仏教については近代まで――終戦まで――の悟り体験記を扱うにとどまる関係上、筆者はこの文集から悟り体験記を紹介することを控えるが、この文集においては、まさしく、風船の皮をパチーンと破るように通常の心を破って見性することが、六十人それぞれのことばによって書かれている。彼らの悟り体験記においては、見性と呼ばれる体験のレベルがかなりまちまちであるように感じられるが、ただし、全体として、いずれの悟り体験記についても各人の熱意が感じられ、好ましい読みものとなっている。

当時、曹洞宗の尼僧たちは、男僧から不当に押し付けられてきた差別（たとえば、「男女を論ずることなかれ、これ仏道極妙の法則なり」という道元『正法眼蔵』礼拝得髄のことばにもかかわらず、尼僧が弟子に嗣法させることは認められていなかった）を撤廃すべく、曹洞宗当局に働きかけていた（尼僧が弟子に嗣法させることが認められたのは昭和二十七年四月一日のことである）。その働きかけの中心にいたのは、曹洞宗尼僧団の副団長であった祖禅尼や、常務理事であった小島賢道《けんどう》尼（一八九八―一九九五。全日本仏教尼僧法団理事長（一九六一―一九九五））であり、その働きかけの動力のひとつとなったのは、尼僧たちが参禅によって得た悟り体験であった（賢道尼は祖禅尼に参禅し、その悟り体験記はこの文集のうちに収められている）。この文集の全体から感じられるのは、いまだ低い地位に置かれていた尼僧たちが、悟り体験を杖にして立ち上がっていく熱気である。女性史の観点からも再評価されるべき資料であると考えられる。

ちなみに、同時代の曹洞宗においては、男僧の間から悟り体験批判が起きていた。そのことについては、第十二章において採り上げたい。

第六章　日本仏教Ⅴ　黄檗宗・普化宗

黄檗宗・普化宗と悟り体験

黄檗宗は江戸時代に明から来日した臨済宗の隠元隆琦《いんげんりゅうき》（本書六六頁）によって開かれた。普化宗は室町時代に現われた薦僧《こもそう》（虚無僧《こむそう》）と呼ばれる臨済宗系の遊行者たちによって江戸時代に形づくられた。

したがって、黄檗宗と普化宗とは直接的に接点を持たないのである。それにもかかわらず、本章において両宗の名を併記するのには理由がある。

本章において読みとくべき悟り体験記のひとつに、在家者である石田梅岩《ばいがん》の悟り体験記がある。彼は小栗了雲《りょううん》の弟子であるが、了雲については研究者によって二説が分かれている。

まず、岩内誠一は、ある資料に「不二座下　了雲全覚居士」と書かれていることによって、了雲を不二庵主礼柔禅師（未詳）の弟子、黄檗宗の在家者と推定している（岩内誠一［1934：59］）。ただし、その資料が何であるのか今に至るまで不明である。

それに対し、柴田実は、京都寺町高辻の永養寺にある了雲の墓が無縫塔であること（無縫塔は僧籍にあった者の墓）、同寺の過去帳に「全覚了雲上座」とあること（上座は薦僧の位牌に用いた号）

によって、了雲を普化宗の出家者と推定している（柴田実［1977：81］）。

二説のどちらを採るべきか、筆者は容易には決定できない。したがって、本章においては、便宜的に両宗の名を併記することにした。

黄檗宗・普化宗は、臨済宗と同様、「見性《けんしょう》」（仏性《ぶっしょう》／心の本性を見ること）と呼ばれる覚醒体験――日本においては伝統的に「悟り」と呼ばれてきたため、以下、悟り体験と表記する――を重視する。

以下、代表的な悟り体験記を読んでいきたい。

その喜ばしいことは喩えて言うべきありさまがない――鉄眼道光《てつげんどうこう》

鉄眼道光（一六三〇―一六八二）は江戸時代初期の人である。守山八幡宮の社僧の家に生まれ、寛永十九年（一六四二）、浄土真宗本願寺派（当時は一向宗）において出家した。本願寺派を揺るがせた宗論である、「承応の鬩牆《じょうおうのげきしょう》」の当事者のひとり、西吟《さいぎん》（一六〇五―一六六三）に学んだが、浄土真宗に疑念をいだき、明暦元年（一六五五）、隠元隆琦（本書六六頁）、木庵性瑫《もくあんしょうとう》（本書六八頁）に相見して黄檗宗に移籍し、寛文二年（一六六二）、見性した。この時、次の偈を作った。

荊棘林中線路通（いばらの林に道ができ、）
等間踏破太虚空（直後に虚空を踏み抜いた。）
頓超明月清風外（明月・清風すら超えて、）

安住鑊湯炉炭中（地獄の釜にも楽に住む。）

延宝四年（一六七六）、木庵性瑫に嗣法した。のち、黄檗版大蔵経（鉄眼版大蔵経）を刊行し、大蔵経を全国に普及させた功績によって後世まで仰がれた。

以下のことばは元禄四年（一六九一）に刊行された本人の法話『鉄眼仮字法語』による。

そのように善、悪、無記（善でも悪でもない）白紙状態）（という三種類の念）を離れないうちは、いまだ坐禅が未熟な初心者のありさまである。

そのような念が起こるにもかまわず、いよいよこころざしを深くして、後戻りの心がないままひたすら坐禅する時は、坐禅の心が少し熟して、時として、善念も起こらず、悪念も起こらず、うかうかとした無記の心でもなく、その心が澄みわたって、あたかも研ぎたてた鏡のよう、あたかも澄みわたった水面のような心が少しのあいだ生ずることがある。これは坐禅の心持ちが露《つゆ》ほど顕われたしるしである。

そのようなことがあろう時は、いよいよ進んで坐禅するがよい。ひたすら怠らず坐禅すれば、初めはしばらくのあいだ澄んだ心になるが、だんだんその心が澄みわたって、坐禅のうち三分の一が澄むこともあるし、あるいは三分の二が澄むこともある。あるいは始終澄みわたって善念も悪念も起こらず無記の心にもならず、あたかも晴れわたった秋の空のよう、あたかも研いだ鏡を台に載せたかのよう、あたかも心が虚空に等しく、法界（全宇宙）が胸のうちにあるかのように覚えて、その胸のうちが涼しいことは喩えて言うべきありさまもないように覚えることがある。これはもはや坐禅を半分以上成就したすがたである。これを禅宗においては「打成《だじょう》一片《いっぺん》」（ひとかけらを成しとげた）と言い、また「一色片《いっしきへん》」（もののひとかけら）と言い、「大死底《だいしてい》の人」（大いなる死の状態の人）とも言い、「普賢《ふげん》の境界《きょうがい》」（普賢菩薩の境地）とも言うのである。

そのようなことがしばらくもあれば、初心者は「もはや悟っており、釈迦や達磨にも等しいかも」と思ったりする。これは大なる誤りである。そのようになった時を、〔『般若心経』において「照見五蘊皆空《しょうけんごうんかいくう》」（〔色《しき》〈物質〉、受《じゅ》〈感受〉、想《そう》〈対象化〉、行《ぎょう》〈諸形成素〉、識《しき》〈認識〉という〕五蘊〔五つのグループ〕をいずれも空〔からっぽ〕であると観照し）と説かれているうち、〕この、〔いまだ空であると照見されていない、〕第五の識蘊と呼ぶ。『楞厳経《りょうごんきょう》』（巻十。T19, 155a）において〔釈尊が〕「たっぷり流れ込まれ、合流してたっぷりしているのが識というきわみである」と説いていらっしゃるのはこのことである。

世の中には強く坐禅する人がいて、〔坐禅において〕そのようなところ〔識〕を見いだしては、「もはや悟りだ」と心得て、臨済《りんざい》（臨済義玄《ぎげん》。？―八六七）や徳山《とくざん》（徳山宣鑑《せんかん》。七八〇―八六五）をも見くびり、「自分は本来の面目を得た。本分の立地に至った」と騒ぎ、他人にも多く印可し、棒をふるい、喝をくだし、祖師のふるまいをなす。これはいまだ仏祖の内的な証得をわかっておらず、一心の根源に至っていない人である。

いまだここまでですら至らないまま、もろもろの道理を心得て〝悟りだ〟と思い、あるいは〝あらゆるものが空である〟という見かたを〝悟りだ〟と言い、あるいは目や口を動かし手や足を働かせる人などを〔見て〕〝悟りだ〟とその人にも認める人がいる。これらはすべて仏祖の心から遥かに隔たっている人である。

今、この識に迷って〝悟りだ〟と思っている人は、そのような浅い心得の人とは大いに異なっている。真実もあるゆえに、この地点までは修行して登っているにせよ、この識を超えることをわかっておらず、識に迷って〔識を〕本来の心（仏性／心の本性）としている。いまだ修行が至らない所があるからである。（NZG17, 247-251）

心が澄みわたった大空のようになる体験はいまだ悟り体験ではない。それは単なる識を仏性／心の本性と誤解しているのである。これと同様のことは臨済宗の抜隊得勝も述べていた（本書八一頁）。

この識はその全体が本来の心であるにせよ、無明の眠りが付着しているゆえに、「ただちに本来の心である」とは言いがたい。「本来の心である」とは言いがたいにせよ、やはり、もろもろの妄想がもはや去ってなくなっている状態であるので、ひたすら迷いであるわけでもない。もし修行者がここに行き着くならば、いよいよ精励して修行するがよい。やがてまことの悟りが顕われるはずの前兆である。

たとえば夜が明けて、日輪がいまだ出ていない時のようである。夜の闇はもはや晴れたにせよ、いかなる理由によってそのように闇が晴れて世界がすべて明らかになったのかはわからない。

もしこの闇が晴れたのを見て、「もはや事《こと》は成就した」とそのままにしておくならば、日輪を見ることはできない。もし妄想という闇が晴れて、胸のうちが明らかに澄みわたっているのを見いだして、「もはや悟った」と思って、そのままにしておくならば、般若《はんにゃ》〔叡智〕という日輪を見ることはできない。

妄想の闇は晴れたにせよ、「まだここではない」と心得て、捨て置きもせず、また喜びもせず、悟りを待つ心もなく、ただ無念、無心のまま、ひたすら努めて行けば、忽然として真実の悟りが顕われてあらゆる法を照らすさまは、あたかも百千の日輪が一度に出現するかのようである。これを「見性成仏《けんしょうじょうぶつ》」〔仏性《ぶっしょう》／心の本性を見ることによって仏となる〕とも言い、「大悟徹底」〔大いなる悟りが徹底する〕とも名づけ、「寂滅為楽《じゃくめついらく》」〔寂滅を楽とする〕とも言うのである。

この時、〔現在、過去、未来という〕三世の諸仏に一時に対面し、釈迦と達磨との真髄を知り、あらゆる衆生の本性を見、天地万物の根源に徹底する。その喜ばしいことは喩えて言うべきありさまがない。これゆえに、『楞厳経《りょうごんきょう》』〔巻六。T19, 131a〕において言われている。「浄らかさが極まって、光がやってくる。寂照《じゃくしょう》のうちに虚空を含む。ふり返って〔これまで自分がいた〕世間を見るならば、〔世間は〕あたかも夢の中のことに見える。」

この悟りが開けたならば、大地、虚空は、ことごとく、法性《ほっしょう》、法身《ほっしん》という寂照《じゃくしょう》なる不二《ふに》〔非二元〕のありかたであり、森羅万象は一つとしてわが本来の心でないものはない。これゆえに、『楞厳経』〔巻二。T19, 113c〕において言われている。「見る側も、見られる側も、たとえ〔見られる側は）目の前にある対象であるかのように見えるにせよ、もともと、わが覚明《かくみょう》（悟りの光）である。」

「見る側」とは、わが〔眼、耳、鼻、舌、身、意という〕六根（六つの感官）のうちの眼という一つを挙げ、ほかの五根については暗黙のうちに示している。

「見られる側」とは、〔色、声、香、味、触、法という〕六境（六つの対象）、すなわち、あらゆる法である。

これは、わが身も、あらゆる法とともに、ただ一つの本来の心、すばらしい覚明を本体としていることを説きたまうたのである。これを「大地を変じて黄金とし、長江を攪拌してバターとする」（永明延寿『宗鏡録』巻六十二。T48, 770a）と言うのである。これこそ本当の極楽世界である。（NZG17, 254-258）

澄みわたった大空のようになったその心が破れたのちに顕現する、仏性／心の本性、それを見ることが悟り体験なのである。これと同様のこともやはり臨済宗の抜隊得勝が述べていた（本書八二頁）。

喜悦はまことに大きかった――石田梅岩《ばいがん》

石田梅岩（一六八五―一七四四）は江戸時代中期の人である。農家に生まれ、京都の呉服商に手代、番頭として奉公する中、いにしえの聖賢の道の意味を知ること、いにしえの聖賢の道を広めることを発願し、あちこちの講筵を聞き廻った。三十五、六歳頃から心の性《しょう》（儒教において説かれる本性、仏教において説かれる仏性《ぶっしょう》／心の本性）について疑いをいだき、小栗了雲（一六六八―一七二九）に参禅し、それによって見性した。

のち、享保十四年（一七二九）、初めて講筵を開き、儒教、仏教、神道のいずれをも取り入れつつ、心について講義した。石門心学の祖と仰がれる。

以下のことばは本人と門人たちとの月例会（年度未詳）の記録『石田先生語録』による。

質問。自性《じしょう》（仏性／心の本性）が大なるものであることは、いかなるふうでしょうか。

〔回答。〕

天《あま》の原生《はらうん》で野原の嫁取《よめと》れば生出《うみだ》す孫子《まごこ》我れと育《やしなふ》。

（〔自性とは〕天地万物を生み、もし〔人が〕野原で嫁をもらったなら、そこから生まれてくる子孫を、このわたしとして育ててくれるものだよ）

つくづく考えてみるに、わたしは道に志したといっても、他の人よりはるかに愚かであったので、四十代に入る頃までは、道というものがどのようなものか、縦横の様子もわからなかった。ある時、故郷にいた時分に、正月上旬に用事のため門から出ることがあった際、忽然として〔心が〕開いた。その時、仰ぎ見れば鳥は空を飛び、下を見れば魚は淵に躍る。自身は裸の虫けら、自性は天地万物の親とわかって、喜悦はまことに大きかった。

天の原生《うみ》し親まで呑尽《のみつく》し自讃ながらも広き心ぞ

（天地万物を生んだ親〔である自性〕すら含んでいるとは、自分で言うのも何だが、広い心だなあ）

それから上洛して、師（小栗了雲）のところへ行って、拝礼して、ことが済んだ。師は「まだ見識に変化はないか。そうでもないか」とご下問になった。わたしは「こうです、こうです」とお答えして、きせるで空中を打ってみせた。師は「おぬしが見たところは、うわべだけの、言わずとも知れたことじゃ。喩えて言おう。仏説（『大般涅槃経』巻三十二。T12, 556a）によれば、〔仏性《ぶっしょう》（すなわち自性）を見るのは〕あたかも盲人たちが象を知るのに似て、ある者は鼻を知り、ある者は足を知り、ある者はしっぽを知るにせよ、全体を見ることはできぬ。〝自性は天地万物の親〟と見たところの目がまだ残っておる。自性というものは目がないものじゃ。その目を、今一度、離れて来い」とおっしゃった。

それからまた、昼夜眠れないほど工夫していたが、ある時に、夜半になってくたびれて臥し、夜も明けたのに、それすら知らずに臥していたところ、裏の森に雀が鳴く声を聞いたら、わたしの腹の中は大海が静まりかえっているのに似て青天のよう、その時の雀の声は大海が静まりかえって波が静かであるところに鵜が水をすり抜けて入るかのようであった。ここに至って、忽然として〝自性に対する見識〟という見《けん》を離れ得たのである。

呑尽す心も今は白玉の赤子となりてほぎゃの一音《こえ》
〔自性を〕含んでいる心すら今は玉のような赤ん坊となって「おぎゃあ」の一声）

それからは、自性が大なるものであるということも、天地万物の親であるということも思わなかったし、迷っていたとも思わなかったし、悟ったとも思わなかった。腹が減ったら食べものを食べ、喉が渇いたら水を呑み、春は霞にこもる花を見、夏は晴れゆく空に青々とした緑を眺め、暑気がはなはだしければ水を楽しみ、稲の葉に露が結ぶ頃には月を慕い、萩の下葉が色づく頃からは紅葉の景色を眺め、木の葉にかかる薄霜からは移り変って雪となる。〔わたしは〕まことに一心に、移りゆくそのありさまをじっと見つめているので、たしかに〔わたしの心は〕赤ん坊であるとも言ってよい。自性が大なるものであることについて質問されても、〔赤ん坊には〕大小の二つに対する〔分けへだての〕心がないから、言うべきことについては今なお何も知らないままである。

春霞《はるがすみ》衣替《ころもがえ》なる夏山も紅葉《もみじ》はちりて雪はふりつゝ
（春のうちは霞に包まれていたのを衣替えした夏山であったのに、紅葉が散って雪が降っているよ）
（巻八。IBZ1, 438-440）

なお、梅岩が悟り体験を得るために用いたのは、〝主体は何か〟と疑うという方法であった。

今、見たり聞いたりしている主体は何者なのか、何者なのか。歩んでいる者は何者なのか、とどまっている者は何者なのか、坐っている者は何者なのか、横になっている者は何者なのか——というふうに、はやばやと眼を付けてじっと見ていくがよい。このようにして、たゆみなく長年努力を積むがよい。しまいには、見たり聞いたり覚したり知ったり、歩んだりとどまったり坐ったり横になったりしている主体を見てとることがあるはずである。それ（主体）こそが自性である。（巻二十。IBZ2, 226）

〝主体は何か〟と疑うという方法は抜隊得勝によっても説かれていた（本書七九頁）。おそらく、梅岩は抜隊にまで遡る中世の臨済宗の修行を小栗了雲から伝えられていたと考えられる。

第七章　日本仏教Ⅵ　真言宗

真言宗と悟り体験

真言宗は平安時代に唐に留学した空海（七七四―八三五）によって開かれた。顕教《けんぎょう》（表層的な教え）とは異なる密教《みっきょう》（深層的な教え）にもとづく、即身成仏《そくしんじょうぶつ》（すぐこの身のまま仏となること）を主張する。

ただし、真言宗において、即身成仏した人がはたしてどれほどいたかは不明である。空海が即身成仏したと信じられているにせよ（たとえば、享保四年〔一七一九〕に刊行された蓮体『秘密安心往生要集』巻上。国書刊行会［1916：185b］）、そのほかに即身成仏した人がいたとは知られていない。ただし、真言宗においては、たとえ即身成仏に至らなくとも、密教の修行によって悟り体験を得ていった人々がいる。

以下、代表的な悟り体験記を読んでいきたい。

初めて穏当になった――慈雲飲光《じうんおんこう》

慈雲飲光（一七一八―一八〇五）は江戸時代中期の人である。武士の家に生まれ、子どもの頃は儒学者の合理主義に影響されて仏教を憎んでいたが、父の死を承け、享保十五年（一七三〇）、大阪の法楽寺において出家した。信心はまったくなく、十年後には還俗して仏教を排斥するつもりであったが、法楽寺の大和上、忍綱貞紀《にんこうていき》（一六七一―一七五〇）に対する尊敬の思いは強く、還俗しても忍綱だけは供養恭敬するつもりであった。しかし、同十七年、忍綱の命令で不本意ながら修行を続けるうち、はからずも省悟した。

のち、梵語や戒律の研究に従事するとともに、戒律復興運動を推進した。その運動は、明治時代において、真言宗の釈雲照《しゃくうんしょう》（一八二七―一九〇九）の戒律復興運動に結びついた。「日本の小釈迦」と称せられる。

以下のことばは本人の著書『不偸盗戒記』（時期不明の自筆本）による。

十五歳になって、瑜伽《ゆが》（ヨーガ）である四度加行《しどけぎょう》（十八道、金剛界、胎蔵界、護摩《ごま》）を修習することを命じられた。初めに礼拝を行なったが、それでも前例に従ったにすぎなかった。一瞬たりとも信心はなかった。

十八道のうち、如意輪《にょいりん》観音を本尊とする道場観に至って、少しばかり「おやっ?」という思いが生じてきた。これを修習していくに至って、はなはだしく心動かされる体験が起こった。全身から汗が噴き出し、自分自身を後悔した。「この愚かで騒々しい自分は、幼稚であったせいで、邪悪なものに従い、あるいは仏教への誹謗を口にしてしまい、〔死後に〕悪趣（地獄、畜生、餓鬼）に堕ちることを免れないだろう。」

そのことについて、悲しみのあまり泣きくずれ、おのれを持することができないほどだった。〔その後〕一日一日がたつにつれて、仏法の深さ、重さがわかるようになっていった。

(JSZ11, 481)

ただし、これはいまだ省悟にすぎない。寛保二年(一七四二)、慈雲は大阪の法楽寺において密教の修行である阿字観《あじかん》を修行中に開悟した。そして、開悟の証明を求め、当時、悟境を謳われた曹洞宗の高僧、大梅法璞《だいばいほうてん》を信州の正安寺(現在の長野県佐久市)に訪ねた。以下のことばは明和三年(一七六六)七月末日における本人の法話「明和三年七月晦日布薩後於吉祥殿示衆」による。

〔数え年〕二十四歳の時(寛保元年)に至って、初めてこのこと(悟り)があることを合点した。〔数え年〕二十五歳の時(寛保二年)に初めて穏当になった(悟った)。その時は信州にいたが、信州の大梅禅師とは見処《けんしょ》(見解)が大いに齟齬した。その時に、日頃から世間に名高い長老たちの会座の衆(サンガ)に逢ったり、また、長老たちの法語や説法などを聞いたりしたが、いずれもこちら(慈雲)の心と符合しないものであった。(JSZ14, 749-750)

このように、慈雲は開悟の証明を求め、諸方を歴参したが、むしろ歴参した先の人々のレベルに物足りない思いをいだいたようである(ただし、大梅については、彼が慈愛をもって接してくれたことをあちこちで書いている)。
なお、文政七年(一八二四)に刊行された慈雲の法話集『十善法語』末尾に付された、明堂諦濡『正法律興復大和上光尊者伝』によれば、諸方を歴参してのち、大阪の法楽寺において、慈雲はさらに大きな悟り体験を得たようである。同伝に次のようにある。

ふたたび法楽寺へ戻り、東堂において坐禅し、あたかも枯れ木のように身じろぎもしなかった。ある日、たちまち、豁然《かつねん》として、あたかも重い荷物を解いたかのように、胸のうちが蕩然《とうねん》となった。森羅万象のひとつひとつが光り輝き、〔現在世、過去世、未来世という〕三世と、全方向とに対してさまたげがなくなった。あたかも白雲が青空において巻くも伸びるも自在であるかのようであった。

そののちは、証得したところをみずから楽しみ、にこにことして、あたかも甘露を口にしたかのように、飢えと寒さとが身に迫るのをも知らず、連日、入定《にゅうじょう》し、雷が柱を裂くのにも気づかなかった。(JSZSh 38-39)

法楽寺におけるこの悟り体験については、筆者が知るかぎり、慈雲みずからによる悟り体験記は見あたらない。しかし、慈雲の弟子である明堂諦濡が述べていることであるから、この悟り体験は慈雲が生前に弟子に対し私的に語ったものと考えてよいかと思われる。

自心と一切との融妙不二の不思議境《きやう》を体することを得た——金山穆韶《かなやまぼくしょう》

金山穆韶（一八七六―一九五八）は明治から昭和にかけての人である。信仰心厚い家に生まれ、明治二十一年（一八八八）、みずから望んで出家した。大正十三年（一九二四）、虚空蔵菩薩《こくうぞうぼさつ》の求聞持法《ぐもんじほう》を修行中に大日如来の加持身《かじしん》を感得し、昭和四年（一九二九）、不動明王の八千枚護摩法《ごまほう》を修行中に開悟した。

のち、高野山真言宗管長、金剛峯寺座主（一九五三―一九五八）となった。

以下のことばは、昭和十九年に刊行された本人の著書『弘法大師の信仰観』のうち、昭和五年の日付を有する「修道日誌」（前年における八千枚護摩法の体験記）による。

> 自分はかゝる修行に依《よ》つて、かゝる霊感を得たと云《い》ふやうなことを、語るを欲せざるものであるが、入信の道標《みちしるべ》に、求聞持法や、八千枚修行中の霊感を聞かんことを請《こ》はるゝ人あり、こゝにその一端を記することにした。（金山穆韶［1944: 263］。ふりがなを追加）

ここでは、求聞持法については紹介せず、八千枚護摩法についてのみ紹介する。

昭和四年、穆韶は七月七日から八月三日にかけて八千枚護摩法を修行した。七月七日―二十七日は加行《けぎょう》（高野山、自坊）、七月二十七日午後―八月三日は正行《しょうぎょう》（高野山、奥院、灯籠堂）、七月二十八日午前十一時―二十九日午前一時頃は結願《けちがん》の座（高野山、奥院、灯籠堂）である。正行一週間は穀食を断ち菜食、結願の前日から結願の座は断食であった。

八千枚の修行中にも、霊感があつたが、殊《こと》にありがたく体験した一事《いちじ》は、結願の座の字輪観《じりんくわん》の観念中にその観の正旨《しやうし》に住せられたことである。字輪観は一座行法《ぎやうほう》中の最秘の観で、本尊と自心《じしん》と融合し、一体不二の秘旨《ひし》を体する観法《くわんぱふ》にして、数十年毎日の行法中には、必ず修する観なるも、今まで此《こ》の観の真意を体することが出来なかつたが、八千枚の結願の座に於《おい》て、字輪観に住するとき、不思議にも自心が本尊の心地に引き入れられ、自心と本尊と全く同一円《ゑん》明《みやう》の心境に住する深い体験を得、心地《しんぢ》朗然として開け、一切《いつさい》は自心の相にして、一切のうちに自心を見、自心と一切との融妙不二の不思議境《きやう》を体することを得た。三昧《さんまい》を発得《ほつとく》せるとて自《みづか》ら己《おのれ》を高《たか》ふするではないが、字輪観中不思議境を体せられたるを喜ぶものである。さきに求聞持法の修行中、本尊の威神力《いじんりき》自身に加はり、本尊と自心と感応《かんのう》加持の妙境を得られ、八千枚の修行に依《よ》つて生仏《しやうぶつ》一体の秘旨を体せられた。さうして古聖我《わ》れあざむかず、仏道はたゞ実修して体得すべきにあるを知つた。（金山穆韶［1944：270］。ふりがなを追加）

「感応加持」とは、衆生の感に本尊が応じ、本尊が威神力を加え、衆生がそれを持することを指す。「生仏一体」とは、衆生と仏とが一体であることを指す。

このようにして、穆韶は悟り体験を得たことによって「仏道はたゞ実修して体得すべきにあるを知つた」のである。

第八章　日本仏教Ⅶ　浄土宗

浄土宗と悟り体験

浄土宗は鎌倉時代に法然（一一三三―一二一二）によって開かれた。強烈な末法《まっぽう》思想（仏法の終末が到来するという思想）を特徴とし、末法の時代の人々はこの娑婆世界において自力によって悟り体験を得ることが難しいため、阿弥陀仏の他力によって極楽世界へと転生し、極楽世界において自力によって悟り体験を得るべきであると主張する。

したがって、浄土宗においては、来世において自力によって悟り体験を得ることが重視されるにすぎず、現世において自力によって悟り体験を得ることはかならずしも重視されない。浄土宗においても、現世において自力によって悟り体験を得ていった人々がいるのであるが、彼らはやや主流から外れた人々である。

以下、代表的な悟り体験記を読んでいきたい。

死物か活物かという点でいちじるしく異なっていた――普寂徳門《ふじゃくとくもん》

普寂徳門（一七〇七―一七八一）は江戸時代中期の人である。真宗大谷派（当時は一向宗）の寺に生まれ、享保十四年（一七二九）、大病に罹ったことをきっかけに浄土真宗に疑念をいだき、同十九年、浄土真宗を離脱し、尾張の興正寺（真言宗）に寄宿して『般舟三昧経《はんじゅざんまいきょう》』にもとづく般舟三昧（現在の諸仏が目前に立つという集中状態）を修習するうちに開悟した。

元文元年（一七三六）、浄土宗において出家し、延享三年（一七四六）、『波羅提木叉』を具足して浄土宗の律僧となった。浄土宗の律院である、江戸目黒の長泉院を住持し、正しい仏教の復興を志して多くの人々を導いたことで知られる。

以下のことばは安永七年（一七七八）頃に書かれた本人の自伝『摘空華《てきくうげ》』による（厳密に言えば、普寂は、この悟り体験を得た時、いまだ浄土宗の出家者ではなかった。ただし、一般的に浄土宗の出家者として知られているため、便宜的にここで扱うことにする）。

さらに、九十日を期間として、般舟三昧を修習した。この九十日のうちに必ず三昧を得ようと決意して、心はつねに阿弥陀仏の相好と光明とを具える身を憶想し、口はつねに阿弥陀仏の名を称え、日ごとに八万あるいは九万回、名を称えた。期間が半分終わろうとする頃、忽然として心の中に、『大乗起信論』などに説かれている、大乗仏教の〝諸法は縁（自分以外の）条件）にたよって起こったものであり、自性《じしょう》（自分だけのありかた）がないものである〟という境地が顕現した。それに較べれば、かつて学んだ聞所成慧《もんしょじょうえ》（聴聞からなる知恵）は、趣旨の点でまったく同一であったにせよ、死物か活物かという点でいちじるしく異なっていた。ここにおいて、大乗の教法のおおまかな趣旨について、はっきりと理解を発した。邪と正との境界線、真と偽との境界線がくっきりと見えるようになった。

ただちに胸のうちに訝《いぶか》しく思った。「自分は二十歳以後、大乗と小乗との経論を聴聞したり講義したりし、粗くではあるが、おおまかな趣旨をわかっていた。しかるに、自己の出離のための重要な道について、心がつねに仏教の範囲外（浄土真宗）にあったとは、何たることであろうか。もし己酉《きゆう》（一七二九）の大病という縁がなかったならば、一生のあいだ、いたずらに非正法（浄土真宗）の中で死んでいたであろう。ああ、恐れるべきなのは人の執着の弊害である。執着を恐れるべきなのは、毒蛇や悪龍や怨賊《おんぞく》よりも一層である。自分はあらゆる執着を排除できたと思うのであれば、自分で、自分に今、仏教に対する執着がないのをはっきりさせるべきではないか。」

試みに、宋代の儒者による排仏の説や、物茂卿《ぶつもけい》（荻生徂徠《おぎゅうそらい》。一六六六—一七二八）の随筆などを読み、千百ほども読み込んで、奥底まではっきりと明らめ、からだでわかった。「道教や儒教や諸子百家はいずれも世間的な世俗の学びによって知られた法であって、わが〔仏教の、世俗と勝義《しょうぎ》（最高〔智〕の対象）との〕二諦《にたい》（ふたつのまこと）にわたる教えと同じ口で論じられないものである。仏教は法界《ほっかい》（法の基盤。諸法に自性がないこと）に符合する究極の説であり、この上ないもの、過失のないものであり、七つの善（①初めが善、中ほどが善、終わりが善、②内容が善、③音素が善なる法。④単独なる、⑤円満なる、⑥清浄なる、⑦純白なる梵行《ぼんぎょう》）を具えている。この教を信ずることと、解することとは真実であり、執着ではない。」（JZ18, 282ab）

「〝諸法は縁によって起こったものであり、自性《じしょう》がないものである〟という境地」とは、いわゆる法無我を指す。序章において確認したとおり、法無我は真如の別名である。

この悟り体験こそが、正しい仏教の復興を志す、普寂の生涯にわたる活動のきっかけとなったのである。

心《こころ》常に法界に一にせるは是平生《これへいぜい》の心念とはなれり——山崎弁栄《べんねい》

山崎弁栄（一八五九—一九二〇）は江戸時代末期から大正時代にかけての人である。信仰心厚い家に生まれ、明治十二年（一八七九）、みずから望んで出家した。同十四年、華厳宗の杜順《とじゅん》『法界《ほっかい》観門《かんもん》』および『文殊般若波羅蜜経《もんじゅはんにゃはらみつきょう》』にもとづいて三昧（集中状態）を修習するうちに開悟し、同十五年、念仏三昧を修習するうちに見仏《けんぶつ》した。

のち、大正三年（一九一四）、如来光明会を組織して光明主義を創始し、同七年、浄土宗と関わりが深い、時宗当麻派本山無量光寺法主となった。

以下のことばは昭和三年（一九二八）に刊行された本人の遺稿『無辺光』による。

予、曾《かつ》て華厳の法界観門に由《よ》つて、一心法界三昧《いっしんほっかいざんまい》を修す。行住坐臥常恒《じゃうがう》に観心止《や》まず。或時《あるとき》は行くに天地万物の一切の現象は悉《ことごと》く一心法界の中に隠没《おんもつ》し、宇宙を尽して唯《ただ》一大観念のみなるを観ず。また一日道灌山に禅坐して文殊般若をよみ、心如虚空無所住《しんにょこくうむしょじゅう》の文に至つて、心《こころ》虚空法界に周徧して、内に非す《ママ》、外にあらず、中間にあらず、法界一相の真理を会してのち、心《こころ》常に法界に一にせるは是平生《これへいぜい》の心念《しんねん》とはなれり。之《こ》れ即《すなは》ち宗教の信仰に所謂《いはゆる》、光明《くわうみやう》遍照《へんぜう》中の自己なり。大円鏡智《だいゑんきやうち》中の自己なりと信ず。

宇宙は一大観念の光明たることについては疑《うたがひ》を容《い》るに地《ち》なし。本来此《この》一大心光中に在りながら、無明《むみやう》に翳《えい》せられて自己の心霊をくらまし、此《この》大円鏡智の光を疑ふ者を怪しむ。自己の観念は如来の鏡智光中の連絡を疑はす《ママ》。然《しか》れども吾人《ごじん》の法界一相観は鏡智の分《ぶん》たるを信ずれども未だ仏陀に対すれば無明の雲を隔てゝ、光明中にあるものと信ず。即ちガラスを隔てゝ、鏡智の光明中を観じつゝあるなり。（山崎弁栄［1928：41-42］。ふりがなを追加）

近代以降の和文については現代語訳しないのが本書の原則であるが、この文は仏教の術語が多くてわかりにくいため、敢えてこれを現代語訳するならば、次のとおりである。

わたしは、かつて華厳宗の『法界観門』によって、一心法界三昧（ただ一つの心という、法の基盤に対する集中状態）を修習した。歩いている時も、立ちどまっている時も、坐っている時も、横になっている時も、つねに観照の心はやまなかった。ある時は歩いていると天地万物というあらゆる現象はことごとく一心法界（ただ一つの心という、法の基盤）のうちに隠れてしまい、宇宙がすべてただ一大観念（ただ一つの大いなる観念）のみであることを観照した。またある日は道灌山において坐禅して『文殊般若波羅蜜経』を読み、「心は虚空（宇宙空間）のようであって〔どこにも〕位置していない」という文に至って、心が虚空のような法界にあまねく行き渡って、〔心はからだの〕内側にあるのでもなく、外側にあるのでもなく、中間にあるのでもないという、法界一相（法の基盤のただ一つの特徴）の真理を会得《えとく》してのち、心がつねに法界と同一であるのが平常の心の状態となった。これは諸宗の教えの信仰において言われている、光明遍照（阿弥陀仏のあまねき光）のうちにある自己であり、大円鏡智（大きな円鏡のような智）のうちにある自己であると確信した。

宇宙が一大観念という光明であることについては疑問の余地はない。本来この一大心という光明のうちにありながら、無明によって翳《かげ》らされて自己の霊妙な心をくらまし、この大円鏡智の光明を疑っている者を、〔わたしは〕いぶかしむ。自己の一大観念は如来の大円鏡智という光明とつながっていることを、〔わたしは〕疑わない。そうであっても、法界一相に対するわれわれの観照は、〔われわれの一大観念が如来の〕大円鏡智の一部であることを確信するにせよ、〔われわれの一大観念が〕いまだ仏陀に対しては無明という雲を隔てて〔如来の大円鏡智という〕光明のうちにあるものと〔わたしは〕確信する。すなわちガラスを隔てるようにして〔如来の〕大円鏡智という光明のうちを観照しつつあるのである。

この悟り体験こそが、如来光明会を組織して光明主義を創始した、弁栄の生涯にわたる活動のきっかけとなったのである。

只《た》だ心霊の照々光々として、転《うた》た歓喜の心のみ存す——原青民《はらせいみん》

原青民（一八六八—一九〇六）は明治時代の人である。明治十三年（一八八〇）、発心して出家し、同二十二年、浄土宗学東京支校、同二十七年、浄土宗学本校高等科をそれぞれ卒業し、同二十九年、浄土宗学東京支校教授となった。しかし、近代の科学的世界観によって浄土宗の信仰を揺るがされて苦しみ、山崎弁栄（前出）の指導を受けて、同三十八年、ついに開悟した。

以下のことばは明治三十八年に口述された本人の談話「信仰要領」による。

三　真如を証得して実際的に生死を解脱す

明治三十八年二月十一日夜床上《しやうじやう》に座して自己と宇宙との関係を観察するに当り、因縁所生《いんねんしよしやう》の法は、即《すなは》ち吾人《ごじん》が客観の境《きやう》として、実在せるものと執《しふ》せる山河大地は、忽然として其《その》影を没し、只《た》だ心霊の照々光々として、転《うた》た歓喜の心のみ存す。暁天《げうてん》庭前に出《い》で丶山河を見れば、昨日に異なるもののあるが如《ごと》し。昨日と異なるは何ぞや。曰《いは》く曾《かつ》て心外《しんげ》に実在せりと思惟せるもの、豈《あ》に計らんや、心中所現《しんちゆうしよげん》の境ならんとは。奇異の念益々《ますます》深し。然《しか》してより観察を重《かさ》ぬる事茲《ことここ》に数月、倍々《ますます》其所信《しよしん》を確《かた》くし、爾来《じらい》生死に対する恐怖の念、跡を絶ち只だ法身の妙用《めうゆう》に托して、如来の恩寵の実現せん事を切《せつ》に祈りつ丶あるのみ。（原青民［1912: 231］。ふりがなを追加）

この文も仏教の術語が多くてわかりにくいため、敢えてこれを現代語訳するならば、次のとおりである。

三　真如を証得して実際的に生死を解脱す

明治三十八年二月十一日の夜、床《とこ》の上に坐して自己と宇宙との関係を観察していたところ、縁起〔〈条件に〉よって〔結果が〕生ずること〕によって生じた諸法は、すなわち、われわれが客観的対象として、実在するものと執着している山河大地は、忽然としてその姿を消し、ただ霊妙な心が光り輝き、いよいよ歓喜の心のみとなった。翌朝、庭先に出て山河を見てみれば、昨日と異なる点があるように感じられた。昨日と異なるとは、何がであろうか。すなわち、かつて心の外側に実在すると思っていたものは、まったく思いがけないことに、心の内側に顕現された対象であったのだ。ふしぎだという思いはますます深まった。それから観察を重ねることこれで数ヶ月、ますますその確信を強め、それ以来、生死に対する恐怖の思いは跡を絶ち、ただ法身のすばらしいはたらきに托して、〔浄土への往生という〕如来の恩寵が〔死後に〕実現するであろうことを、切《せつ》に祈りつつあるのみ。

青民が「かつて心の外側に実在すると思っていたものは、まったく思いがけないことに、心の内側に顕現された対象であったのだ」と言っているのは、菩提達摩（本書四三頁）が「悟ってからは心が景色を包んでいるが、迷っているうちは心が景色に包まれている」と言っていたのと同様である。

なお、こののちに、青民は二回目の悟り体験を得ている。以下のことばは明治三十八年に書かれた本人の書簡「病の恩寵」による。

時は臘八《らふはち》の後三日、雞鳴《にはとりなき》て月は西に落ち狭霧《さぎり》は罩《こめ》る草堂《さうだう》の暁《あかつき》、一道《いちだう》の光明閃《ひらめ》きて千歳《せんざい》の無明《むみやう》は影を没し、玲瓏玉《たま》の如《ごと》き啓示の恩寵は、観念の窓を通して心殿《しんでん》に下《くだ》れるやに似たりき、驚きて戸を排《おしひら》き出《い》で、天地に対す、小河《せうが》依然として形を改めずと雖《いへど》も、風光の興趣は決して同じからざるなり、顧《かへりみ》て人事界に思ひ至れば、世態人情の面目は矢張《やは》り昨日に異らずと雖も、活劇の実相や夫《そ》れ新たなるを覚《おぼ》へ候《さうらふ》。
『無想《(相カ)》の相を想《(相カ)》として行くも帰るも餘所《よそ》ならず、無念の念を念として謡《うたひ》も舞《まひ》も法の声』と言へる垂示も、成程《なるほど》と合点《がてん》が参り、呵々《かか》たる大笑《たいせう》の自《おのづか》ら外《そと》に溢るゝを禁じ得ざりし有様《ありさま》に御座候《ござさうらふ》。

（原青民［1912: 167］。ふりがなを追加）

これは「丁己の極月十三日」付けの書簡の一部であるが、「丁己」はおそらく「乙巳」の誤植であって、「丁己の極月十三日」は明治三十八年十二月十三日と考えられる。したがって、青民の二回目の悟り体験は明治三十八年十二月十一日であったと考えてよい。

現代語訳するならば、次のとおりである。

その時は臘八（十二月八日。釈尊成道日）が終わってから三日目で、鶏《にわとり》が鳴いて月が西に沈み朝霧が立ちこめる草堂の明けがたでしたが、ひとすじの光明が閃いて千年の無明は姿を消し、玉のように澄みきった啓示という恩寵が、観念という窓を通して心という宮殿に下ったかに思われました。驚いて戸を押し開き、天地に直面しましたところ、小川は依然として形が変わらないにせよ、景色から受ける印象は決して〔昨日と〕同じではありませんでした。顧みて人々の生活という領域に思い至るに、世相と人情との形はやはり昨日と変わらないにせよ、生き生きとした実相はまったく新たなものであるのを感じたのです。

「無相の相を相として行くも帰るも餘所《よそ》ならず、無念の念を念として謡も舞も法の声」
（〔悟った者は〕目じるしにしない目じるしを目じるしとしており、〔どこへ〕行っても、〔どこへ〕帰っても、〔そこは〕別の所ではないと感じられる。分けへだてしない分けへだてを分けへだてとしており、謡を聞いても、舞を見ても、説法の声に聞こえる）

という垂示も、なるほどと納得がいき、高々とした哄笑がおのずから外側に溢れ出すことを禁じ得ないありさまでございました。

「垂示」とは、臨済宗の白隠慧鶴（本書八七頁）の著作、『坐禅和讃』の一節である。

このようにして、青民は生死を超え、翌年、信仰のうちに安心しつつ、胸の病で亡くなったのである。

第九章　日本仏教Ⅷ　浄土真宗

浄土真宗と悟り体験

浄土真宗は鎌倉時代に親鸞（一一七三—一二六三）によって開かれた。親鸞は、浄土宗の開祖、法然の弟子である。強烈な末法《まっぽう》思想を特徴とし、末法の時代の人々はこの娑婆世界において悟り体験を得ることが難しいと主張する点においては浄土宗と同様であるが、浄土真宗は、阿弥陀仏の他力によって極楽世界に転生すると同時に、他力によって悟り体験すら得ることができると主張する。

すなわち、浄土真宗においては、自力はまったく必要とされない。このことは近現代において「絶対他力」と呼ばれている。

自力がまったく必要とされない浄土真宗においては、阿弥陀仏に対する信心すら、阿弥陀仏の他力によってたまわる。阿弥陀仏によって信心をたまわることは信心獲得《ぎゃくとく》（信心決定《けつじょう》）と呼ばれている。

浄土真宗の門徒のうちには、鮮烈なかたちで信心獲得を体験する人々もいる。信心獲得は悟り体験と互いにやや似かよっているので、一例として、真宗大谷派の池山栄吉（一八七三—一九三八）の信心獲得体験を紹介したい。

栄吉は明治から昭和にかけての人である。真宗大谷派の檀家に生まれ、明治三十三年（一九〇〇）から二年間、大谷派の命を受けドイツへ留学した。帰国後、同三十五年、真宗大学（現在の大谷大学）教授に就任したが心労により三年後に辞任し、明治三十九年、第六高等学校教授に就任した。大正二年（一九一三）、信心を獲得した。

のち、同十三年、甲南高等学校教授に転任し、さらに、昭和四年（一九二九）、大谷大学教授に転任し、死の一年前まで在職した（栄吉については新井俊一［2000］）。

以下のことばは昭和十二年に刊行された本人の著書『仏と人』による。

人からもいつぱし信仰があると思はれ、自分でも、口に念仏の出にくいのは変だが、心には信仰があるに違ひないと、思ひ込んでゐたのであつたが、或る時――それは私の四十二の秋《とき》であつた――犇犇《ひしひし》と逼《せま》りくる我身《わがみ》の影、煩悩の跳梁に驚いて、自《みづか》ら欺いてゐた信仰にも見放されて、あゝ本当の信仰が欲しい、どうしたら得られるだらうと、みどりごが母を探しもとめるかのやうに、身も心も挙げて此《こ》の一点に集中した時、其《そ》の時、ふと胸に浮《うか》んだのが、〝親鸞におきては云々〟の御文《ごもん》で、これが私に取つて東岸の声であつた。

私はその声に耳を澄ました。思ひを潜めた。ひつたくるやうにして御文を見つめた。と同時に、不可抗的に引きよせられるまゝ、御文の中に没入したかの感があつた。

あ！　さうか！　聖人《しやうにん》――私の絶対無二の信頼をさゝげてゐる聖人――はさうされたのか、ぢや私も……ぢや私も念仏しよう、と思ひ切つて南無……と言ひかけて、まだ阿弥陀仏と言ひ切らないうちに――何《な》んのことはない、まるで光の瀧でも浴びせられたやうな気がして――つゞけざまに、高らかに、生れてはじめてひとりでの念仏が出るのであつた。

なんとも言へない、うれしい、安らかな、大船に乗つたやうな、胸一杯に勝鬨《かちどき》をあげるやうな、力強い頼もしい心地。称《とな》へてゐるうちにふと気がついた。そしてうなづいた。あ！　これが信仰か！　さうだ、これが信仰だと。（池山英吉［1937：19-21］）

「〝親鸞におきては云々〟の御文」とは、親鸞の語録『歎異抄』の文「親鸞におきては、たゞ念仏して弥陀にたすけられまゐらすべしと、よきひとのおほせをかふりて信ずるほかに、別の子細なきなり」を指す。

「東岸の声」とは、唐の善導『観無量寿経疏《かんむりょうじゅきょうしょ》』（巻四。T37, 272c-273a）において説かれる「二河白道《にがびゃくどう》」（「南から来た火の河、北から来た水の河という、」二つの河に挟まれる白い道）の譬えにおいて、西へ白道を安心して進めと勧める、東からの声を指す。

浄土真宗においては、現世においてこのような信心獲得体験を得ることは尊重されるにせよ、現世において自力によって悟り体験を得ることはまったく重視されない。浄土真宗においても、現世において自力によって悟り体験を得ていった人々がいるのであるが、彼らはすべて、真宗大谷派から異安心《いあんじん》（異端の安心）と見なされた団体、無我苑に属していた人々である。

無我苑は修行のための教団ではなく、「無我愛」ということばを旗印とする人々の親睦団体であった。そこには、悟り体験を得るための統一的な修行は何もなかった。無我苑に属していた人々は、「無我愛」ということばを合いことばに、それぞればらばらに悟り体験を得ていったにすぎない。

以下、代表的な悟り体験記を読んでいきたい。

廿九年《にじふ》の間の我慢が溶けて流れるやうに思はれる――伊藤証信《しょうしん》

伊藤証信（一八七六―一九六三）は明治から昭和にかけての人である。真宗大谷派の檀家に生まれ、明治二十一年（一八八八）、出家した（得度は同二十二年）。同二十九年、真宗大学（現在の大谷大学）に入学し、同三十三年、同大学研究科に進学したが、自己の功名心や家族内の問題に悩むうち、同三十七年八月二十七日夜、「無我愛」を感得した。

同三十八年、東京巣鴨の大日堂に無我苑を設立し主宰者となったが、無我苑が真宗大谷派から異安心と見なされたことを承け、真宗大谷派の僧籍を離脱し、同三十九年、無我苑を解散した。のち、文筆家となった。大正十年（一九二一）、無我苑を再開し、生涯を通じて「無我愛」を説き続けた。

以下のことばは明治三十九年に公表された本人の告白「余が信仰の経過（六）」による。

明治三十七年八月廿《にじふ》七日夜床《とこ》に就きつゝ、例によつて我《われ》を如何《いかん》せんの問題を考察し、最後に、左也《さなり》、我《わが》死生は一《ひとへ》に只《ただ》自然人類の掌中にあり、名と不名と功と不功と、是《こ》れ我《わが》責任にあらずして、全く他《た》の支配に存す。われは只出来得《できう》る限り、我《わが》天職を勤めて、目前の自然人類を愛せんのみと云《い》ふに至るや、全身忽《たちま》ち電気に打たれたやうにグタリと成《な》りて戦慄を催ほして、来《きた》る甘い涙が泉の如《ごと》く湧く、廿九年の間の我慢が溶けて流れるやうに思はれる、感謝の念仏が口を衝《つ》いて出る。人が有《あ》り難《がた》い、天地自然が有り難い、空気が有り難い、蒲団《ふとん》が有り難い、之《これ》が如来だ、之が神だ、今日迄《まで》如来の愛の懐《ふとこ》ろに居《ゐ》ながら知らずに居たことの勿体《もつたい》なや、これからの安らけさ、力強さ、あゝ嬉しい、之を何とかして人々にも伝へたいと。夜の明ける迄只《ただ》恍惚として嬉し泣きに泣いて居たのである。（伊藤証信［1906 2/25 : 7］。ふりがなを追加）

この体験を悟り体験と呼ぶことはできないかもしれないが、ともあれ、この体験にもとづいて、伊藤は「無我愛」ということばを発明し、無我苑を組織した。そして、無我苑に属していた人々のうちには、伊藤が感得した「無我愛」とは無関係に悟り体験を得る者が現われ始めるのである。

無限絶対に融合せりとの端的感懐に打たれたり――江部《えべ》鴨村《おうそん》

江部鴨村（一八八四―一九六九）は明治から昭和にかけての人である。真宗大谷派の寺に生まれ、明治三十七年（一九〇四）、東京にあった真宗大学に入学した。在学中の同三十八年、無我苑に参加し、信仰問題に悩むうち、同三十九年一月四日（二日とも言われる）夜、開悟した。

のち、宗門を離れ、仏教文筆家、仏典翻訳家となった。
以下のことばは、当時の日記をもとに昭和八年（一九三三）に公表された本人の随筆「明治時代の求道者」による。

所《ところ》が、すでに精神上の指針を失つて徒《いたづ》らに暗中摸索の余儀なきに存《あ》つた当時の私に、俄然《がぜん》として天来《てんらい》の響《ひびき》のやうに追つて来たのは外《ほか》ならぬ伊藤証信氏の無我愛運動であつた。
伊藤氏は当時真宗大谷派の僧籍を有し、且《か》つ真宗大学研究院在学中であつたので、その異端者的新思想は忽《たちま》ち学内および派内一般の問題となり、氏はその圧迫のもとに退学と脱宗とを敢行するの余儀なきに至つた。だが、氏の脱宗を記念する全部赤刷《あかずり》の雑誌「無我愛」脱宗号の教界はもちろん一般思想界に与へた衝撃は実に甚大なものであつた。私は伊藤氏に体験者のすがたを観《み》、その声に体験そのもの丶響《ひびき》を聴いた。氏の立籠《たてこも》つた大日堂と、大学の寄寄(宿カ)舎とは眼と鼻の間であり、むろん、私は大日堂に日参して「無我苑同人」に参加しないでは居《ゐ》られなかつた。当時の日記を繰出《くりだ》して見ると、明治三十九年一月四日の記に左の如《ごと》き文字がある。

不思議なるかな午後九時頃より十二時頃まで肉体の激動すること限りなく殆《ほとん》ど座に堪《た》へざる程《ほど》なりしに、兎角《とかく》するうちに俄然《がぜん》として長夜《ぢやうや》の夢の覚めしが如く無限絶対に融合せりとの端的感懐に打たれたり。翌日午前四時頃まで絶え間なく起り来る心中の疑問を快刀の乱麻を断つが如く薙《な》ぎ払ひ、今や万里《ばんり》雲尽きて円月久遠《くおん》の清光に澄む。かくて一夜を一睡もせず夜明けを待つて戸外《こがい》に出づれば世は全く一変せり。昇る旭《あさひ》の爽かさ、雀の囀り、風のさゝやき、すべては寂光界裡《じやくくわうかいり》の物ならぬはなし。予は大地に慴伏《せふふく》して号泣しぬ。曠劫《くわうごふ》以来の初事《しよじ》に天地自然と一体になり、久遠悠久の大生命と一味となりし悦《よろこ》びに。かくて無我苑に行き伊藤兄に昨夜来の消息を逐一物語る。兄の喜び一方《ひとかた》ならず、傍《かたは》らなる道友もまた手を打つて予の入信を祝福しぬ。舎に帰りて読書す。曾《かつ》て意義不明なりしもの今は悉《ことごと》く明瞭なり。真宗の聖典は言ふに及ばず、各種の禅書・清澤満之《きよざはまんし》師の著作・梁川文集《りやうせんぶんしふ》・四書・老荘・バイブル等悉くこの一事に溶解して明鏡裏中《めいきやうりちゆう》に物を観《み》るが如し。

つまり従来問題になつて居《を》つた自・他隔離の一枚の障壁がこのとき一気に取去られた訳《わけ》である。とにかく私はその実験に依《よ》つて始めて全個一如《いちによ》に端的に触れることが出来たので、その喜びたるや言語の尽す所でなかつた。伊藤氏の所説のやうに宇宙一切の活動が無我愛であるか、清澤師の提唱するやうに世界のあらゆる動きが究極において如来の為《な》さしめ給《たま》ふ所であるか、それは何《ど》うだか判らない、それは何うでも可《よ》いのである。たゞ天地一枚の純粋体験、全個一味の純粋情感、唯《ただ》それのみが、何者にも換へがたい無価の宝珠として私に受取られた。

（江部鴨村［1933：597-598］。ふりがなを追加）

江部が「かくて一夜を一睡もせず夜明けを待つて戸外に出づれば世は全く一変せり」と言っているのは、原青民（本書一七四頁）が「暁天《げうてん》庭前に出《い》で、山河を見れば、昨日に異なるものあるが如《ごと》し」「驚きて戸を排《おしひら》き出《い》で、天地に対す、小河《せうが》依然として形を改めずと雖《いへど》も、風光の興趣は決して同じからざるなり」と言っていたのと同様である。

同じ体験を、江部はのちにあらためて加藤辨三郎（一八九九—一九八三。在家仏教協会設立者）に語っている。以下のことばは昭和四十六年に公刊された江部の伝記『念仏者江部鴨村』による（録音テープからの字起こし。文中、S君、N君は不明、I君はおそらく伊藤証信）。

「私も中学時代は何を目的に生きていいかわからなかった。いろいろ考え悩んだあげく、結局それは仏に成ることだとわかった。そして、仏に成るにはどうしたらいいかが問題になってきた。それでまた考えたり読んだりした。そうこうしつつ大学へ進んだ。ところが、大学在学中に不思議な経験をした。明治三十八年十二月三十一日午後四時頃、私は、S君から、私の従来の信仰の不健全であることを忠告された。私は、これを確かめようと一心に歎異抄等の聖教を読み悩みに悩んだ。明くれば明治三十九年一月一日、めでたかるべき元旦であったが、私にとってはうれしいことなどひとつもなし。一分といえども、私の心は信仰問題から離れなかった。そこでまたS君を訪ねた。さらに、I君、N君等の導きによって信仰問題を追求した。ところが、不思議にも、一月二日午後九時頃から夜半まで、私のからだが激動してやまなかった。そのとき俄然、私は、無限と有限と一体の実感を得た。午前四時頃まで、疑問はたえまなく起ったが、それを快刀乱麻を切るが如くになぎ払った。夜明けて戸を繰れば、とたんに私は如来の光明を感じた。あらゆる声が無碍光如来《むげこうにょらい》を讃嘆するが如くに聞えた。私は、驚嘆歓喜おくところを知らなかった。

この経験で、いちばんはっきりしたことは如来であった。それまでも、私は、たえず如来を拝んではいた。子供のときからまじめに拝んで来た。本堂で拝んだ。しかし、どうもなじめなかった。遠かった。若存若亡《にゃくぞんにゃくもう》の仏であった。たよりない仏であった。観念的な如来であった。そういう如来が、その夜消えてしまった。それまで観念化し、前方にながめていた仏が消えてしまった。おやと思うと、仏は私のうしろに立っていられたのだ。このうしろの仏が私を摂取していられたのだ。十劫《じっこう》の弥陀《みだ》が消えて、久遠実成《くおんじつじょう》の弥陀が現われた。私は、無始無終の仏を拝んだのである。この仏からは、私たちは逃れようたって逃れられはしない。一切が仏であるからである。私は、つねに仏とともに在ることとなった。」

（加藤辨三郎（編著）［1971：41-42］。ふりがなを追加）

「無碍光如来」とは、阿弥陀仏を指す。「十劫の弥陀」は成仏してから十劫を経ている阿弥陀仏、「久遠実成の弥陀」は無始無終の阿弥陀仏である。経典においては「十劫の弥陀」が説かれているが、浄土真宗においてはまことの阿弥陀仏として「久遠実成の弥陀」が説かれている。

江部が「そのとき俄然、私は、無限と有限と一体の実感を得た」と言っているのは、辻雙明（本書一三五頁）が「私はいわゆる「囫地《かじ》一声《いっせい》」「はっと」と《ママ》、「自性即ち《じしょうすなわ》無性《むしょう》」なること、この有限・相対の身が直《ただ》ちに無限・絶対なものであることを、自分の身体で直《じか》に知ったのである」と言っていたのと同様である。

「あらゆる声が無碍光如来を讃嘆するが如くに聞えた」と言っているのは、白隠慧鶴（本書八七頁）の著作『坐禅和讃』の一節に「無念の念を念として謡も舞も法の声」（〔悟った者は〕分けへだてしない分けへだてを分けへだてとしており、謡を聞いても、舞を見ても、説法の声に聞こえる）とあるのと同様である。

先の随筆「明治時代の求道者」を、江部は次のように結んでいる。

顧《かへりみ》れば恨事《うらみごと》のみ徒《いたづら》に多い。だが私としては自分の所信を素直に追つて来た迄《まで》であつて、所詮はそれ以外に何《ど》うすることも出来なかつた自分であるとしか思はれない。書き落《おと》したが、我国《わがくに》思想界に自然主義思潮の流れ込んだのは、私がちやうど真宗大学を卒業する前後の頃であつたが、私もまたその流れを浴びてあらゆる浪曼的・形而上学的な物の考方《かんがへがた》を削り取られて終《しま》つたが、しかし、曾《かつ》て摑んだ全個一如《いちによ》の純粋感情だけはそのために微動だにしなかつた。明治四十三年十一月十八日の記に、

吾等《われら》は凡《すべ》てを疑ひ凡てを破壊し去つても、天地人生に対する一種温暖の感じは到底否認することが出来ぬ。否《いな》、むしろ凡てを疑ひ凡てを破壊し去る時、赤裸々なる温暖の感じの、堂々として天地の根元より湧き出づるを感じる。そもく此《この》実感は何であらうか。其《その》実体は何であらうか。吾等は我《わが》生命となり、元気の本《もと》となつてゐる、この感じの当体を攫《つか》むに苦しむのである。（江部鴨村［1933 : 599］。ふりがなを追加）

悟り体験によって得られた、この「天地人生に対する一種温暖の感じ」こそが、市井において名利を離れて布教した、江部の生涯にわたる活動のきっかけとなったのである。

眼界俄《にはか》に開けて急に視力の倍加したるに驚きたり——河上肇《はじめ》

河上肇（一八七九—一九四六）は明治から昭和にかけての人である。旧士族の家に生まれ、明治三十五年（一九〇二）、東京帝国大学法科大学を卒業し、同三十六年、東京帝国大学農科大学講師に就任した。無我苑の機関紙『無我の愛』によって知った「無我愛」ということばに心を揺さぶられ、同三十八年十二月四日、初めて伊藤証信を訪ねたが、伊藤の強い勧めに動かされ、五日、大学を辞職した。しかし、八日、伊藤を再訪して無我苑に違和感をおぼえ、九日夜、独自に無我を証得して開悟した。

再考を経て、年末から無我苑に参加したが、やはり違和感をいだき、翌年二月中旬に脱退した。ちなみに、前出の江部鴨村の悟り体験は、この間《かん》の一月四日のことである。江部の悟り体験を祝福したという「道友」のうちに、河上もいたのかもしれない。

同四十一年、京都帝国大学講師に就任し、大正四年（一九一五）、教授に昇進した。次第にマルクス主義への関心を深め、昭和三年（一九二八）、大学を辞職し、同七年、日本共産党へ加入した。同八年、検挙されて入獄し、同十二年まで獄中にあった。戦後、日本共産党へ復帰したが、同二十一年、老衰と栄養失調とによって死去した。

河上はみずからの悟り体験が伊藤の「無我愛」と無関係に得られたことをあちこちで述べている。ただし、河上の悟り体験が「無我愛」ということばに心を揺さぶられたことをきっかけに得られたことは疑いない。河上の悟り体験は無我苑の運動の一環として考察されるべきであると思われる。

以下のことばは、悟り体験二日後に書かれた未発表原稿「余が懺悔と余が信念」を、およそ四十年後である昭和十七年にみずから引用し注記した本人の随筆「大死一番」による（河上は、多くの悟り体験者と異なり、かなり詳細な体験記を残している。河上の著作権は死後五十年にして消滅しているため、以下においては、貴重な体験記からやや長めに引用させてもらうことにする）。

> 当時余《よ》は其《そ》の体験の経過を備忘録に略記し置けり、（十一日夜記録、）今二三の補修を加へて之《これ》を左に掲ぐ。痴人の夢を説くに似たれども、読者幸《さいはひ》に笑ふこと勿《なか》れ。
>
> 十一〔二〕月九日夜、余つらつら思へらく、世に身を献げ全力を尽して他《た》を愛すと云《い》ふ者あり。しかるに其の人、夜に入りて寝《ね》に就《つ》くは、果《はた》して全力を献げたる者と云ふを得《う》べきや否《いな》や。又《また》其の人の言行《げんかう》何となく他を嘲り嗤《わら》ふが如《ごと》きの観あるは、（註、これらは当時無我愛同朋から私の得た感じだつたのである。自分等だけ自覚したものとして、己《おのれ》を高うし他を軽蔑するが如き気風のあつたのを、然《しか》るべからずと感じたのであらう。）果して全力を献げて他を愛せる者と云ふを得べきや否やと。
>
> かくて余は、或《あるひ》は談笑し或は冥想すること数時、漸《やうや》くにして余は自ら心に決して謂《おも》へらく、余は爾今寝《い》ねずして真理を伝へ死して後已《のちや》まんのみと。乃《すなは》ち竹内正一君と約して「献身団」を組織し且《か》つ雑誌『献身』を発刊せんとす。（河上肇［1989：211-212］。ふりがなを追加）

この文は、「余が懺悔と余が信念」のうち、悟り体験の部分の出だしである（丸括弧内は河上が「大死一番」において加えた註記）。以下、悟り体験の部分の全文を読んでいく。

時正《まさ》に夜一時過ぎ、余《よ》は『献身』の原稿を草せんかと思ひつつ、先《ま》づ「吾等《われら》の信ずる宇宙の本性」と題し、筆を執《と》りつつ紙に臨んで冥想沈思すること数十分、乃《すなは》ち誌《し》して曰《いは》く、

一、宇宙を組織せる一切《いつさい》個体の存在は、絶対に自己の力に依《よ》るに非《あら》ずして、絶対に他のものの力に依る。

一、宇宙を組織せる一切個体の活動は、絶対に自己を目的とするに非ずして、絶対に他のものの目的に従ふ。

書《しよ》し終りて之《これ》を説明して曰《いは》く、「夫《そ》れ宇宙は無限なり、個体は有限なり。既に有限を以《もつ》て無限に対す、知るべし個体は有《あ》りて無《な》きもの也《なり》。宜《むべ》なり矣《かな》、一切の個体は絶対に自己の力によりて存在するに非ずして、其《そ》の存在は絶対に他のものの力に依るや……」余は猶《な》ほ説明を続け、更《さら》に進んでは「吾等の信ずる人生の真目的」を誌さんと思ひたりしが、未《いま》だ誌する及ばずして、余は余の思想が余りにも明瞭なるに驚き、何《なに》が故《ゆえ》に今日まで此《かく》の如《ごと》き最も簡単にして而《し》かも最も高大なる真理に想到し得ざりしやを怪《あやし》み、同時に現在の自己が余りにも偉大なる真理を悟りたるに驚嘆しき。これ余が当時の実感なり。（註、当時私が紙に書き付けて行《い》つたものは、論理を推して行つたやうな表現になつてゐるが、私は此《こ》の時に謂《い》はゆる回光返照《ゑくわうへんぜう》をなし、仏教にいふ無我を悟つたものの如くである。）（河上肇［1989：212］。ふりがなを追加）

「回光返照」とは、観照を内面に向けることである。「無我」とは、法無我《ほうむが》（もろもろの枠組みに我〔確かな自己〕がないこと）である。序章において確認したとおり、法無我は真如の別名である。

此《こ》の時須臾《しゆゆ》にして余《よ》が頭脳は実に形容すべからざる明快を覚え、透明なること玻璃《はり》の如くなるを感じたり。よりて筆を執《と》りつつ、座にありし石野準君を顧《かへり》みて、今夜は神われをして物を書かしめ給《たま》ふが如《ごと》く感ずる旨《むね》を述べたり。

須臾にして、余は霊薬を以《もつ》て余が眼瞼《がんけん》を洗はれたる如く感じたるが、眼界俄《にはか》に開けて急に視力の倍加したるに驚きたり。この時余が心神《しんしん》は万里雲《くも》晴れて月天心に到ると云《い》ふべきか、否《いな》到底筆墨《ひつぼく》に言ひ現はすべからざる無上の軽快を覚えたり。

須臾にして余はまた、何物か和《やはら》き軽き羽毛の如きものありて余が脳を払ひ又は撫《な》づるを感じたり、否な余が脳裏の或《あ》るものが蒸発して、其《そ》の気、軽く和《やはら》かく、しかも忙《せ》はしく輪を描きつつ、陽炎《かげろふ》の如くに上騰乃至《ないし》飛散するが如く感じたり。

須臾にして余は俄に身体の軽く空に浮び上がるが如く覚えたり、何物かありて余が身体を軽く和《やはら》かく抱き上ぐるが如く覚えたり。余は暫《しばら》くの間、両腕を伸ばし身体を動揺せしめつつ、坐ながら体を自然の動揺に任せて浮ばせ居《ゐ》たりき。（余は屢《しばしば》々「須臾にして」といふ文字を使用したりしが、凡《およ》そ此等《これら》の現象は殆《ほとん》ど同時に起《おこ》り来《きた》りしものにて、恐らく前後四五分間のことなりしと覚ゆ。）

（河上肇［1989：212-213］。ふりがなを追加）

「玻璃」とは、水晶を指す。この四、五分間ほどの連続的な現象が河上の悟り体験だったのである。

石野準君傍《かたはら》に在《あ》り、見て甚《はなは》だ奇怪の感を為《な》す、余《よ》も亦《ま》た頗《すこぶ》る奇異の感を為《な》し、時計を出して検すれば正《まさ》に午前一時五十分なり。乃《すなは》ち更《さら》に筆を執《と》り、改めて先《さ》きの一文を清書せんと欲す。書して未《いま》だ写し終らざる中、急に余は何物にか頭脳を襲撃せられたるが如《ごと》く感じ、筆を投じて苦悶するに至れり。（註、私はこの瞬間に、再び物心《ぶつしん》対立の世界に復帰したのであり、以下の事柄《ことがら》は、さうした意識状態の変化に伴《ともな》うた偶然的な附随現象であったのであらう。今の私はさう思ってゐる。）余は其《そ》の襲撃せしものの何物なるやも悟らずして、只《た》だ脳裏の苦痛に耐へざるがままに畳上に倒れて悶《も》がけり。余は何物かありて余が身体を抑へ、余を畳上に圧伏せずんば已《や》まざるものあるを感じたりき。余は暫《しば》くにして、余が頭脳を苦《くる》しむるものは、自己の偉大を感ずるにあるを悟りたり。余は既に一命を捨つるの決心を為したる時、余は全く無我となれりしを信じたりき。しかるに今、人は死すとも猶《な》ほ我執《がしふ》を存するものなるを悟れりき。否《い》な大死一番す、而《しか》して始めて宇宙の本性を見る。既に宇宙の本性を見る、余は如何《いか》にするも現在の自己の偉大を感ぜざるを得ず。然《しか》れども既に自己の偉大に誇るの心あるは、固《もと》より私心《ししん》を絶ちたりと云《い》ふべからず。故に余は此《こ》の感情を捨てざるべからず。しかも余は偉大なりとの感情は、其《そ》の真理の偉大を信ずると同一の力を以《もつ》て襲い来《きた》り、迫り来るを如何《いかん》せんや。

（河上肇［1989：213-214］。ふりがなを追加）

「我執」とは、自我に対する執着を指す。「自己の偉大に誇るの心」「余は偉大なりとの感情」と同じである。「宇宙の本性」とは、無我を指す。

悟り体験は無我体験であるが、そこからふたたび「物心対立の世界」――他者と自我との対立の世界――へと戻る時、河上は無我と自我との相克に苦悶したのである。

余《よ》は頻《しき》りに苦悶せり。余はこの私心を棄《す》てざる可《べか》らず、しかもこれ容易の業《わざ》に非《あら》ず。而《しか》して若《も》し余にして此《こ》の最後の私心を棄つるに非ずんば――私心は根絶され得ること難《かた》し、たとひ大志を激発し全力を傾注すること幾十年に及ぶことありとするも、恐らく絶対に根絶さるること難からん、しかも当時の余は、只《た》だ茲《ここ》に最後の私心あつて残存すと思惟したるなり、――余の得たる真理も之《これ》を人に伝ふるに由《よし》なし。しからば余は生《い》くとも甲斐なし、否《いな》天は余にして此の最後の私心を棄つるに非ずんば直《ただ》ちに余が生命を奪ふべしと確信したりき。（この一節、亦《ま》た甚《はなは》だ痴人の夢に似たりと雖《いへども》、当時の余は、生死《しやうじ》の別、纔《わづか》に一瞬の後《のち》に定まるべしと確信し居《ゐ》たるが故に、この瞬間に於《おい》て余は実に生死の岸頭《がんとう》に立ちたるが如《ごと》く感じき。）最大の真理を悟得し、伝へずして死するは、大なる遺憾なり。然《しか》れども如何《いかん》せん、最大の真理を悟了せし余は、如何《いか》にしても自己の偉大を信ぜざるを得ざるなり。

余は涙を流して苦悶せり。両腕を畳上にねぢつけ、頭を攫《つか》むに両掌《てのひら》を以《もつ》てし、猶《な》ほ頻りに苦悶せり。両肋《あばら》の骨の頻りに動きて胸の張り裂くるが如きを覚えたり。

（河上肇［1989 : 214］。ふりがなを追加）

「余の得たる真理」とは、無我を指す。エリートとして強い自我を有していた河上は、ひととき無我を体験したにもかかわらず、なおも捨てることができない自我に苦悶せざるを得なかったのである。

苦悶やや軽きに至つて、余は座にありし石野準君の手を取り、欷《き》歔流涕《きよりうてい》、歎《たん》じて曰《いは》く、（この時、乾坤遥《けんこんはるか》に脚下《きやくか》に見えて、宇宙の精気は滾々《こんこん》として水の流るるが如《ごと》く余が脳裏に入るを覚えつつありき。）「噫《ああ》、この真理、久しく懸《かか》つて吾等《われら》の眼前に在《あ》りき。しかも人自《みづか》ら悟る能《あた》はず、徒《いたづら》に我《が》利我《りが》執《しふ》に耽溺《たんでき》して生死《しやうじ》の苦を受く。故に宇宙自然は、或《あるい》は暴風を以《もつ》てし、或は洪水を以てし、あらゆる一切《いつさい》の手段を尽して之《これ》を警醒《けいせい》するも、しかも人の更《さら》に知るものなし。然《しか》り人に教へんと欲《ほつ》せば人の言《げん》を借らざるべからず、しかも如何《いかん》せんや、人にして此《こ》の最大真理を説くも、人は人を疑うて信ずる能はず。夫《そ》れ此の真理たる極めて簡単明瞭なり、しかも最高至大の真理なり、而《しか》して人一たび此の真理に従つて身を処せんか、之によりて無限の幸福を受く。これ豈《あ》に絶対に簡単なる方法を以て絶対に幸福なる境遇に入るの法に非《あら》ずや。此《かく》の如《ごと》きの法を説く、人の信ぜざる宜《むべ》なり。故に此の最高真理を伝ふるものは、絶対に私心を根絶し、絶対の至誠を披瀝して人に対せざるべからず。換言すれば、人にして神ならざる可《べか》らず、神にして人ならざる可らず。――余は今に於《おい》て思ふ、これ即《すなは》ち生の理想なり。この理想に向つて精進する、即ちこれ人生の意義なりと。――余は始めて真理を伝ふるの至難の業たるを知り、其《そ》の久しく吾等の眼前に懸《かか》つて、しかも人の悟る所とならざりしを知れりき。嗚呼《ああ》余已《すで》に生死の事を忘る、余は既に死して後《の》ち活《い》きたる也《なり》、然《しか》れども如何せん、死して猶《な》ほ我執残れり。余は今に於《おい》て絶対無我の境に在るの難《かた》きを知る。夫《そ》れ絶対の大に限りなきが如く、絶対の小に限りなし。余既に生死の境を脱するや則《すなは》ち自《みづか》ら無我の境に入れりと信じたりき、然《しか》れども今は則ち其の然らざるを知る」と。（河上肇［1989：214-215］。ふりがなを追加）

以上、悟り体験の部分の全文を読み終えた。四十年後、河上は次のように述懐している。

> かうした四十年前の草稿を見ると、恥しく思ふ所もあれば、書き直したいと思ふやうな所もあるが、今は強《し》ひてそのままに写し出しておいた。
> ともかく私は、以上のやうな過程を経て、心（即《すなは》ち我）の本体を見ることが出来たと信じてゐる。私が宗教的真理と名づけてゐるものは、即ちその産物に外《ほか》ならぬのである。
> 前にも書いたやうに、私には決まつた師家《しけ》と云《い》ふものがあるのではなく、所見《しよけん》を呈して是非の判断を仰ぐべき先達がないのであるから、私が以上の体験を通じて大道《だいだう》に徹見《てつけん》し得たなどと思つてゐるのは、何でもない自惚《うぬぼれ》であるかも知れないが、ただ自分では、他日高眼《かうげん》の達人があつて、幸《さいはひ》に無用の贅弁、附随の混淆物に妨げらるることなく、この一文の中に現はれてゐる心

の経過を深切《しんせつ》に見てくれる場合があつたならば、或《あるひ》は微笑をたたへて或《あ》る程度の印可を与へてくれるかも知れないと、自負してゐるのである。

ともかく十二月九日の夜半に私の経験した精神の動きは、余程《よほど》激しかつたものと見え、私はそれから数日の間、全身に亙《わた》つて殆《ほとん》ど皮膚の感覚を失ひ、手や足などを抓《つ》めつて見ても、少しも痛みを感じないで過ごした。当時非常に奇異に感じたので、思ひ出したままを書き加へておくが、しかしそんな事はどうでもよい。大切なことは、私は之《これ》によつて多年の疑問を解決し、爾来今日に至るまで四十年の間、幸に身の軽きを覚え得た、と云ふことである。

「人もし汝の右の頰をうたば、左をも向けよ。なんぢに請ふ者にあたへ、借らんとする者を拒むな。」そんなことを実行したら、生きて行かれないだらうと、以前私が危惧したのは、私がこの五尺の体軀《たいく》を我と思つたからである。しかし此《こ》のからだが、我なのではない。元来このからだを自分の私有物と思ふのが間違ひで、之は暫《しばら》く自分の預つてゐる天下の公器である、と云ふことを悟るならば、このからだを大切に育て上げ、他日必要と認めた場合に之を天下の為《た》めに献げると云ふことこそ、自分の任務でなければならぬ、と云ふことが会得《えとく》される。かくて私は、絶対的な非利己主義を奉じながら、心中毫末《がうまつ》の疚《やま》しさを感ずることなしに、このからだに飲食衣服を供し、睡眠休養を許し、なほ学問をもさせ智識をも累積させて行くことが出来るやうになつた。ただ問題は、絶《た》えず私心の掃滅に努め、この五尺の体軀をして真に天下の公器たるに値せしめることに存する。問題は新たに、かく私に課せられた。私は初めて迷ふことなく、爾来四十年になんなんとする生涯を度《わた》り、幾たびか狂瀾怒濤を踏んで、未《いま》だ身を殞《おと》すに至らず、今では最早《もは》や骨董品となり了《をは》つた此の痩軀《そうく》を、ただ自然の衰朽に任せつつある次第である。

（河上肇［1989：216-217］。ふりがなを追加）

河上は誰からも印可を受けなかったが、「之《これ》によつて多年の疑問を解決し、爾来今日に至るまで四十年の間、幸に身の軽きを覚え得た」。そのことこそが、困難な時代において社会正義を求めて奮闘した、河上の生涯にわたる活動のきっかけとなったのである。

第十章　日本仏教Ⅸ　日蓮宗

日蓮宗と悟り体験

日蓮宗は鎌倉時代に日蓮（一二二二—一二八二）によって開かれた。強烈な末法《まっぽう》思想を特徴とし、末法の時代の人々はこの娑婆世界において悟り体験を得ることが難しいと主張する点においては浄土宗と同様であるが、日蓮宗は、末法の時代の人々は娑婆世界に内在する霊山《りょうぜん》浄土に住む久遠《くおん》実成《じつじょう》の釈迦牟尼仏（歴史上の釈迦牟尼仏の本体）から功徳を譲り与えられ、霊山浄土に転生すると同時に、悟り体験すら得ることができると主張する。

すなわち、浄土真宗の「絶対他力」と同様の主張である。ただし、浄土真宗の関心が現世の娑婆世界より来世の極楽世界へと向かいがちであるのに対し、日蓮宗の関心は現世の娑婆世界と来世の霊山浄土との両方へと向かいがちである。霊山浄土は久遠実成の釈迦牟尼仏の住まい、娑婆世界は久遠実成の釈迦牟尼仏の仏国土である以上、日蓮宗は、久遠実成の釈迦牟尼仏から譲り与えられた功徳によって、来世に霊山浄土に転生するのみならず、現世に仏国土らしい理想国土を建設しようともする。そのような現世改革への関心が日蓮宗の特徴である。

したがって、日蓮宗においては、久遠実成の釈迦牟尼仏から譲り与えられた功徳によって現世を改革することは重視されるにせよ、現世において自力によって悟り体験を得ることはほとんど重視されない。ただし、日蓮宗の周辺においても、現世において自力によって悟り体験を得ていった人がいる。昭和初期のテロリズムの指導者、井上日召《にっしょう》（一八八六—一九六七）がそれである。日召は日蓮宗の僧籍にあった人ではなく、東京裁判のウェッブ裁判長から「貴方は日蓮宗ですか？」と訊ねられた時も、「いえ。私は日蓮宗ではありません」と応え、「現在の私の思想は殆《ほと》んど大乗仏教と同じやうなものだと思つてゐます」と結んでいる（井上日召［1953 : 385］。ふりがなを追加）。ただし、後述のとおり、日召は「南無妙法蓮華経」という唱題によって悟り体験を得、のちに日蓮宗の立正護国堂を住持し、日蓮宗にもとづいて現世改革への関心をいだくに至っている。したがって、便宜的に、日召の悟り体験をここで扱うことにしたい。

嘗《かつ》て覚えたこともない、異様な神秘な心境である！——井上日召

井上日召は明治から昭和にかけての人である。医者の家に生まれ、少年時代から善悪の標準とは何かという疑問をいだき、明治四十年（一九〇七）、早稲田大学に入学したが、同四十二年、東洋協会専門学校（現在の拓殖大学）に転学し、同四十三年、退学して満州にある満鉄従業員養成所に入学した。同年、南満州鉄道株式会社に就職し、陸軍の諜報活動に従事したが、その間《かん》、少年時代からの疑問を解決すべく、大正元年（一九一二）、曹洞宗の布教師、東祖心《あずまそしん》（一八八三—一九六六）に参禅し、『法華経』の重要性について示唆を得た（祖心については川口高風［2010 : 119］）。同二年、仕事によってやむなく祖心と別離したのち、同九年、疑問を最終的に解決すべく帰国し、

同十一年夏以降、郷里（群馬県利根郡）の堂宇、三徳庵において唱題し、それによって、同十三年初夏に開悟した。

悟境を深めるため、大正十五年から昭和二年（一九二七）春まで、静岡県三島市の松蔭寺（臨済宗妙心寺派）において山本玄峰（本書九九頁）に参禅したのち、同二年から四年秋まで、茨城県大洗町の立正護国堂を住持した。混迷する日本を根底から改革すべく、門下の青年たちとともにテロリズムに傾斜し、同七年、血盟団事件の首謀者として起訴され（この時、山本玄峰が証人として法廷に立ち弁護）、入獄した。同十五年、皇紀二千六百年の祝典に際し、大赦令によって出獄し、近衛文麿のもとで終戦工作に従事した。戦後、公職追放を受けた。

以下のことばは昭和二十八年に刊行された本人の自伝『一人一殺《いちにんいっさつ》』による（日召は、多くの悟り体験者と異なり、かなり詳細な体験記を残している。日召の著作権は死後五十年にして消滅しているため、以下においては、貴重な体験記からやや長めに引用させてもらうことにする）。

前兆　大正十三年に入つてからのことだ。私は三日間に亘《わた》つて、不思議な幻像を見た。

其《そ》の第一日は——。

例によつて私が三徳庵で端坐唱題してゐると、突然、目の前に美しい紫の雲が現れた。と思つたら、雲の上に、神武天皇様に似た男の神様と、その傍に女の神様が添つて立つてゐられるのが拝せられた。そうして、その前にひれ伏してゐる私の姿があつた。（私自身は依然として端坐してゐるが、もう一つの私の姿が見えた。）仰ぐと、男の神様は素《す》つ裸《ぱだか》の男の赤ん坊を抱いてゐられる、と見たところで、幻像は消えた。

その第二日は――。

矢張《やは》り同じ時刻に端坐してゐると、昨日と同じやうな美しい紫の雲が現れ、その上に男神と女神が立たせ給ひ、男神の抱いてゐられる赤ん坊が、急に私の方を指さした。私は何故となく畏れ入つて、ひれ伏してしまつた。

その第三日は――。

矢張り前二日と同様の厳かな光景が現出したかと思ふと、男神に抱かれて私を指さしてゐた赤ん坊が紅葉のやうな掌をひろげたとみるや、私をさし招いた。その途端に――、赤ん坊は私自身に変じ、今までひれ伏してゐた私の姿は、もうそこにはなかつた。

その時、私は、説明し難い一体感を覚えた。（井上日召［1953：195-196］。ふりがなを追加）

この文は、『一人一殺』第十一章「三徳庵の修行」が「悟前」「開悟」「悟後」という三節によって構成されているうち、「開悟」の出だしである。以下、「開悟」の全文を読んでいく。

「悟前」において、日召は修行が深まるにつれ発狂の危険性を感じ、懊悩していた。しかし、たとえ発狂しても真理を求めようと決心し、修行へと没入した時、さまざまな不思議が起こるようになった。これもその一つである。これは悟り体験ではないが、日召は悟り体験の前兆と捉えている。

なお、文中の「唱題」とは南無妙法蓮華経と唱えることを指す。日召は、当初、東祖心から教わったとおり坐禅していたが、のちに、「南無妙法蓮華経」と書かれた石碑が現われる霊夢を見たことを思い出して、唱題へと切り換えた。

天地一体、万物同根　大正十三年の春頃の私は、毎朝三徳庵の庭に立つて、朝日が山の端《は》から離れ切るまで『南無妙法蓮華経』を唱へ続ける行をやつてゐた。

其《そ》の朝も、例によつて、東に向つてお題目を唱へてゐると、朝日がズン〳〵上つて、将《まさ》に山の端を離れた瞬間、私は思はず

『ニツシヨウ‼』

と叫んだ。『ニツシヨウ』が何の意味だかも知らぬ。自分にも叫ぶ意志はなかつたのだ。しかしこの種の不思議には馴れてゐたから、

『また今朝《けさ》も妙なことを言つたものだ。多分、日が昇つたから「日昇」と言つたのだらう』と、深くも考へなかつた。けれども、唱へ終つた後は、今までになく、なんといふことなしに、非常に明るく良い気分だ。

堂に入つて、お題目を唱へてゐると、突然薄紫の、天地を貫くやうな光明が、東の方からパツと通り過ぎた！　すると、なんだかひとりでに立上《たちあが》り度《た》い気持になつて、辺りを見渡すと、目につくものが、なにもかも、天地万物が悉《ことごと》く一大歓喜してゐる。

しかも、そのまゝ私自身なのだ、といふ感じがする。

宇宙大自然は私自身だ、といふ一如《いちによ》の感じがする。

『天地は一体である』『万物は同根《どうこん》である』

といふ感じがひし〳〵と身に迫る。

――嘗《かつ》て覚えたこともない、異様な神秘な心境である！

『妙だなあ!!』

と思つて、試みに、これまでの疑問を、今悟り得た境地に照らしながら、静かに繰返して考へて見ると、驚くべし、三十年間の疑問が、残らず氷解してしまつたではないか!!

（井上日召［1953：196-197］。ふりがなを追加）


ここで『ニッショウ!!』と叫んだことが、のちに彼が「日召」と名のったことのきっかけとなる（本名「井上昭」の「昭」を「日召」と分解）。

宇宙一元！ あれほど難渋した『善悪の標準』の問題も、天地一体、万物同根、の一如感に立つて考へてみると、スラ〳〵と、わけもなく解けた。なにが善で、なにが悪か、私は従来それらを対立する二つのものと考へてゐたが、実に本来『善悪不二』なのである。ただ我々の思惟、行動が、宇宙一元の真理に順応した場合に、善となり、これに背反した場合に、悪となるのである〔。〕
仮《か》りに、人と人との間の問題をとつてみても、自他一如の境地に立つて、考へ且《か》つ行《おこな》ふことが善であり、然《しか》らざる心行《しんぎやう》はすなはち悪である。

但し、時と処《ところ》と相手を異《こと》にすることによつて、善悪の具体的な現れ方は異《ことな》つて来るのであつてある一つの概念に固定して、善悪を考へる必要はない。譬へば、一杯の水でも、咽喉《のど》の渇いてゐる者にとつては有難《ありがた》いが、さうでない者にとつては、迷惑だ。

真理は一つだが、その現れ方は千変万化する。平等感に立つて、差別を行ずる、それが善である。始めから差別感に立つて、なにをやつたとて、それは決して善にならない。

同じ意味で、宇宙は一元であるが、万物は各々《おの〳〵》使命を異《こと》にするが故に、千差万別の相を呈する〔。〕人と犬と形貌相異《あひことな》り、桔梗と女郎花《をみなへし》と色彩相異る、それらは宇宙の要求に従つて、使命を異にして生じたからにほかならぬ。それ〴〵使命を果せば、枯死して以《もつ》て土に帰する。すなはち、一元に戻るのである。（井上日召［1953：197-198］。ふりがなを追加）

日召は、少年時代からいだいていた「善悪の標準」の問題を、悟り体験によって得た一如感によって、「善悪不二」というふうに解決できたのである。「善悪不二」とは、善悪が相補的概念にすぎないという意味であり、中国仏教以来、仏教においてしばしば用いられることばである。

平等と差別　人が蛙や蛇や草や木と、自由に話を交して、互《たがひ》の意志を通じ合へるのも、根本に一如し得る本質を持ち合つてゐるからである。平素《へいそ》は似ても似つかぬ差別相を呈しながらも、宇宙の一元より派生してゐる、といふ平等の本質を共有してゐるが故に、互が本質を発揮し合ふ時には、果然互《たが》ひの意志が通じ合ふのである。

天地万物が大歓喜してゐるやうに見えたのも、私自身が開悟解脱《かいごげだつ》の法悦に大歓喜してゐるからそれが、そのまゝ対象に映つたのである。対象と一如してゐたから、それが眼に映じたのである〔゜〕（井上日召［1953：198-199］。ふりがなを追加）

「人が蛙や蛇や草や木と、自由に話を交して、互の意志を通じ合へる」とは、「悟前」において、日召が、蛇と意志が通じるようになったのをきっかけに、人ならざるものと意志を通じ合えるようになったことを指す。

大歓喜!!　三十年の永い間に亘《わた》つて、私の心に押しかぶさつてゐた疑問の叢雲は、今はもう跡形も止めない〔゜〕実に光風霽月《くわうふうせいげつ》の爽かさ。その悦《よろこ》びはなにに譬へよう!!

こみ上げてくる悦《よろこば》しさに、私は踊り狂つて、椽から転がり落ちた。さうして、庭を狂ひ廻つた〔゜〕手の舞ひ、足の踏む所を知らず、とは私の場合全く誇張でもなんでもなかつた。庭で踊り狂つてゐる私の姿を見た近所の子守達が、

「見ろ〳〵、気狂《きちが》ひがとう〳〵本当の気狂ひになつた！」

と言つてゐるのが、ハツキリ聞える。然《しか》し、私は恥かしい気持もなければ、憎いといふ気も起らぬ。たゞ大光明、大歓喜あるのみだ。大地にしつかり腹をつけて、腑伏してゐると、宛《あたか》も母の懐《ふところ》に抱かれてゐるやうな、快い気持である。

やがてのこと、再び部屋に戻つて、静かに前半生の悩みを、また繰返して自問自答してみた

り自分は発狂してゐるのではなからうか、と冷静に検討してみたりするが、疑問は満足の行くまでに闡明《せんめい》され、解決が与へられてゐる。理性も健全で、毫《がう》も発狂の疑ひが認められぬ。愈々《いよく》自分が悟りの境地に至つたことは、確実のやうである。

（井上日召［1953：199-200］。ふりがなを追加）

「手の舞ひ、足の踏む所を知らず」とは、臨済宗の悟り体験に典型的な表現である（本書九三頁、一一四頁、一二五頁、一三六頁）。日召が「大地にしつかり腹をつけて、腑伏してゐると、宛《あたか》も母の懐《ふところ》に抱かれてゐるやうな、快い気持である」と言っているのは、江部鴨村（本書一八三頁）が「赤裸々なる温暖の感じの、堂々として天地の根元より湧き出づるを感じる」と言っていたのと同様である。

法華経の裏書き　私は、試みにその時まで持つてゐた『和漢対訳妙法蓮華経』を取り上げた。現在の自分の境地を、法華経によつて点検してみよう、と考へたのである。祖心和尚の一言が深い示唆となつて、大陸放浪時代から、嘗《かつ》て一度も手離さなかつた『和漢対訳妙法蓮華経』、今その経本によつて、我《わ》が境地を検討しようといふのだ。法縁《ほうえん》まことに妙《めう》なりといはねばならぬ。

さて、私は法華経を手にとつて、序品《じよぼん》第一・方便品《はうべんぼん》第二と読み行くに従つて、これまで幾度読んでも、一向に理解のつかない、荒唐無稽のお伽噺《とぎばなし》としか思はれなかつた事《こと》が、意外にも実に深遠な哲理を道破してゐるのに、私は驚嘆してしまつた。悟らずに読めば荒唐無稽だが、悟つて読めば、それは釈迦が大慈悲心を以て、なんとかして凡夫に宇宙の真理を悟らせやうと、あらゆる譬喩《ひゆ》・方便をつくして述べた大解説書であることが、ハッキリ解《わか》る。殊《こと》に、法華経の肝心である『十如是《じふによぜ》』『十界互具《じつかいごぐ》』は『差別即平等』『平等即差別』の真理を闡明《せんめい》して餘韞《(蘊カ)》なく、それは万物同根のその悟りをピツタリと裏書きしてゐる。

誰が作つたものかは知らないが、兎《と》に角《かく》、釈迦の名において、このやうな偉大な真理が説かれてあるのを、自分はどうして今まで解らなかつたのだらう。

それに又、法華経二十八品一つ一つの記述は、なんと自分が今日まで経歴してきた半生の生活を、餘《あま》りにも如実《によじつ》に説明してゐるではないか!……譬喩品《ひゆぼん》・信解品《しんげぼん》・授記品《じゆきぼん》・化城喩品《けじやうゆぼん》……私は読んでは首肯《うなづ》き、うなづいては読み行くのであつた。

(井上日召[1953:200-201]。ふりがなを追加)

悟り体験によってようやく『法華経』がわかるようになったという話は白隠慧鶴によっても説かれていた(本書九一頁)。

『和漢対訳妙法蓮華経』とは、大正三年(一九一四)に刊行された島地大等訳『漢和対照妙法蓮華経』(明治書院)を指す。同書は宮沢賢治(一八九六―一九三三)を法華信仰にいざなった書としても有名である。

一切批判の基準　三徳庵で原理を発見した時、私は山積してゐたあらゆる疑問が解決して、晴天白日《せいてんはくじつ》・光風霽月《くわうふうせいげつ》とでもいひ現すべき明るさを感じた、とは今も述べた通りである。ところで、その時は、私は前人未踏の境地に達したと思つたが、事実はそれ程《ほど》澄徹した心境ではなかつたのだ。暗黒の所へ、五燭光の電灯がつけば、非常に明るく感ずるが、実は未《いま》だ隅々まで照らすほどの光度はない。――それと同様だ。

仏法では「悟前《ごぜん》の修行」「悟後《ごご》の修行」と言ふ。この悟後の修行が大切で、これを積むことによりて、従来の習慣や先入主の滓《かす》が段々消えて行く。どこまで行つても『宇宙一元』から離れることもなく、修行に卒業はないが、修行を積むことによつて、視野が拡がり、光度が高まる。五燭は十燭に、十燭は百燭にと、次第に叡智が輝いてくる。

悟り得た原理を以て、時々に直面する種々の問題を、片つぱしから検討して、解決して行くと叡智は益々明るくなり、如何《いか》なる事態にも直《ただ》ちに応じ得る智恵が用意される。この悟りは一切批判の基準である。だから、どんな事態にも迷はされぬ。

現在の私は、日本・世界の前途に確たる見透《みとほ》しをつけてゐるが、これはなにも私だけの専売特許ではない。悟れば、何人にも得られる境涯である。

（井上日召［1953：201-202］。ふりがなを追加）

以上、「開悟」の全文を読み終えた。

同じ体験を、日召はすでにこれに先立って獄中手記においても描写している。以下のことばは昭和八年から翌年にかけて書かれた本人の手記『梅《うめ》の実《み》』による。

ソンな事《こと》で時節はいつか初夏の頃となつた。其頃《その》私は毎朝庭に立つて旭《あさひ》が東山《ひがしやま》の嶺《みね》に昇るまで、其嶺に向つて唱題を続ける習慣であつたが、ある朝例の通り唱題をつゞけつゝ旭を迎へて居《ゐ》ると、愈々《いよく》日輪が山の頂きに昇り切るや、其《そ》の瞬間一種不可思議な気持になつて、突然「ニツシヨウ！」と叫んだ。

何の意味やら自分には解らない。全く私の意志を超越しての事で、私の口は何ものにか斯《か》く叫ばされたと云《い》ふ感じであり、全身は霊光に浴したとでも云ふ様《やう》で、四方八方見る物悉《ことごと》く大光明を放ち、仏教経典に書かれてある何々《なにく》荘厳世界其《そ》の儘《まま》であつた。

而《そ》して何が難有《ありがた》いのやら悦《うれ》しいのやら解らんが無茶苦茶に難有い様な、悦《よろこば》しい様な、とても筆にも口にも表現出来得ない感じがして、躍つたり、跳ねたり果ては大地の上を転々してまるで、狂人の姿だつた。ソレは自分によくわかつて居るけれ共《ども》何ともする事の出来ない程《ほど》力強いものであつた。

稍《やや》鎮静してから、静《しづか》に従来苦しみ抜いた各種の疑問を一々に点検してみた処《ところ》、全く快刀乱麻を斬るが如《ごと》く、流れに随つて舟をやるが如くであつた。

此《こ》の時の大喜悦は今思ふても涙が浮ぶ程《ほど》である。（井上日召［1934 : 64-65］）

このようにして日召は悟り体験を得たのであるが、しかし、それは無師独悟であって、いかなる師からも悟り体験と認められたわけではなかった。こののち、日召は悟境を深めるため山本玄峰（本書九九頁）に参禅したが、玄峰は日召の悟境を認めようとしなかった。

日召の悟境が深まったのは、昭和八年十二月初め頃、収監先である市ヶ谷刑務所においてである。日召はそこで親鸞の語録である唯円『歎異抄』第二節を読み、大きな感動に打たれ、我執に対する慙愧のあまり声を放って泣いたが、そのことをきっかけにふたたび悟り体験を得た。同年十二月十四日付け玄峰宛て書簡に次のようにある。

幾日かの後例に依つて運動場で臀端折《しりはしよ》つてゴト〳〵駈足《かけあし》して廻つて居《を》つたら何処《どこ》かで「ガチヤリーン」と云《い》ふ音がしたと思ふと其《その》音が錫杖の音の様《やう》に聞えました。スルと同時に私の頭の先から足の先までヅーンと電気がかゝり思はずハッとすると今迄《まで》の咽《のど》の骨が無くなりました。而《そ》して壁も大地も立木も花草も石コロも何も彼《か》も光明が輝いて居ります。

こんな経験は大正十三年の初夏一度ありますが其時は気が狂ふたのだらうと思ひました。兎《と》も角《かく》先度こんな事があつてから心身の凝りが全く消えて以前やはりこの運動場で肩が軽くなつた位のもんぢやありません。自然法爾《じねんほふに》と云ふ意味も本当に解りました。祖師が「娘生《にやうしやう》ニシテ然《しか》ルニハアラズ」と仰せられた意味も徹困《てつこん》に了会する事が出来ます。

其時の気持を書いてみます

冬晴れや底のぬけたる漆桶

冬はれの獄裡《ごくり》ものあり見らば見よ大々小々七華八裂

（井上日召［1934：286-287］。ふりがなを追加）

日召はこの時はじめて玄峰から悟境を認められ、玄峰に命名を求めて、「玄徹」という道号を授けられた。昭和九年一月十七日付け日召宛て玄峰書簡に次のようにある。

昨十二月十四日の手記に依り一仏成道鑑見法界草木国土悉皆成仏《いちぶつじやうだうかんけんほつかいさうもくこくどしつかいじやうぶつ》是《これ》も又《また》得《え》難《がた》き且《か》つ悦《よろこ》ば志《し》貴《き》事《こと》に在之《これあり》候《さうらふ》〔◦〕名命《ママ》云々とあるも日召は此上《このうへ》も善《よ》き名と存じ候〔◦〕然《しか》しひて文字を加ふるなれば日召玄徹是《これ》が宜敷《よろしき》かと存じ候〔◦〕（井上日召［1934：289］。ふりがなを追加）

「一仏成道鑑（観）見法界草木国土悉皆成仏」とは、ある仏が悟りを成しとげ、世界を見わたす時、草木国土がすべて成仏して見えるという意味である。

日召が玄峰から悟境を認められたことは別の資料によっても裏づけられる。昭和九年九月十五日、日召のために証人として法廷に立った玄峰は日召の悟境について次のように語った（当時の東京朝日新聞の記事）。

「法理上のことは明鏡を胸にかけて御審査下さる法官閣下あり、又《また》その解釈については弁護の任に当られる弁護士各位があります、私が被告のために弁ずることは、あまり一般の皆さんに分《わか》らぬ真理否《いな》心地です。今日被告の心についてお話させて頂きたい、第一井上日召は永年《ながねん》精神修養をしてゐるが、その中でもつとも宗教中の本体とする自己本来の面目、本心自性《ほんしんじしやう》即《すなは》ち仏教でいふ大円鏡智《だいゑんきやうち》を端的に悟道してゐる」（高木蒼梧［1963：198］。ふりがなを追加）

血盟団の盟主として昭和のテロリズムの歴史に名を残す日召であるが、その悟り体験記はむしろ本物の宗教家を感じさせる不思議な魅力に満ちている。少なくとも、悟り体験記としては屈指の名編であると言わざるを得ない。

悟り体験によって叡智を獲得したはずの日召がなぜテロリズムを肯定するような短慮に走ったのかは、誰もが不審に思うことである。これについては、日召自身が述べているように、日召の叡智がいまだ不充分であったせいと考えることもできる。玄峰も、それゆえに、当初、日召の悟境を認めなかったのであろう。

また、悟り体験によって獲得される叡智はそもそも道徳性と結びついておらず、テロリズムを否定するに至らなかったせいと考えることもできる。じつは、本書においてこれまで紹介してきた日本近代の悟り体験者のうちにも、戦時中に好戦的な発言を行なった人が複数いるのであり、そのことは叡智と道徳性との間に本質的な結びつきがないことを示唆するように思われる。叡智だけでは道徳性を欠くし、道徳性だけでは叡智を欠く。それゆえに、大乗仏教においては、伝統的に、精進《しょうじん》（努力）、静慮《じょうりょ》（瞑想）、般若《はんにゃ》（叡智）のみならず、施《せ》（施与）、戒《かい》（道徳性）、忍辱《にんにく》（忍耐）をも完成する、六波羅蜜多《ろくはらみた》（六つの完成）を修習することが勧められてきたのであろう。悟りと戦争とをめぐる問題については、本書においては論じきれないため、別の機会に詳しく論じたい。

第二部　悟り体験を考える

第十一章　悟り体験の諸相

本章のねらい

悟り体験記においては、さまざまな悟り体験が記されている。ここでは、それらを分析することにしたい。

筆者は悟り体験者ではない以上、悟り体験を主観的に説明することはできない。ただし、悟り体験は個人的な体験である以上、厳密に言えば、仮に悟り体験者であっても自己の悟り体験のほかは主観的に説明することが難しいはずである。悟り体験一般については、あくまでさまざまな悟り体験を分析することによって客観的に把握するしかない。そこで、本章においては、さまざまな悟り体験をいくつかの共通的な枠組みへと還元しつつ分析を試みたい。

悟り体験記において記されている修行はさまざまであるが、それぞれの修行によって得られる悟り体験のうちには、じつは意外なほど共通的な枠組みが認められる。筆者は、暫定的な作業仮説として、典型的な悟り体験はおおむね次のような五段階から構成されていると考えている。

1　自他忘失体験

2　真如顕現体験
3　自我解消体験
4　基層転換体験
5　叡智獲得体験

本章においては、このような枠組みに従いつつ、悟り体験の諸相を考察することを試みたい。

1　自他忘失体験

自他忘失体験とは、いまだ通常の心である〝自我の殻〟を残しているにせよ、自己と他者との隔てを忘失して、ただ心のみとなる体験である。たとえば、倉田百三は次のように説いていた。

倉田百三：「昭和七年の晩秋、すでに臘八の接心も近きころ、私は平林の裏山を歩いて、田圃《たんぼ》道に差しかかつた際私は宇宙と自己とが一つになつてゐるのを覚証した。其処《そこ》には天地と彼我《ひが》とは端的に一枚であつた。」（本書一三三頁）

このような体験は、言わば、「非二元」（ノンデュアリティ）あるいは「一元」（ワンネス）の体験であって、しばしば悟り体験と見なされるが、少なくとも臨済宗においてはいまだ悟り体験――見性《けんしょう》（仏性《ぶっしょう》／心の本性を見ること）――と見なされない。たとえば、抜隊得勝《ばっすいとくしょう》は次のように説いていた。

抜隊得勝：「さらに、みだりな想いが尽きて胸中に一つの物もなく、内側〔である自己〕と外側〔である他者〕との隔てがなくなることは、晴れわたった大空《おおぞら》のようであって、全方向にわたってすっきりしているにせよ、悟りではない。もしこれを〔悟りと〕認めて〝〔自分は〕仏性をはっきりさせた〟と思うならば、ただただ、光の影を見て正体とみなすようなものである。」（本書八一頁）

現実に、百三の師であった峯尾大休（本書九七頁）も百三の体験を悟り体験と認めていなかった。秋月龍珉《りょうみん》は次のように述べている（文中、「峰」は「峯」の異体字）。

戦後、改めて平林寺に峰尾老師を訪ねた。時に老師は病臥中だったが、私の名を覚えておられて、「特別に君だから逢うが、なるべく相見の時間を短くしてほしい」と言われた。私はそのとき倉田百三が老師に参禅して、見性したといって、「我れぞみ仏」という文章を発表していたので、そのことを老師に尋ねた。すると老師は言下に、「他人のことより、あんた自身の見性が大事だ」と言われた。私が思わず容《かたち》を改めると、静かに言葉を嗣いで、「倉田さんも、奥さんの病気や自分の病気でいろいろ家庭の事情があって、せっかく参禅しても見性どころではなかったろう」と言われた。（秋月龍珉［1982：122］）

ちなみに、白水敬山の師であった龍淵東瀛《たつぶちとうえい》も敬山が悟り体験を得る前に得た「自己忘失の境地」を悟り体験と認めていなかった。敬山は次のように述べている。

こうして東瀛老師に随侍しながら寝食を忘れる程に努力しても埒《らち》があかない。どうしても悟れない。時には自己忘失の境地に達して歓喜を感じたことがあっても老師は罵倒して許されない。衲《わし》はつくづく困却し抜いて、古人が豁然《かつねん》大悟したとか、囫地《かじ》一声《いっせい》の境地を得たとかいうが、真実そんなことがあるのか見性ということがあるのかと疑った。

（白水敬山［1974：158］。ふりがなを追加）

自他忘失体験は、しだいに自己と他者との隔てを忘れるようになる体験であるにせよ、いまだ通常の心である〝自我の殻〟を残している。少なくとも臨済宗においては、それは悟り体験と認められないのである。

2　真如顕現体験

真如顕現体験とは、通常の心である〝自我の殻〟を破って、真如が顕現する体験である。

雪巌祖欽：「わずかに座布団の上に坐っただけで、面前が広々と一気に開け、あたかも大地が陥没したのと同じだった。その時のことは、人に喩えで説明しようとしても、できるものではない。世の中のどんな喩えうるありさまとも違っていた。」（本書四六頁）

白隠慧鶴：「心は驚きのもと崩落した。」（本書八九頁）

山本玄峰：「それを見た途端に、がらーっと。」（本書一〇〇頁）

古川堯道：「豁然《かつねん》として黒雲の開《ひらき》て太陽を見るか如《ごと》く千里の異境ニ有《あり》て旧知に逢《あふ》か如し〔。〕」

（本書一〇二頁）

朝比奈宗源：「まるで儂の体が爆発して飛んでしまったように思え、がらりーとして」

（本書一〇八頁）

白水敬山：「豁然として心境が開けて、思わず「天真光明遍照《てんしんこうみょうへんじょう》　天真光明遍照」と絶叫して躍り上って歓喜した。」（本書一一二頁）

山田無文：「わたくしの心は忽然《こつねん》として開けた。無は爆発して、妙有の世界が現前したではないか。」（本書一一四頁）

辻雙明：「私はいわゆる「囫地《かじ》一声《いっせい》」「はっと」と《ママ》、「自性《じしょう》即《すなわ》ち無性《むしょう》」なること、この有限・相対の身が直《ただ》ちに無限・絶対なものであることを、自分の身体で直《じか》に知ったのである。無限な自己を体験的に自覚したのである。「なにもない」限りの無《な》い自らを知ったのである。」

（本書一三八頁）

石田梅岩：「忽然として〔心が〕開いた。」（本書一五八頁）

金山穆韶：「心地《しんぢ》朗然として開け、」（本書一六八頁）

普寂徳門：「忽然として心の中に、『大乗起信論』などに説かれている、大乗仏教の〝諸法は縁（〔自分以外の〕条件）にたよって起こったものであり、自性《じしょう》（自分だけのありかた）がないものである〟という境地が顕現した。」（本書一七〇頁）

江部鴨村：「兎角《とかく》するうちに俄然《がぜん》として長夜《ちやうや》の夢の覚めしが如く無限絶対に融合せりとの端的感懐に打たれたり。」（本書一八四頁）

同：「そのとき俄然、私は、無限と有限と一体の実感を得た。」（本書一八六頁）

河上肇：「私は此《こ》の時に謂《い》はゆる回光返照《ゑくわうへんぜう》をなし、仏教にいふ無我を悟つたものの如くである。」（本書一九一頁）

同：「須臾にして、余は霊薬を以《もつ》て余が眼瞼《がんけん》を洗はれたる如く感じたるが、眼界俄《にはか》に開けて急に視力の倍加したるに驚きたり。」（本書一九二頁）

序章において確認したとおり、真如は法無我《ほうむが》（もろもろの枠組みに我〔確かな自己〕がないこと）、空性《くうしょう》（からっぽさ）である。

第一章において確認したとおり、この時、顕現した真如を見ることを、臨済宗においては、見《けん》性《しょう》（仏性《ぶっしょう》／心の本性を見ること）と呼ぶ（仏性／心の本性は真如の同義語）。臨済宗においては、この真如顕現体験からが悟り体験と認められるのである。

なお、悟り体験記においては、真如顕現体験について、しばしば、「心が開けた」という表現が用いられている。「悟りを開く」という日本語は、あるいは「開悟」という中国語の訓読ではないかと考えられるが、もし「開悟」であるならば、中国語としては「(心が)開けて悟る」と理解されるのが正しい(「開」と「悟」とはいずれも「めざめる」の意)。そのほうが悟り体験記における「心が開けた」という表現とも符合すると考えられる。

3 自我解消体験

自我解消体験とは、真如——法無我——が顕現したことによって、通常の心である〝自我の殼〟が解消される体験である。

通常の心である〝自我の殼〟が解消されるに伴い、〝自我の殼〟に閉じ込められていたものが全世界へと放散される。

雪巌祖欽:「天を仰ぎ、地に俯く間の、森羅万象、眼に見えるもの、耳に聞こえるものは、これまで嫌ったり捨てたりしてきた物も、無明や煩悩も、もともとすべて自分の、すばらしい、明るい真性の中から流出していた。」(本書四六頁)

高峰原妙:「あたかも網の中にいたもの(魚たち)が(網から)跳ね出るかのようだった。」(本書五〇頁)

今北洪川:「ただ、自分の体内にあった一つの気が、全方向の世界に満ち溢れ、光り輝くこと無量であるのを、知覚するのみだった。」(本書九三頁)

白水敬山:「自己の心気力が宇宙に遍満して身心を忘失してしまった。」(本書一一一頁)

長沢祖禅尼：「皮の中の少量の空気が、大空《たいくう》の中に入つて無限の空気と一致したと同じく、小さい私が無限の私と一致してしまひまして、」（本書一四八頁）

金山穆韶：「一切《いつさい》は自心の相にして、一切のうちに自心を見、自心と一切との融妙不二の不思議境《きやう》を体することを得た。」（本書一六八頁）

山崎弁栄：「心《こころ》虚空法界に周徧して、内に非す《ママ》、外にあらず、中間にあらず、」（本書一七二頁）

河上肇：「余が脳裏の或《あ》るものが蒸発して、其《そ》の気、軽く和《やは》らかく、しかも忙《せ》はしく輪を描きつつ、陽炎《かげろふ》の如くに上騰乃至《ないし》飛散するが如く感じたり。」（本書一九二頁）

〝自我の殻〟に閉じ込められていたものが全世界へと放散された時、全世界はしばしば燦然たる光を放つかのように感じられる。

朝比奈宗源：「見るもの聞くもの何もかもきらきら輝いた感じ、そこに生も死もあったものではない。」（本書一〇八頁）

原青民：「因縁所生《いんねんしよしやう》の法は、即《すなは》ち吾人《ごじん》が客観の境《きやう》として、実在せるものと執《しふ》せる山河大地は、忽然として其《その》影を没し、只《た》だ心霊の照々光々として、転《うた》た歓喜の心のみ存す。」（本書一七五頁）

井上日召：「四方八方見る物 悉《ことごと》く大光明を放ち、仏教経典に書かれてある何々《なに〳〵》荘厳世界其《そ》の儘《まま》であつた。」（本書二一〇頁）

先の真如顕現体験においては、叡智によって瞬間的に真如が見られるが、この自我解消体験においては、肉眼によって継続的に光が見られるのである。真如と光とは別のものである（真如は、物質ではない以上、光を有しない）。

さらに、通常の心である〝自我の殻〟が解消された時、あらゆるものと一緒になって歓喜がしばしば感じられる。

白水敬山：「朝も全く明け渡り、東天より旭光が燦と輝いた瞬間、庭の草木初め一切のものが、一斉《いっせい》に歓声を発した感じに、衲は思わず箒木《ほうき》を捨てて両手を高く上げ「天真光明遍照　天真光明遍照」を連呼した。」（本書一一一頁）

江部鴨村：「あらゆる声が無碍《むげ》光如来《こうにょらい》を讃嘆するが如くに聞えた。私は、驚嘆歓喜おくところを知らなかった。」（本書一八六頁）

井上日召：「すると、なんだかひとりでに立上《たちあが》り度《た》い気持になつて、辺りを見渡すと、目につくものが、なにもかも、天地万物が悉く一大歓喜してゐる。」（本書二〇三頁）

4　基層転換体験

基層転換体験とは、通常の心である〝自我の殻〟が解消されたことによって、存在の基層が従来の基層から転換する体験である。存在の基層とは、仏教的に言えば、色（肉体）、受（感受）、想（対象化）、行《ぎょう》（諸形成体）、識（認識）という五蘊《ごうん》であるが、現代的に言えば、心（精神）と身（肉体）とである。

心の変容については、それまで心の外側にあった全世界がその後は心の内側にあるかのようにしばしば感じられる。

菩提達摩：「悟ってからは心が景色を包んでいるが、迷っているうちは心が景色に包まれている。」（本書四三頁）

山崎弁栄：「法界一相の真理を会してのち、心常《こころ》に法界に一にせるは是平生《これへいぜい》の心念《しんねん》とはなれり。」（本書一七二頁）

原青民：「曾《かつ》て心外《しんげ》に実在せりと思惟せるもの、豈《あ》に計らんや、心中所現《しんちゆうしよげん》の境ならんとは。」（本書一七五頁）

身の変容については、発汗、震動、皮膚感覚消失などがしばしば起こる。

隠元隆琦：「全身に白い汗が浮かんで、」（本書六七頁）

山本玄峰：「背中の大骨の両脇がビリビリふるえて、脇の下からは熱い汗がたらたらと流れ、三日も四日も所知を忘じておった〔。〕」（本書一〇〇頁）

江部鴨村：「午後九時頃より十二時頃まで肉体の激動すること限りなく殆《ほとん》ど座に堪《た》へざる程《ほど》

なりしに、」（本書一八四頁）

河上肇：「私はそれから数日の間、全身に亙《わた》つて殆《ほとん》ど皮膚の感覚を失ひ、手や足などを抓《つ》めつて見ても、少しも痛みを感じないで過ごした。」（本書一九七頁）

いずれの悟り体験記においても、第三段階である自我解消体験と、第四段階である基層転換体験とはほぼ同時に起こっている。ただし、内容上、両者を区別することが適切かと考えられる。

5　叡智獲得体験

叡智獲得体験とは、存在の基層が従来の基層から転換したことによって、かつてない叡智を獲得する体験である。

臨済宗においては、公案の解決によって、叡智の獲得が確認される。

高峰原妙：「あらゆる仏祖の、きわめて入り組んだ公案、古今のさまざまな因縁のうち、解決されないものはなかった。」（本書五〇頁）

虚堂智愚：「前から看ていた公案を、ふたたび取り出して一見するに、その日より前の所見と大いに異なっていた。」（本書五四頁）

白隠慧鶴：「やがて息を吹き返し、起き上がってみると、以前まで手をこまねいていた数個の設問が、根底から解消されていた。」（本書八九頁）

古川堯道：「直《ただち》に老師の室に入《いり》て衆段《しゆだん》の関鎖《かんさ》を透過《とうくわ》した。」（本書一〇二頁）
朝比奈宗源：「その場でいくつかの拶処《さっしょ》（問題）を透りました。」（本書一〇七頁）
梶浦逸外：「ひとたび見性いたしますと、あとにつづく公案がどんどん解決していきました。」（本書一一〇頁）
白水敬山：「そして無字の拶所《さっしょ》やその他数則を与えられたが即座に透過した。」（本書一一一頁）
辻雙明：「これからは公案に対する見解《けんげ》が、油然《ゆうぜん》と湧き出るように起り、私は次々と、公案を透過して行った。」（本書一三八頁）
ただし、じつは、公案に限らず、しばしば宗教的な問題全般が解決されるのである。
今北洪川：「そこにおいて、試みに天下の最高の道理、すばらしい意義を探ってみたところ、どの個物についても明らかになり、どの対象についてもはっきりした。」（本書九三頁）
井上秀：「前にいだいたキリスト教の疑問もとけ、儒教の浩然の気も、判然と理解されました。人生に対する疑問も、精神上の不安も、この刹那すっかり消え去りました。」
（本書一二六頁）
平塚らいてう：「神とは何か、自我とは何か、神と人間との関係、個と全体との関係などと、女子大時代に頭の中だけの、概念の世界で模索していた諸問題が、みんないっしょに解決さ

れ、」（本書一二九頁）

久松真一：「一断一切断《いちざんいっさいざん》、一成一切成《いちじょういっさいじょう》といわれるように、彼が多年解決し得なかった一切の問題は、抜本塞源《ばっぽんそくげん》的に解決せられ、」（本書一三一頁）

普寂徳門：「ここにおいて、大乗の教法のおおまかな趣旨について、はっきりと理解を発した。邪と正との境界線、真と偽との境界線がくっきりと見えるようになった。」（本書一七〇頁）

江部鴨村：「曾《かつ》て意義不明なりしもの今は悉《ことごと》く明瞭なり。真宗の聖典は言ふに及ばず、各種の禅書・清澤満之《きよざはまんし》師の著作・梁川文集《りやうせんぶんしふ》・四書・老荘・バイブル等悉くこの一事に溶解して明鏡《めいきやう》裏中《りちゆう》に物を観《み》るが如し。」（本書一八五頁）

河上肇：「大切なことは、私は之《これ》によつて多年の疑問を解決し、爾来今日に至るまで四十年の間、幸に身の軽きを覚え得た、と云ふことである。」（本書一九七頁）

井上日召：「試みに、これまでの疑問を、今悟り得た境地に照らしながら、静かに繰返して考へて見ると、驚くべし、三十年間の疑問が、残らず氷解してしまつたではないか!!」

（本書二〇四頁）

注意すべきは、叡智獲得体験においては、あくまで、叡智が獲得されるのであって、高い知能が獲得されるのではないということである。悟り体験者は、高い知能を獲得してテストの問題に回答できるようになるのではなく、叡智を獲得して宗教的な問題を解決できるようになるのである。

以上、典型的な悟り体験を構成している五段階を確認した。五段階のうち、少なくとも、第一段階である自他忘失体験は臨済宗においては悟り体験と見なされない。明らかな悟り体験は、第二段階である真如顕現体験から始まるのである。第三段階である自我解消体験と、第四段階である基層転換体験とは真如顕現体験の直後にほぼ同時に起こる。第五段階である叡智獲得体験はそれらが終わったあとに起こる。最後の叡智獲得体験によってこそ宗教的な問題は解決される。そうである以上、叡智獲得体験に達してこそ悟り体験は意味を持ちうるのではないかと筆者は考えている。

叡智の一種としての超能力

悟り体験記を読む時、現代人にとってやや戸惑いを感じられるのは、絶大な叡智獲得体験において、超能力のレベルに達するほどの叡智がしばしば獲得されることである。

盤珪永琢：「不生ということに確定しましたなら、その場から、人を見る眼が開けて、人の心胆が見えますから、〝法を成就した〟と思いなされ。」（本書八六頁）

山本玄峰：「人の胸中もすき通つて見える。人の境界も見える。」（本書一〇一頁）

これらはある程度の超能力を指すらしい。ちなみに、仏教の三蔵においては、覚醒体験に伴って、聖者が、神足通《じんそくつう》（念動力）、天耳通《てんにつう》（遠感力）、他心通《たしんつう》（読心力）、宿命通《しゅくみょうつう》（前世記憶力）、天眼通《てんげんつう》（透視力）、漏尽通《ろじんつう》（煩悩滅尽力）という六神通《ろくじんつう》を獲得することがしばしば説かれている。仏教においては、原始仏教、部派仏教、大乗仏教を問わず、超能力が獲得されるという話は決して珍しいものではない。

現実に、盤珪永琢（本書八二頁）については、遠隔地のようすを言い当てたことが伝えられている。大鼎禅圭《だいていぜんけい》『正眼国師逸事状』に次のようにある。

師（盤珪）にはもともと神通力があった。濃尾にいながら大坂のことを言い当て、播磨にいながら大洲のことを言い当てた。そのことばはたがうことがなかった。思うに、縁に応じて時々それを発したのである。潜嶽祖龍《せんがくそりゅう》さま（もと天台宗の学僧。のちに盤珪の法嗣。一六三一―一六八六）は進言した。「師は人と異なりませんが、人と異なるかのように見えています。神通力のすばらしいはたらきが師にとって何になりましょうか。人にそれを怪しませるだけです。」師は黙って受け容れ、二度とは言い出さなかった。（BZZ 429）

大鼎禅圭は、若き日の盤珪が悟り体験を得るために故郷に庵を結んだ時、その庵を建ててやった中堀家の出身であり、盤珪の高弟、逸山祖仁（一六五五―一七三四）のもとで出家し、同じく中堀家の出身である、石霜慧潭に嗣法している。

山本玄峰（本書九九頁）については、日本に無条件降伏を勧告するポツダム宣言が出る半年前に、無条件降伏によって日本は救われることを見抜いていたことが伝えられている。田中清玄・大須賀瑞夫『田中清玄自伝』に次のようにある（昭和十九年〔一九四四〕十二月、臘八《ろうはつ》大摂心において、いかにして戦争を止めさせるかが公案として出された時の逸話）。

老師は、

「どないして戦争を止めさせるんじゃあ。どないすんじゃーっ、言え、言えーっ」

三日間、こっちは追い詰められて、絶体絶命の窮地に立たされた。老師は、

「無条件で今すぐ戦争を止めにゃああかん。今すぐ日本は無条件で負けることじゃーっ」

と喝破されたんです。そこで玄峰老師は追い討ちをかけるように、

「日本は大関じゃから、大関は勝つもきれい、負けるもきれい。日本はきれいに、無条件に負けることじゃ。これは命をかけた人間が五人いれば出来る。お前、出来るか。今「本土決戦じゃ、聖戦完遂じゃ」といって騒いでおるが、そんな我慢や我執にとらわれておったら、日本は国体を損ない、国家はつぶれ、国民は流浪の民になるぞ」

それから半年以上もたった七月上旬になって、日本の無条件降伏を求めるポツダム宣言が出るが、すでにこの時点で無条件降伏しか日本を救う道はないということを喝破した人は、宗教家であれ、政治家であれ、社会運動家であれ、玄峰老師以外にはおりませんでした。あの小柄な老師が、部屋一杯の巨大漢に見え、私はその気迫に弾き飛ばされる思いでした。私も思わず「日本敗戦の無条件降伏は必ずやります。そのための人間もおります」と叫んでいた。この時

は本当に身を断ち切られるような思いをしました。夏になって、本当にポツダム宣言が出たときに、出たなと思ったな。それにしても老師というのは宇宙と共にあり、地球そのものになり切っている。凄いなと思いましたねえ。（田中清玄・大須賀瑞夫［2008：130-131］）

田中清玄（一九〇六―一九九三）は、日本共産党の中央委員長として入獄し、刑期を終えてのち、玄峰の秘書として終戦工作に従事していた。現代のわれわれにとって日本の無条件降伏は当然の帰結のように思われるが、当時の日本の人々にとっては発想することすら難しかった。それゆえに、無条件降伏の必要性を直観によって見抜いた玄峰に田中は驚倒したのである。

さらに、山崎弁栄（本書一七二頁）についても、さまざまな超能力があったことが伝えられている。田中木叉『日本の光　弁栄上人伝』に次のようにある（文中の「渡辺氏」とは、明治三十年［一八九七］から同三十四年にかけて弁栄に随行して各地を巡った渡辺信孝を指す）。

一日大垣の或《ある》寺の閉めた御室《おへや》で渡辺氏が御側《おそば》に居《ゐ》ると、今に人がくるから云々《うんぬん》と氏に用事を云《い》ひ付けられる。氏がどうして知れますかと尋ぬれば「今向《むか》うの松原の松蔭に馬が通つてるその後ろに訪ねてくる人が歩いてゐる」と言はれる。室の中から松原さへ見えない。しばらくすると果《はた》して訪ねて来た。

渡辺氏が伊吹山にこもつて念仏して、上人のもとに帰つた時であつた。上人はいつもの通り、米粒を左の手のひらに乗せて、同じ左の親指と人さし指で掌の粒を取つては書き〳〵して居《を》られる。氏は御室《へや》に入らうとして、ふと隣室から見ると、鼠が二匹、一匹は上人の手のひらに、一匹は膝に上つて、平気で米粒をたべてゐる。氏は驚いてしまつた。そつと室に入ると鼠は忽《たちま》ち逃げてしまつた。氏「上人今鼠がゐましたね」上人「うむ居《ゐ》た」氏「なぜ私が来たら逃げたのでしやう」と御尋ねしたら、上人「それはお前がえらいからだ」

或《あ》る時、同氏が御伴をして道を歩いてゐる時、近道しやうと思つて「上人こちらへ」と申すと、上人「そちらへ行くな」氏「こつちが近いですから」上人「いやそちらには蟻がたくさん集つてゐるから行くな」氏「どこにもゐないぢやありませんか」上人「いやむかうに」果してどうかと思つてその方へ見届けに行つたら、矢張《やは》り蟻が群つてゐた。すぐ引きかへして上人に追ひつくと、上人「お前は疑深《うたがひぶか》くていけない」

一日上人明日《みやうにち》はなん時の汽車でたとうか、何時何分のと何時何分のとあると云はれるので、「上人は時間表をお持ちですか」といへば、上人「いや持たないが、むかうに張つてある新聞に書いてある。少し古くてもさう違つてはいまい」その新聞は七八間《けん》むかうの壁に貼られてゐるのであつた。

他《た》の本を読むことはすこしも勧められなかつた。「一心に念仏せよ」の一点張りであつた。ずつと後《のち》のこと、同氏が浅草誓願寺に随行してゐた時分、織田得能師法華経講義の本が新聞広告に出てゐるのがよさそうなので、読みたくてたまらないが、金はないし、上人に申し上げても御喜びにならないのはわかつてゐるので、黙つてゐた。すると「拙堂、法華経講義は読みたいか」と聞かれたので、驚いて「ハイ」と申上げると「それでは買ひなさい」と云つて金をくださつた。すると本屋で割引値段で売つてくれて六十銭手に残つたのを、之《これ》は割引の金だから頂戴しやうと、勝手な考へをして、つひ鰻飯と焼鳥を食べてしまひ、寺に帰つてかくす為《た》めに口を塩で嗽《そゝ》ぎ、次ぎの間から「只今帰りました」と挨拶すると、「鰻飯は甘《うま》いか」と問はれた。ハツと思つたがそしらぬ振《ふり》をして　氏「もう一年もそんなものは食べませんから」　上人「イヤ今日のは一ぱいでは足るまい。焼き鳥は甘かつたか」　氏「上人、どうしてわかりますか」上人「お前のお腹の中にある」（田中木叉［1936：197-200］）

田中木叉（一八八四―一九七四）は弁栄の高弟であり、弁栄の死後、弁栄ゆかりの人々からの聞き書きを纏め、同書を著した。

さらに、井上日召（本書二〇〇頁）はみずからが悟り体験によって獲得した超能力についてかなりの紙幅を費やして述べている。日召が超能力を獲得し、悪魔の誘惑を退け、超能力を封印して人間界に戻り、病苦に苦しむ人々の治療のためにやむなく超能力を用い、若者たちの尊敬を得て血盟団を組織していく過程は、平井和正のＳＦ小説『幻魔大戦』を思わせる。ともあれ、彼の超能力の強さは、彼が人間界に戻って働くために、努力してそれを消さなければならないほどであったらしい。日召の著書『一人一殺』に次のようにある。

私は、元の人間に戻るべく、非常な努力をした。その結果、段々直感が減退して、いろ〳〵な透視や予言をしなくなつた。それでも、判らうと思へば判つた。後には、見ようと思つても、

見えなくなつた。全く元に戻つたのである。（井上日召［1953：212］）

ちなみに、日召は超能力の原理について個人的な解釈を披露しているので、それも紹介しておきたい。『一人一殺』に次のようにある。

人間はもとあらゆる動物の中で、感覚が最も鋭敏だつた。従つて、直観も明敏だつた。その感覚の蓄積が知識となつたのである。すなはち、最初に或る事を感じて、或る事実を見た。第二回目に同じ事を感じて、同じ事実を見た。そこで第三回目には知識となるのである。ところで、一度知識を生じたら、最早《もはや》直観を必要とせぬ。知識は次第に発達し、直観は知識に蔽《おほ》はれてしまつた。これが現今の人間の精神状態である。

だから、現在でも人間が精神統一すると、知識活動が一時停止し、代つて直観が鋭敏に活動するから、透視が可能となるのである。

また、未来の事が感覚されるのは何故《なぜ》か、と言へば、過去、現在、未来は、時の流れに仮りに区切りをつけて名附けたもので、実は区切りのない一貫した時間の流れである。だから、今日の事が判れば、明日の事の判るのは当然である。事が起るには、起るべき必然性があるのだ。その必然性を感受すれば、未然の事も判る道理だ。大震災を予感したのも半年先きの大火事を感じたのも、また話は飛ぶが、今度の戦争中、三月九日に近衛公に会つた時、近く大空襲があつて東京が潰滅に帰するやうな予感があると話したのも、八月に日本は負けると感じたのも、みな必然性を感受したればこその事であつて、敢へて奇とするには足らぬのである。
（井上日召［1953：214-215］。ふりがなを追加）

これらの超能力について、悟り体験者ではない筆者は真偽を論じられる立場にない。したがって、ここでは悟り体験記にこのような記述があることを紹介するにとどめる。

悟り体験と見道

序章において確認したとおり、日本において伝統的に「悟り」と呼ばれてきた覚醒体験は、中国において「見性」と呼ばれてきた覚醒体験であって、インドの大乗仏教の経論における見道に該当する。

そこで、ここでは、中国や日本の悟り体験記における悟り体験の記述が、インドの大乗仏教の経論における見道の記述と本当に符合しているか否か、確認してみたい。

典型的な悟り体験を構成している五段階のうち、第一の自他忘失体験は、いまだ通常の心である〝自我の殻〟を残しているにせよ、自己と他者との隔てを忘失して、ただ心のみとなる体験である。第二の真如顕現体験は、通常の心である〝自我の殻〟を破って、真如が顕現する体験である。

このような、唯心（唯識）から真如への移行は、インドの大乗仏教に中観派と唯識派との二大学派があるうち、唯識派の根本聖典である『解深密経《げじんみつきょう》』における見道の叙述と似かよっている。

同経に次のようにある。

〔質問。〕心一境性《しんいっきょうしょう》（心を一点に集中させること）とは何でしょうか。

〔回答。〕三摩地《さんまじ》（サマーディ。集中状態）の所行《しょぎょう》（対象域）である、その影像《ようぞう》（イメージ）に対し〝これは唯識である〟と観察し、それを観察してのち、真如に対し作意《さい》することである。

（SNS VIII, 9）

次に、第三の自我解消体験は、真如――法無我――が顕現したことによって、通常の心である〝自我の殻〟が解消される体験である。

通常の心である〝自我の殻〟が解消された時、あらゆるものと一緒になって歓喜がしばしば感じられる。このような、あらゆるものと一緒になっての歓喜は、唯識派のアサンガ（無著《むじゃく》。四世紀頃）『摂大乗論《しょうだいじょうろん》』における見道の叙述と似かよっている。同論に次のようにある。

このようにしてこの菩薩は、〝唯識であること〟への参入によって、知られるべきものの特徴へと参入する。そこへの参入によって、歓喜地《かんぎじ》（歓喜の状態である〔初〕地）へと参入した者となる。法界《ほっかい》（法の基盤。真如）を善《よ》く洞察した者となる。如来の家系に生まれた者となる。あらゆる有情《うじょう》（生物）と等しいという心、あらゆる菩薩と等しいという心、あらゆる仏と等しいという心を得た者となる。それこそが彼（菩薩）の見道なのである。（MSg III, 11）

次に、第四の基層転換体験は、通常の心である〝自我の殻〟が解消されたことによって、存在の基層が従来の基層から転換する体験である。第五の叡智獲得体験は、存在の基層が従来の基層から転換したことによって、かつてない叡智を獲得する体験である。

このような、基層の転換と、叡智の獲得とは、アサンガ『阿毘達磨集論《あびだつまじゅろん》』における見道の叙述と似かよっている。同論に次のようにある。

それ（見道）の後に、転依《てんね》（基層の転換）なるものを円満して、しまいには証得の究極へと達する。さらに、証得の究極へと達した彼らは、後得智《ごとくち》（それの後に獲得される叡智）によって、道諦《どうたい》（〔苦を滅すための〕道というまこと）を〔ことばで〕確立するのである。（ASBh 78, 2-4）

以上のように、中国や日本の悟り体験記における悟り体験の記述は、インドの大乗仏教の経論における見道の叙述と似かよっている。

もちろん、これだけでは本当に両者が符合するかどうかわからないが、少なくとも、インドから大乗仏教の覚醒体験が伝えられるまでは、悟り体験は中国に存在せず、中国から悟り体験が伝えられるまでは、悟り体験は日本に存在しなかった。したがって、中国や日本の悟り体験がインドの大乗仏教の覚醒体験に由来していることはほぼ間違いないであろうと筆者は考えている。

中国や日本の悟り体験がインドの大乗仏教の覚醒体験と本当に符合するか否かは、ふたつをともに体験してみないかぎり、わからないことである。そして、インドの大乗仏教がすでに断絶している以上、インドの大乗仏教の覚醒体験を体験することはできない。したがって、中国や日本の悟り体験がインドの大乗仏教の覚醒体験と本当に符合するか否かは、最終的には、信仰に任すべき問題であろう。

悟り体験と修行

先に述べたとおり、悟り体験記においては、さまざまな修行が記されている。悟り体験を得るための修行としては、公案を用いることもあるし、〝声を聞く主体は何か〟と疑うこともあるし、密教の本尊に加行《けぎょう》することもあるし、念仏することもあるし、唱題することもある。ただし、それぞれの修行によって得られる悟り体験のうちには意外なほど共通的な枠組みが認められる。

すなわち、悟り体験を得られる修行はどれか特定の修行に限られているわけではない。重要なのは、どの修行を選ぶかではなく、むしろ、公案とひとつになること、疑いとひとつになること、本尊とひとつになること、念仏とひとつになること、題目とひとつになることなどによって、通常の心である〝自我の殻〟をなくしていくことであるように思われる。

現実に、悟り体験記においては、悟り体験が起きる前に、それらとひとつになる状態が起きていることが多い。

無学祖元：「夢のうちにも看、天を満たし、地を満たすのはただ一個の無字だけだった。」

木庵性瑫：「公案と身心とがぐるぐる回って一かたまりとなり、〔公案を〕放そうとしても〔公案は〕去らなかった。」（本書六九頁）　（本書五五頁）

原田祖岳：「ねてもさめても隻手を離したことはなかった。」（本書一四六頁）

江部鴨村：「一分といえども、私の心は信仰問題から離れなかった。」（本書一八六頁）

大正八年（一九一九）、東京商科大学（現在の一橋大学）に在学中、後輩である辻雙明（本書一三五頁）に先立って古川堯道（本書一〇一頁）に参禅したジャーナリスト、笠《りゅう》信太郎（一九〇〇―一九六七）は堯道の次のようなことばを伝えている。

老師はよく、「頭のてッ辺から足の爪先まで公案になりきれ、そうすると、やがて忽然と悟る」と、子供を教えるように導かれた。（笠信太郎［1959：3］）

さらに、山崎弁栄（本書一七二頁）の高弟、田中木叉も弁栄の次のようなことばを伝えている。

一心不乱に此身《この》も心も阿弥陀様にさゝげ、我《われ》を無《な》くして、しつかり念仏になつてしまはねばならぬ。（田中木叉［1936：196］）

以上のように、悟り体験を得るために重要なのは、公案や疑い、本尊、念仏、題目などとひとつになることであるようである。ひとつになることが重要なのであって、何とひとつになるかは大きな問題ではないのかもしれない。

悟り体験と精神異常

なお、注意すべきは、それらとひとつになることによって、通常の心である〝自我の殻〟をなくしていく時、悟り体験を得る者がいるのみならず、精神異常に陥る者もいるという点である。たとえば、梶浦逸外（本書一〇九頁）は悟り体験を得られず苦悶していた時期のことを次のように回想している。


いくら若者だといっても、無理はいつまでもはつづきません。臘八大摂心最後の日の二十一日の夜、ついに私は脳貧血でたおれました。僧堂のなかの病僧寮に入れられました。病床で聞いていますと、寮の外で雲水たちが立ち話をしているのが聞えてくるのです。「昔、千峰活英上座という雲水があんまり熱心に坐り過ぎて、臘八大摂心のときとうとう発狂して、老師の講座台を叩いて、天上天下唯我独坐！　そうでしょうが、そうでしょうが、といいながら憤死したというが、梶浦も狂人にならねばいいが……」

こんな話を聞くと私はもう、どうしてよいかもわからず、心は悶えに悶えるのでした。

（梶浦逸外［1974 : 78-79］）

さらに、井上日召（本書二〇〇頁）も悟り体験を得られず試行錯誤していた時期のことを次のように回想している。

そのうちに、着物は破れる、髪の毛は蓬々になる、近所の子供らは私を気狂《きちが》ひ扱ひにするやうになつた。私が、人も住まぬ三徳庵に籠《こも》つて、異状な修行をしてゐることはその頃既に、近隣の評判になつてゐたのである。

子供達の気狂ひ扱ひは気にもとめなかつたが、題目修行が進むに従つて、自分でもなんだか精神に異状を感ずるやうになつた。これは気にしないわけには行かない。

（井上日召［1953：187-188］。ふりがなを追加）

ただし、結局のところ、逸外や日召は精神異常の危機を脱し、悟り体験を得た。おそらくは、通常の心である〝自我の殻〟をなくしていく時、修行に堪えうる精神状態の者には悟り体験がもたらされ、修行に堪えない精神状態の者には精神異常がもたらされるのだろう。もしそうだとするならば、人によっては無理に通常の心である〝自我の殻〟をなくそうとすることは危険であるかもしれない。敢えて注意を喚起しておく次第である。

悟り体験者は悟り体験者を知る

悟り体験記は、いずれも、「自分はこうして悟った」という自己申告に他ならない。では、自己申告にとどまらない、誰もがわかるような、「この人は確かに悟っている」という基準はないのだろうか。

しばしば言われるのは、悟り体験者は一目見ただけで相手が悟り体験者であるか否かを知るということである。

雪巌祖欽：「修上座は見るやいなや、ただちに「まずはよかった、まずはよかった」と言った。」(本書四六頁)

僧堂においては、師家《しけ》はそのことによって修行者の悟り体験を承認する。梶浦逸外(本書一〇九頁)は次のように述べている。

見性は自分でも自覚しますし参禅の師家は雲水を一見しただけで「汝、見性せり」と承認します。(梶浦逸外［1974：76］)

厳密に言えば、たとえ見なくても、相手の声や、動作の音を聞いただけで、悟り体験者は相手が悟り体験者であるか否かを知るのである。

白水敬山：「老師は障子の内側から「自恭《じきょう》か、やったネ」と声をかけられた。」

（本書一一一頁）

井上秀：「この心境で老師の前に出ましたところ、いまだ一言も発しないに、私のならす鐘の音をきかれただけで、私のすべてを直観され、見性は出来たと許されました。」

（本書一二六頁）

したがって、悟り体験者は何らかの基準によって相手が悟り体験者であるか否かを知ると考えられる。ただし、それは、誰もがわかる基準ではない。

絶大な悟り体験者は誰もがわかる

ただし、じつは、絶大な悟り体験者には、誰もが「この人は確かに悟っている」とわかる基準があるらしい。その基準とは、もしある人が絶大な悟り体験者であるならば、その人に接した人々までもが悪念を捨てて浄化されるということである。臨済宗の至道無難《しどうむなん》（一六〇三―一六七六）は次のように述べている。

一　火のあたりは熱い。水のあたりは冷ややかである。大道人〔絶大に悟った人〕のあたりに寄るならば、身の悪が消える。これを道人〔悟った人〕と呼ぶ。〔悟っていない出家者を〕軽率

に道人と呼ぶことは、〔間違った〕おそろしいことである。(NZG15, 95)

無難は中年を過ぎてのち発心して愚堂東寔《ぐどうとうしょく》(一五七七―一六六一。大円宝鑑国師)のもとで出家し、弟子に道鏡慧端《どうきょうえたん》(正受老人《しょうじゅ》。一六四二―一七二一)、その弟子に白隠慧鶴(本書八七頁)をいだして、臨済宗中興への道を切り開いた人物である。無難は愚堂を念頭に置いて「道人」を語っているとも考えられる。

もしある人が絶大な悟り体験者であるならば、その人に接した人々までもが悪念を捨てて浄化される――じつは、このことは、現実に、絶大な悟り体験者に接した人々の多くが述べていることでもある。

たとえば、東京帝国大学の学生時代に井上日召(本書二〇〇頁)らの血盟団事件に連座し、のちに保守系政治家の指南役として活躍した四元義隆(一九〇八―二〇〇四)は、服役中から師事するようになった山本玄峰(本書九九頁)について次のように述べている。

玄峰老師は自分にとって親以上の存在とも云《い》える。傍《そば》についているだけで自分の人格が良くなるようなそんな人物だった。(金子淳一 [2009 : 184]。ふりがなを追加)

田中木叉は、師であった山崎弁栄(本書一七二頁)について次のように述べている。

鎌倉で松田貫了師（後に大正大学教授）が上人の随伴をしてゐた折のこと、或日《あるひ》日蓮宗国柱会の猛々《たけだけ》しい壮漢二三名上人を訪ねて来て、非常なけんまくで、上人が念仏を弘《ひろ》むるのは国家の為《た》めに不都合であると、切《しき》りに詰め寄る勢凄《すさま》しかつたが、上人は之《これ》に一言《いちごん》の答辞もなく、「え、なんで、如来の光明は神聖正義恩寵の云々《うんぬん》」と如来光明のゆわればかり静かに説き立て、間《あひだ》を切らず、説き行く内に、其《そ》の壮漢等《ら》のいかめしい様子は次第に和らぎ、今にも摑みかからんかと思はれた人達が、一同感服した様子で恭《うやうや》しく礼をして帰り去つた〔。〕

（田中木叉［1936：237］）

さらに、大森曹玄（本書一一七頁）は、師であった関精拙（本書一〇三頁）について次のように述べている。

天竜寺で坐禅をして、もう苦しくて苦しくて逃げだそうかとおもったことがいくらもあります。そのときに、精拙和尚が朝になると逓代伝法《ていだいでんぽう》といって、お釈迦さま以来の祖師方の名前を唱えながら拝をします。その姿を見ていると、もくもくと「おれもやるぞ」と元気が出てくるんです。ところが、長つづきしない。ひるごろになると、ぺちゃんこになってしまう。（笑声）さて、もうこんどは足が痛い、首が痛いになる。すると講座がはじまる。和尚が、講座台に登って、むずかしい提唱をやるんです。なんのことかわからない。わからないけど、その和尚の姿を見、声を聞いていると、もう感涙にむせんで勇気凛々としてくるんです。「やるぞ！」って。しかしまただめになって……ということを繰り返し繰り返ししましたが、こういう感銘を与える人にしてはじめて宗教家だ。われわれみたいに一時間半しゃべっても、なんの感銘も与えない奴は宗教を語る資格なしとおもいます。（大森曹玄［1967：245］）

大乗仏教は仏となることを目ざしている。その人に接した人々までもが悪念を捨てて浄化される——そういう人こそ仏に近い人ではなかろうか。そのように仏に近づいていけることこそが悟り体験の本当の価値ではないかと筆者は考えている。

第十二章　悟り体験批判の諸相

本章のねらい

悟り体験記において記されている悟り体験は、多くは、あくまで体験者自身によってそう認識されているにすぎない。このような体験に対しては、当然、他者からの批判もあり得る。筆者は、おおまかに言えば、悟り体験批判は次のような二つに分類されると考えている。

1　非仏教徒からの批判
2　近現代の曹洞宗の宗学者からの批判

本章においては、このような分類によって、悟り体験批判の諸相を考察することを試みたい。

平田篤胤《あつたね》からの批判

前近代においては、江戸時代後期の国学者、平田篤胤（一七七六―一八四三）が仏教批判の一環として悟り体験を批判した。文化八年から十年（一八一一―一八一三）頃にまとめられた篤胤の講話集『悟道弁《ごどうべん》』に次のようにある。

本日は悟道ということについての論弁でございますが、それについて、まず、仏道諸宗の、安心《あんじん》、悟りということの根本をだんだんに推しはかって尋ねるに、先日も申しましたとおり、気海丹田《きかいたんでん》に気を満たし、安心して、なるべくは長寿を保とうとするためのことでして、それよりほかには何もないのでございます。しかるに、その、趣意なきことを、趣意ありげに扱って、仏教徒どもが、それを仰々しく、悟りなどと言い立てて、中でも禅坊主がやかましいのでございますが、この悟りということについて、世の常の人々がその欠陥を知らず、坊主どもに謀《たばか》られて、何か奥ゆかしく、すばらしいことがあって、その悟りと言う境地へ修行して至ったならば、不思議なことでもあるかのように心得ていますのは、ひたすら無益なことでございます。

わが師、本居先生（本居宣長。一七三〇―一八〇一）の和歌に、

「悟るべき事《こと》もなき世をさとらんと、思う心ぞ迷いなりける」

（悟るべきこともない世の中であるのに〔何かを〕悟ろうと思う心が迷いであったことよ）

と詠《よ》んでありますが、実に見抜きなさった和歌でして、世の禅学などを致す者どもに、よく言い聞かせたいものでございます。何も悟るべきことはありもしないのに、禅坊主にだまされて、悟ろう、悟ろうと思っているのが、生まれもつかぬ迷いでございます。

その禅坊主どものだましというのは、まず、その者どもは、人に悟りを勧めるからには、めいめい何を悟って、何が人と変わっている不思議があるのか。何もないわさ。それはこの道

（仏道）を始めた釈迦さえそうで、悟ったしるしも何もなく、生老病死《しょうろうびょうし》を逃れようと、尻の毛に火がついたように騒ぎまわって修行したが、さっぱり〔生老病死を逃れることが〕かなわず、年が寄ったので皺くちゃになり、背が痛いだの、腰が痛いだのと言い出して、あげくの果てに、周那《しゅうな》（チュンダ）という者のために茸で毒殺されるとも知らず悟らず、患って、七十九歳の時、拘尸《くし》城（クシナガリー）と言う城の外の山中で、すっかり野垂れ死にを致したのでございます。これらは天竺（インド）の、はっきり確かな経文に記してあることでございます。その元祖すらこんなざまであったからには、まして、その流れを汲む坊主どもが何を悟るものか。悟った顔で人をあざむき、仏道の本当のことを包み隠して、良さげに言いなし、悟道、悟道と言いなして、愚人を惑わすのでございます。（HAZ10, 545-546）

ここでは、悟り体験がきわめて矮小化されたかたちで批判されている。悟り体験を気海丹田に気を満たすことと見なし、悟り体験の目的を長寿と見なした上で、釈迦牟尼が老いて死んだことを根拠として、悟り体験を無意味と見なすのは、篤胤の仏教理解の水準を疑わせるものである。仏教を軽侮していた篤胤は、悟り体験に対する充分な調査を欠いていた。そのことが、残念ながら、篤胤の発言に説得力を失わせる結果となっていると考えられる。

安藤昌益からの批判

それに対し、江戸時代中期に農業と性愛とにもとづく「自然の道」を夢想したユートピア主義者、安藤昌益（一七〇三―一七六二）は、みずから禅によって体験を得た上で、仏教批判の一環として悟り体験を批判した。昌益の著書『稿本自然真営道』『統道真伝』に順に次のようにある。

わしも雨水が少し溜って輝いているのに面して忽然として瓦のごとく砕け氷のごとく融け、身心があるのをわからなくなったことがある。これは境地を得たのである。数十年来、禅を修学してきた老僧が、それを聞いて、〝大悟の境地じゃ〟と認定して、印可を出し、如意《にょい》と払子《ほっす》とを授けてくれた。そのことによってこのこと（大悟）を思うに、〝境地を得て大悟する〟ということは気分の移ろいであって、自然の真尽妙の内容ではない。いまだ愚かしさという病《やまい》じゃ。（第七、私法仏書巻。AShZ4, 295）

わしは雨水が天を映していたのによって悟った。〝境地を得ない者はたとえ利発であっても大悟ではない。自分勝手な推悟《すいご》（推理による覚悟）じゃ。推悟によって説法する者はみな魔王じゃ〟というのが、禅の提起しておることじゃ。しかして、この、禅の悟りということは、はなはだ自分勝手な、虚妄な過失じゃ。自然の真道ではない。（第二、糾仏失。AShZ9, 143）

昌益からの批判は、篤胤からの批判に較べ、みずから禅によって体験を得たことにもとづく分《ぶん》、はるかに説得力がある。昌益は、要するに、悟り体験は異常心理にすぎないと批判するのである。

東沢瀉《ひがしたくしゃ》からの批判

さらに、幕末明治の儒学者、東沢瀉（一八三二―一八九一）も、みずから禅によって体験を得た上で、仏教批判の一環として悟り体験を批判した。今北洪川『禅海一瀾』（本書九二頁）に対する反駁の書である、沢瀉の著書『禅海翻瀾』に次のようにある（冒頭の「　」内は『禅海一瀾』からの引用。一部、現行の『禅海一瀾』の本文と異なるが、そのままにしておく）。

「一夜、定《じょう》（集中状態）のさなかに、忽然として前後の時間から切り離され、絶妙の佳境に入った。あたかも大死の状態のようであり、すべて、対象と自分とがあるのを知覚しなかった。ただ、自分の体内にあった一つの気が、全方向の世界に満ち溢れ、光り輝くこと無量であるのを、知覚するのみだった。

しばらくして、息を吹き返した者のようになったが、視聴も言動も、豁然《かつぜん》としていつもの日と違っていた。自然天下の最高の道理、すばらしい意義が、どの個物についても明らかになり、どの対象についてもはっきりした。歓喜のあまり、手が舞い、足が踊っているのを、自分でも忘れるほどだった」云々《うんぬん》。

これは禅学の参入するところであり、極致であるところであり、精髄であるところであり、霊妙なところであり、深遠なところであり、壮大なところである。達磨以来、相伝されてきた秘密の法である。自分は若くして学に志し、長らく禅に出入りしていた。弱冠にして江戸に遊学し、安積氏に仮寓し、山楼（禅寺）にまみえた（安政元年〔一八五四〕）。ある夜、定《じょう》（集中状態）のさなかに、忽然として、あたかも崖から手を離したような、光光明明、快快活活、無礙《むげ》なる状態に突入し、〔宇宙〕一貫の霊妙と自任した。そこで、偈を賦して言った。

思尽惟窮途不通　（思惟尽《つ》き、途《みち》も絶えたとき、）
豁然始見本来空　（本来空《ほんらいくう》を、ぱっと見出し、）
触処生天又生地　（どこに触れても天か地で、）
一心貫徹宇宙中　（宇宙を貫くのは一心。）

のちに、大橋翁（大橋訥庵《とつあん》。一八一六―一八六二）の門下に入り、〔みずからの〕所見について質問した。翁はおっしゃった。「『易経』（繋辞伝）において『遊魂《ゆうこん》、変《へん》を為《な》す』（ふわふわした魂がおかしなことをする）と言われておるものじゃ。禅学も鬼窟《きくつ》（幽鬼の棲みかに陥っている状態）の活計（はかりごと）にすぎぬ。」

それにちなんで、儒教と仏教との異同を、繰り返し、丁寧に、数十万言に至るまで、弁別してくださった。ここにおいて、薫蕕《くんゆう》（香草、臭草）が器《うつわ》を同じくせざること（『孔子家語』致思）を初めてわかった。それ以来、努力を重ねること十餘年。今、禅が禅であるゆえん、儒教が儒教であるゆえん、異端邪説が世道《せどう》と人心《じんしん》とを害するゆえんを初めてわかった。――瞭然として、心目《しんもく》の間《かん》に、あたかも掌の上のしわを指すように。（TSZ2, 1611）

「禅学も鬼窟の活計にすぎぬ」とは、禅において妄想が「鬼窟裡《り》に向かいて活計を作《な》す」（玄沙《げんしゃ》師備《しび》〔八三五—九〇八〕の語）といましめられているのを逆手に取って、禅そのものも鬼窟裡に向かいて活計を作すにすぎないと批判したのである。

沢瀉の批判も、篤胤の批判に較べ、みずから禅によって体験を得たことにもとづく分、はるかに説得力がある。沢瀉も、要するに、悟り体験は異常心理にすぎないと批判するのである。

安藤昌益と東沢瀉とからの批判の問題点

問題は、昌益や沢瀉の体験と、悟り体験とが同じであるか否かである。

第十一章において確認したとおり、筆者は、暫定的な作業仮説として、典型的な悟り体験はおおむね次のような五段階から構成されていると考えている。

1　自他忘失体験
2　真如顕現体験
3　自我解消体験
4　基層転換体験
5　叡智獲得体験

昌益や沢瀉の体験はこれらのうちどれとも正確に符合しない。沢瀉は「ある夜、定《じょう》（集中状態）

のさなかに、忽然として、あたかも崖から手を離したような、光光明明、快快活活、無礙《むげ》なる状態に突入し、〔宇宙〕一貫の霊妙と自任した」と述べているが、このような体験は修行において往々にして起きる。たとえば、陽明学の創始者、王陽明（一四七二―一五二九）が弘治十六年（一五〇三）に得た体験について、彼の弟子、王龍渓（一四九八―一五八三）が『滁陽会語』において伝える陽明のことばに次のようにある。

かつて、静入《せいにゅう》（瞑想）において、からだが水晶宮のようになったのを内的に観照し、おのれを忘れ、対象を忘れ、天を忘れ、地を忘れ、虚空と同体となり、光り輝くこと神奇であって、恍惚のうちに変幻し、何か言おうとしてもなぜ言いたいかを忘れるくらいになった。（ORZ 35）

オウム真理教の信者たちの体験記（たとえば、加納秀一［2000：156-157］、早川紀代秀・川村邦光［2005：75-76］）を読むかぎり、オウム真理教の信者たちがヨーガによって得た神秘体験もこのような体験であったらしい。

しかし、沢瀉の体験は五段階から構成されている悟り体験のうちどれとも正確に符合しない。とりわけ、沢瀉は洪川『禅海一瀾』を引用してみずからの体験を語っているにせよ、その体験には、同書において「自然天下の最高の道理、すばらしい意義が、どの個物についても明らかになり、どの対象についてもはっきりした」と書かれているような、叡智獲得体験がまったく欠けている。

したがって、昌益や沢瀉が悟り体験を異常心理にすぎないと批判することは充分な説得力を欠くように筆者には思われる。たとえ昌益や沢瀉がみずから得た体験は異常心理であったにせよ、そのことによって悟り体験までもが異常心理であると批判することは行き過ぎであろう。

近現代の曹洞宗の宗学者からの批判

近現代においては、曹洞宗の宗学者たちが悟り体験を批判した。

そのことは、もともと、曹洞宗において、臨済宗ほど悟り体験を重視しない傾向があったことに起因する。

第一章において確認したとおり、南宋の曹洞宗においては、悟り体験を軽視し坐禅を重視する宏智正覚《わんししょうがく》らが現われた。臨済宗においては、悟り体験を重視する大慧宗杲《だいえそうこう》が彼らを激烈に批判したが、大慧の批判は、南宋に留学していた日本曹洞宗の祖、道元の憤激を買い、道元は、帰国後、大慧を執拗に糾弾した。

なお、第五章において確認したとおり、道元は臨済宗が悟り体験について用いる「見性《けんしょう》」(仏性《ぶっしょう》/心の本性を見ること)という呼びかたを批判してもいる。

さらに、近世の曹洞宗においては、嗣法《しほう》について、卍山道白《まんざんどうはく》が面授による嗣法を主張した(本書一四二頁)。それに対し、天桂伝尊《てんけいでんそん》(一六四八—一七三六)は見性による嗣法を主張して、卍山の主張を批判したが、その後の曹洞宗においては、卍山は正統、天桂は異端として扱われた。

そして、近現代の曹洞宗においては、駒澤大学に奉職した宗学者、岡田宜法《ぎほう》(一八八二—一九六一）、衛《え》藤即応《とうそくおう》（一八八八―一九五八）、榑林皓堂《くればやしこうどう》（一八九三―一九八八）、酒井得元《とくげん》（一九一二―一九九六）らから、悟り体験批判が起こされるに至った。たとえば、昭和二十八年（一九五三）に発表されたエッセイ「日常の行に現れた禅」において、当時、駒澤大学総長であった岡田宜法は次のように述べている（文中、「大悟却迷」とは、「大悟した者が却って迷う」との意）。

禅は人間としての生活を出ない。禅の目標は人間完成にある。悟りを強要するような禅は、見性流《けんしょうりゅう》の禅であつて、超人生活をあこがれる人々の迷妄である。

人間らしい生活の出来ない人間であつても悟つた顔つきをしている者があるとすれば、そんな人は狂人でなければ愚蒙であろう。

最近、余が自坊に一雲水来《うんすいきた》つて宿泊を求めた。余はこゝろよく一夜を過させたが、泊中《はくちゅう》余に悟りの境界《きょうがい》はどんなものですか、と問うたので、一喝して『悟りなんかあるものではない』と即答して、更に語を次《つい》で、

『悟りなどを求めるようでは禅僧の仲間入《いり》は不可能である。大悟却迷とは無上の真理である。悟ろうとするよりも、迷うまいとするよりも、人間らしい生活をしようとすることが何よりも大切であるという心がけを懐《いだ》かねばならない。腐つたお師《し》家《け》さんの空《から》念仏に陶酔してはならない。昔の無知な雲水が、現実の娑婆から遊離した出世間《しゅつせけん》の閑《ひま》妄想を、この上もない真理として押し売りする談議は、あまりにも時代ばなれのしたものである。』

と云《い》つてのけたが、少《すくな》くとも老生は、悟ろうとするような閑妄想は、懐くまいと思つている。

（岡田宜法［1953: 6-7］。ふりがなを追加）

これは非仏教徒からの悟り体験批判に負けずとも劣らない強烈な悟り体験批判である。現世的な人生を重んずる姿勢は、平田篤胤、安藤昌益、東沢瀉の姿勢に近い。

沢木興道《こうどう》からの批判

これに関して注目されるのは、彼らより年長者として同時期に駒澤大学に奉職した僧堂師家《しけ》、沢木興道（一八八〇—一九六五）が、やはり悟り体験を批判するような発言を行なっていたことである。むしろ、時代的順序を考慮するに、興道が彼らに与えた影響は決して小さくあるまい（岡田宜法は興道が活躍する前の著書においては悟り体験を批判していない。酒井得元は興道の弟子である）。興道の著書『坐禅の仕方と心得　附・行鉢の仕方』（一九四一）に次のようにある。

> 悟らうとも思はずに、唯《ただ》坐るところに道は現れてゐる、悟りは輝いてゐるわけである。唯坐るところに悟りは裏付《うらづけ》になつてゐるのである。（沢木興道［1941：36］）

ここでは、ただ坐るところに「悟りは輝いてゐる」という考えかたが示されている。すなわち、坐禅によって悟りを求めるというのではなく、わざわざ求めなくても、坐禅した瞬間にもはや悟りはあるというのである。この考えかたにおいては、坐禅が成仏であることに他ならない。興道の著書『禅談』（一九三八）に次のようにある。

仏教と云《い》ふものは、坐禅の中から見るものである。坐禅をすることは、成仏することである。すると或《あ》る人は

『イヤ坐禅しに来て居りますけれども成仏して居りません』と斯《か》う言ふ。其処《そこ》の所がお経にある。盗人でなければ人の物を盗《と》らん。正直者が人の物を盗ることはない。丁度《ちやうど》それぢや。人の物を盗るから盗人である。又《また》盗人だから人の物を盗るのである。さうすると、成仏せぬと坐禅はせぬものである。坐禅が成仏である。だから此処《ここ》で坐禅して居ると、其《そ》の儘《まま》それが成仏である。偉いものぢやと斯う思ふ。（沢木興道［1938：303-304］）

興道によれば、これこそが曹洞宗の特色であり秘伝である。『坐禅の仕方と心得　附・行鉢の仕方』に次のようにある。

泥棒でも一寸《ちよつと》でも人のものを盗めば泥棒になる。又これと同様に、ちよつとでも仏さんのことをすればそれで仏さんと一所《いつしよ》になるのである。こゝに我《わ》が宗の特色があり秘伝があるのである。（沢木興道［1941：30-31］）

ちなみに、興道がこのような考えかたを持つに至った背景には、興道自身の体験もあったよう

である。『禅談』に次のようにある。

坐禅と云《い》ふ形は非常に神秘である。私は小僧時分には随分流浪したものでありまして、越前で或《ある》寺に預けられて居《を》つた。或時一寸《ちよつと》暇があつて、納所《なつしよ》も留守であるし、飯炊《めした》き婆さんが居《ゐ》るから飯を炊く必要もない。それで奥座敷へ入つて線香一本立て丶坐禅した。まだ自分の衣も無い時分だ。其《その》時に飯炊婆さんが、何か出しに奥座敷へ来た、あの新米坊主、きつと何処《どこ》かへづらかつて昼寝でもして居るのだらう位に思つて来て見ると、私がチヤンと坐つて居たものだから、びつくりして、『南無釈迦牟尼仏、々々々々々々、々々々々々々』と私を三拝する。私は随分おかしな気持がしたのですが、坐禅と云ふものは一足飛《いつそく》びに仏様になる方法であると云ふことを、其時、私は益々《ますます》信じさせられた。（沢木興道［1938：307-308］）

さて、坐禅した瞬間にもはや悟りはあるという考えかたにおいては、坐禅によってわざわざ悟り体験を求めることは、非常に危険な考えかたとして批判される。『坐禅の仕方と心得　附・行鉢の仕方』に次のようにある。

坐禅をすると云《い》ふことを何か特殊のことをする様《やう》に考へたり、悟ると云ふことを何か手品でもする様に考へたり、或日《あるひ》は又《また》急に偉くなる様に考へたりすると云ふ考へ方は非常に危険な考へ方であるから、これは十分に注意して正しく出発しなければならない。鉄砲でも一寸狙ひが外れたら手許《てもと》で気がつかぬほど僅かでも、向ふへ行つたら十糎《センチ》も二十糎も狂つてくる。悟りを開いたら博士と議論しても負けないだらうと云つた人がある。又坐禅すると色気も喰ひ気もなくなつてしまふのかと云つた人がある。或は又おかしいも悲しいもなくなつてしまふのだと考へてゐる者もある。そして何やら謎かけ見たいなことが禅だと思つてゐる者もある。然《しか》し私の勧める坐禅はそんな変態心理の坐禅ではない。（沢木興道［1941: 34］）

ここでは、坐禅によって悟り体験を求めることがやや矮小化されたかたちで批判されている。興道においては、悟り体験と異常心理とが充分に区別されないまま、「変態心理」として一緒に排斥されている感がある。悟り体験は異常心理にすぎないと批判することは非仏教徒からの悟り体験批判においても見られた。

批判に対する年長者の違和感

ただし、興道や彼と同時期に駒澤大学に奉職した宗学者たちが主張した当時においては、むしろ、悟り体験批判は年長者から違和感をもって迎えられた。

たとえば、興道より年長者である、曹洞宗の總持寺独住十七世貫首と、臨済宗の天龍寺派第七代管長とは順に次のように述べている。

渡辺玄宗《げんしゅう》（一八六九―一九六三）

「悟りなんていうことはよくない」と言うて或《あ》る人が攻撃したということが、何かに出ていたが、「伝光録《でんこうろく》」などにも、みな悟りということは書いてある。「有情非情《うじょうひじょう》、同時成道《どうじじょうどう》」とあるが、どうしてもその成道――悟りの眼を開かねばならぬ。（渡辺玄宗［1957：24］。ふりがなを追加）

関精拙《せいせつ》（本書一〇三頁）

『坐禅は安楽の法門である。只管打坐《しくわんたざ》が成仏の端的《たんてき》である。修証一如《しゆしよういちによ》である』と道元禅師は云《い》はれるが、道元禅師の云はれる意味は、今日《こんにち》の多くの解釈とは違ひはせんかと思ふ。なかには、悟るといふことはいらぬなどと云うてゐる者もある。（関精拙［1943：7］）

関精拙についてはすでに紹介した。渡辺玄宗（本行玄宗。円鑑不昧禅師）は明治二十五年（一八九二）に曹洞宗において出家し参禅したが、充分に決着できなかったため、同四十年から同四十五年にかけて、さらに、大正十四年（一九二五）から同十五年にかけて、二回にわたって臨済宗の円覚僧堂に掛搭《かとう》して見性し、同十五年七月十五日、ついに臨済宗の蘊奥《うんのう》をきわめて印可を受けた人である。

略法系図を示せば、次のとおりである。

白隠慧鶴—峨山慈棹—隠山惟琰—太元孜元—大拙承演—独園承珠—函応宗海—本行玄宗
　　　　　　　　　　　　　　　　　　　└儀山善来—洪川宗温—洪嶽宗演
　　　　　　　　　└卓洲胡僊

第一回の掛搭に際しては、宮路《みやじ》宗海《そうかい》（函応宗海。一八五六—一九二三。円覚寺派管長〔一九〇五—一九一〇〕）に参禅した。宗海の語録『踏頂窟語鈔』（小南惟精・胥絶学〔編〕［1925：巻二 15a］）を読むと、次のような詩が載っている。

送玄宗禅人帰中越　（中越に帰る玄宗禅人を送る詩）

南遊従我幾多年　（わがもと、長く南遊し、）
告別忽帰北越天　（辞去して急に北越へ。）
洞上宗風不振久　（久しく振るわぬ曹洞宗。）
願君蹶起振空拳　（決起し空拳振るえ、君。）

これは曹洞宗の命令によって第一回の掛搭を中断し、富山の光厳寺に晋山する玄宗を、送別した時の詩に違いない。弟子への深い愛情が感じられる。

第二回の掛搭に際しては、宗海はすでに二年前に亡くなっていたため、宗海に参禅することはできなかったはずである。ただし、玄宗の伝記類においては宗海から印可されたことになっているため、あるいは特別な事情のもとに宗海の名で印可されたのかもしれない。

玄宗は次のように述べている。

このごろでも、曹洞禅とか臨済禅とかいって、あたかも対立した禅があるかのような印象を与えているが、これはまちがっている。それで衲《わし》は若い人たちに

「曹洞宗などと、ことさらにいうな。」

と教えている。

問題はそんな所にあるのではなく、人生の疑問をぶち破って、はたして仏性《ぶっしょう》を見とどけられたかどうかというところにある。仏性を得たものならば、必ず行状《ぎょうじょう》が伴うはずだ。行状がしっかりできていないならば、口頭《こうとう》禅、野狐《やこ》禅に落ち入ってしまう。

（渡辺玄宗［1957：39］。ふりがなを追加）

秋月龍珉《りょうみん》は、渡辺玄宗と関精拙とについて、『大法輪』誌初代編集長、中野駿太郎（真宗大谷派の近角常観《ちかずみじょうかん》〔一八七〇―一九四一〕の門下生）から聞いた話を次のように記している。

私はかつて中野先生に、次のようなお話を聞いた。「戦前、自分はあることから、曹洞・臨済の当時の師家・学究を歴訪したことがあった。そのとき自分はまずたずねた。私は近角門下

の信仰に決定《けつじょう》した真宗人であって、禅のことは何も知らない。そこできょうは、私にも分かるように禅の〝悟り〟というものを聞かせて欲しい、と。すると、ほとんどの禅者が、古人の〝悟り〟の話を始めた。そこで自分は重ねていった。私の聞きたいのは古人のことではない。そんなことは本を読めば分かる。私が聞きたいのは、あなたご自身の経験した〝悟り〟である、と。ときの師家・学究の中で、私のこの再問に対して、私を納得させるだけの〝悟り〟の話をきかしてくれた人は、たった二人であった。一人は曹洞宗の渡辺玄宗禅師、いま一人は臨済宗の関精拙老師である。精拙師の話を聞くと、私にもはっきり〝この人は確かに悟っている〟と分かった。そのとき、自分は精拙師に聞いてみた。あなたと同じような悟りの境地に入った人が、あなたの弟子の中にどなたかありますか、と。そのとき、師は言下に〝誰もおらぬ〟と言い切った。自分はもうふたたび禅の師家や学究に逢いたいとは思わない。ただ私が今もう一度だけ逢ってみたいと思う禅者が二人ある。一人は心学参前者の山田敬斎氏、一人は君がいま参じている般若道場の苧坂光龍《おさかこうりゅう》師だ」。（秋月龍珉［1992：133］。ふりがなを追加）

近現代の曹洞宗においては、悟り体験を求めた渡辺玄宗よりも、悟り体験を求めなかった沢木興道のほうが人気を博した。しかし、真摯に悟り体験を求め、ついに自他を納得させるだけの悟り体験を得た渡辺玄宗を、はたして等閑視してよいのかという疑問は残る。

悟り体験批判の完成形

ともあれ、悟り体験批判は、沢木興道の人気もあって、近現代の曹洞宗に定着していった。通常、大乗仏教においては、真理（いわゆる真如）を実見することが悟りである。しかし、興道においては、坐禅した瞬間にもはや悟りはある。したがって、興道においては、実見されるべき真理がない。このことは、駒澤大学の曹洞宗宗学研究所に在籍中に興道に接した宗学者、佐橋法龍によって次のように指摘されている（文中の「和尚」は興道を指す）。

極端な言い方をすれば、和尚の坐禅には契当すべき理がない。（佐橋法龍［1968：106］）

のちの駒澤大学においては、〝悟りはない〟と主張するのみならず、まさしく、〝真理はない〟と主張する、注目すべき悟り体験批判が提起されるに至った。松本史朗『縁起と空――如来蔵思想批判』（一九八九）である。

我々が「真理」や「理法」があると考えるのは、「悟り」があると思うからだ。私は「悟り」とか「目ざめ」（bodha）という言葉に、極めて非宗教的なひびきを感じる。「悟りなどない」と言ったのが道元禅師ではなかったか。もしも「悟り」があるとすれば、その対象として「理法」は必ず存在する。そして「理法」が存在するならば、すでに「個物」はその存在が認められており、「個物」は絶対化されるに至る。これを「実在論」と呼ばずして、何と呼べばよいのだろう。私は仏教が宗教であることを信じて疑わない。しかもなお、原始仏典といわれるものに、「悟り」と訳されうるような様々の言葉が頻出するのを好ましくは思っていない。仏教がいつまでも「悟り」の宗教とみなされるなら、それは仏教に寄生してしまった非宗教性、つまり仏教が荷わされている業なのだ。（松本史朗［1989：52］）

沢木興道の悟り体験批判においては、たとえ真理を実見することが放棄されたにせよ、坐禅した瞬間にすでに悟りがあることは放棄されなかった。しかし、松本の悟り体験批判においては、もはや、悟りが完全に放棄される。これはまさしく近現代の曹洞宗における悟り体験批判の完成形であると考えられる。

曹洞宗内部からの逆批判

なお、悟り体験批判に対しては、曹洞宗内部からの逆批判も提起されている。すでに戦前から、原田祖岳（本書一四四頁）、渡辺玄宗のような僧堂師家から逆批判めいた声が上げられていたのであるが、本格的な逆批判が提起されるようになったのは、戦後、悟り体験批判の急先鋒であった駒澤大学の宗学者たちが引退し始めてからである。沢木興道、岡田宜法に対しては、前述の佐橋法龍が問題視している（佐橋法龍［1968：105-108］）。衛藤即応、榑林皓堂、酒井得元らに対しては、柏田大禅《だいぜん》、板橋興宗《こうしゅう》らが反論している（柏田大禅［1977］、板橋興宗［1979］）。近年においても、角田泰隆《たいりゅう》が次のように述べている（文中、「無所得無所悟」については、第五章〔本書一四〇頁〕を見よ）。

道元禅師の修証観において、無所得無所悟の強調が、いかにも証悟の否定であるかのように理解されてきた面もあるが、けっしてそうではないことは明白である。

（角田泰隆〔編著〕［2017：82］）

駒澤大学における道元研究の第一人者、角田がこのように発言したことの意味は重い。あるいは、曹洞宗においても、いずれ、悟り体験批判は鎮静化していくのかもしれない。少なくとも、道元の名を借りての悟り体験批判は、もはや、通用しなくなるという可能性が高い。

曹洞宗における悟り体験批判は、近現代から始まったものにすぎず、もともと歴史的に道元に結びつけることが難しい。仮に「悟り体験はいらない」と考えるにせよ、道元の名を借りて悟り体験を批判するのではなく、あくまで「自分に悟り体験はいらない」と表明することが必要になるのではなかろうか。

宗学者からの批判の問題点

問題は、悟り体験を批判する仏教徒が、たとえ悟り体験がなくとも煩悩を断ちきることができるか否かである。

仏教においては、煩悩を断ちきることが重視されている。序章において確認したとおり、煩悩を断ちきることは、通常、悟り体験――見道、修道――によって成し遂げられると考えられている。悟り体験者はそれぞれのレベルにおいてだんだん煩悩を断ちきっていく。

したがって、悟り体験を批判する仏教徒が、たとえ悟り体験がなくとも煩悩を断ちきることができているならば、その悟り体験批判も一定の説得力を持ちうるだろう。

その点において、近現代の曹洞宗において悟り体験を批判した宗学者たちが、しばしば、煩悩を断ちきることを欠いていたことは懸念材料である。そもそも、近現代の曹洞宗において、悟り体験批判は肉食妻帯に代表される世俗化とともに始まっている。昭和十年（一九三五）の『曹洞宗宗勢要覧』においては、全国曹洞宗寺院一三、〇四三ヶ寺のうち、八〇%が寺族《じぞく》（すなわち妻子）を有していることが報告されているが（内野久美子［1982］）、近現代の曹洞宗において悟り体験批判が盛んになったのはまさしくその頃なのである。悟り体験を批判した宗学者たちのうちにはみずからに肉食妻帯を許す者が少なくなかったが、肉食妻帯を歓迎する煩悩が、逆に、煩悩を断ちきる悟り体験を敬遠させていなかったと、誰が断言できるだろうか。

沢木興道は悟り体験を批判したが、同時に、肉食妻帯を峻拒していた。無欲恬淡な禅僧であった興道は悟り体験についても肉食妻帯についても欲を断ちきっていたのである。仏教徒からの悟り体験批判は、興道のように煩悩を断ちきった人から起こされないかぎり、充分な説得力を持つことが難しいように思われる。

悟り体験批判は現世肯定に繋がりやすい

臨済宗の開祖、臨済義玄の語録『臨済録』においては、「不是娘生下便会」（母親から生まれたままでただちに会得《えとく》したわけではない）という文がある。臨済宗方広寺派管長（一九二七―一九四六、一九五二―一九五九）、臨済宗管長（一九四一―一九四二）を務めた足利紫山《しざん》（紫山恵温《えおん》。一八五九―一九五九）は、戦中から筆記され戦後に刊行された『臨済録提唱』において、この文について次のように述べている。

今日《こんにち》はなんぞといふと、『その儘《まま》でよい、その儘でよい』といふやうな洵《まこと》に浅墓《あさはか》なことになり果てゝしまつて、『公案ぢやなんの、そんなことに頓着せんがよい。この儘でよいのぢや。行持即仏法《ぎやうぢそくぶつぽふ》、今日の上でもう仏法は尽きてゐる』などと済まし込んでゐる宗旨が、どうかすると多いやうぢや。そんなものではない。この臨済の如《ごと》く命迄捨《いのちまですて》ゝ始めて分《わか》つた大道《だいだう》ぢや。黄《わう》檗《ばく》のところで六十棒どやされたが、大愚《たいぐ》のところで始めてカラッと分つた。それから又破夏《またはげ》の因縁といふものがある。後に又黄檗のところへ行つて、叩き出されてしまうたが、そこで始めて真の境地を得たのぢや。ぢやから、親から生みつけられたその儘でよいなどと、今日済ましてゐる宗旨があるが、飛んでもない間違《まちがひ》であるぞ。娘生下《にようしやうか》にして便《すなは》ち会するものではない。

（足利紫山［1954：284］。ふりがなを追加）

ここで言われている「宗旨」とは、明らかに、近現代の曹洞宗において悟り体験を批判した宗学者たちの主張を指している。「行持即仏法」とは、近現代の曹洞宗においてしばしば説かれている「威儀即仏法」である。戦後になって、在来の大乗仏教諸宗においては出家者が「そのままでいい」「ありのままでいい」と主張することが増えたが、そのような主張は戦前の曹洞宗において悟り体験を批判した宗学者たちに始まる。

要するに、近現代の曹洞宗における宗学者たちの悟り体験批判は「そのままでいい」「ありのままでいい」という現世肯定に繋がりやすいのである。曹洞宗の寺の息子をモデルにした映画『ファンシィダンス』（一九八九）において、本木雅弘演ずる主人公が女性関係を咎められ「あるがままなり」と言い放っていたのは象徴的である。

「そのままでいい」「ありのままでいい」という現世肯定は、前近代まで伝統的な仏教において保持されてきた現世否定と、本質的に異なっている。近現代の曹洞宗における宗学者たちの悟り体験批判は、仏教が従来果たしてきた、現世に拮抗する役割を低下させ、仏教を、単に現世において楽に生きるための道具へと堕落させてしまう危険性をはらんでいる。悟り体験を批判した宗学者たちが、良い意味において常識人であり、仏教から常識外れな悟り体験を取り除いて、仏教を現世の常識のうちに収めようとしていたことはわからなくもないが、そこまで現世否定を欠く仏教を、はたして仏教と呼んでよいか否かは、容易には判定できない問題である。

悟り体験批判は不毛である

ここまで、非仏教徒からの批判、近現代の曹洞宗の宗学者からの批判という二つに分けて、悟り体験批判の諸相を検討してきた。

悟り体験において重要なのは、第十一章において確認したように、悟り体験者たちが、獲得された叡智によって宗教的な問題を解決できたことである。悟り体験を批判する者がたとえ悟り体験を客観的にどう批判するにせよ、悟り体験者が悟り体験によって宗教的な問題を主観的に解決できた以上、悟り体験者本人にとって悟り体験が有益であったことは否定され得ない。それゆえに、筆者は、悟り体験批判は結局のところ不毛ではないかと思っている。

事実として言えるのは、この世においては、悟り体験に興味のある人と、ない人とがいるということだけである。そのことは、スポーツに興味のある人と、ない人とがいるのと同様、単に個人の好みによる。個人の好みによる以上、悟り体験に興味のない人が、悟り体験に興味のある人を批判する必要はないし、悟り体験に興味のある人が、悟り体験に興味のない人を批判する必要もないはずである。

筆者は悟り体験が仏教にいらないとは思っていないが、仏教徒のうちに「自分に悟り体験はいらない」と考える人がいてもいいと思っている。仏教に何を求めるかは、あくまで個人に任されるべきである。悟り体験に興味のある人も、ない人も、互いを尊重して共存すればよいだけであると筆者は信じている。

第十三章　悟り体験周辺の諸相

本章のねらい

前の二章においては、悟り体験を大乗仏教の枠内で論じてきた。ただし、実のところ、悟り体験はかならずしも大乗仏教の枠内で論じきれるものではない。特に、現代においては、大乗仏教を取り巻く環境の変化とともに、そのことがますます明らかになってきている。筆者は、おおまかに言えば、悟り体験周辺において明らかになってきたことは次のような二つに分類されると考えている。

1　悟り体験が大乗仏教によらなくても得られること

2　悟り体験の速成が困難であること

本章においては、このような分類によって、悟り体験周辺の諸相を考察することを試みたい。

大乗仏教によらずに得られた悟り体験

悟り体験周辺において明らかになってきたことのひとつは、悟り体験が大乗仏教によらなくても得られることである。

第一部において確認したとおり、悟り体験はしばしば禅によって得られている。禅は伝統的に大乗仏教の教理によって説明されてきた。ただし、実のところ、禅そのものは大乗仏教の教理と直接関係しない瞑想テクニックにすぎない。

このことは悟り体験が大乗仏教によらなくても得られることを示唆している。読者は驚くかもしれないが、現代においては、たとえば、キリスト教徒として来日し、禅によって悟り体験を得た人々も少なからずいる。ここでは、そのようなキリスト教徒のうち、悟り体験記を著した人をひとり紹介したい。

イレーヌ・マキネス（一九二四―現在）はカナダの人である。ニューヨークのジュリアード音楽院を卒業してヴァイオリニストとなったのち、カトリック修道女へと転身し、昭和三十六年（一九六一）、宣教師として来日した。一九七〇年代前半、三宝教団《さんぼうきょうだん》（本書一四七頁）において山田耕雲《こううん》（一九〇七―一九八九。三宝教団第二代管長）に参禅し、それによって見性した。昭和五十五年、山田耕雲に嗣法し、カトリック修道女のまま三宝教団の老師となった。以下のことばは本人の著書『禅入門　カトリック修道女の歩んだ道』による。

修行に戻ると、それからは順調に前進することができました。そして十二月六日の夕方、空の星が光りはじめたころ、心臓のあたりが破裂するかのようにぱっと開き、その美しい中身が爆発して、私の全存在を貫きました。ついにイレーヌは消えてなくなったのです。非我に至ったというこの体験は激しい幸福感をもたらしてくれました。それから何週間ものあいだ、毎日のように私はつぎの聖句を口にしたものです。「この喜び、この完全なる喜びは今や私のものです」（『ヨハネによる福音書』三章29節）

私は大急ぎで独参を待つ人の列に加わり、ほどなく老師に面会することができました。老師の笑みは私のそれと同じくらい顔いっぱいに広がり、つづいて真正の体験をした修行者のために行なわれる昔ながらの検証が始まりました。老師は私の見性をただちに認証されました。ついに扉は開かれたのです。そして喜ばしいことに、そこにはもとより扉など存在していませんでした。愛の源にはいつでも自由に至ることができるのです。高まる鼓動を胸に仏教の師の足もとにひざまずき、私はたった今「それ」に触れたのだということを知りました。辞書に「悟り」が「知ること」を意味するとあるのは、まことに的を射ています。

（イレーヌ・マキネス［2009：128-129］）

ここでは、典型的な悟り体験が説かれている。「昔ながらの検証」とは、叡智の獲得を、老師が問答によって検証することを指す。

キリスト教徒が禅によって悟り体験を得ることができる以上、悟り体験は大乗仏教と不可分のものではない。他の宗教の信者も（あるいは無神論者も）禅の瞑想テクニックによって悟り体験を得られることは充分に考えられる。

キリスト教によって得られた悟り体験

さらに、近代においては、日本の在来の大乗仏教諸宗において、悟り体験を大乗仏教によっては得られず、悟り体験と同じような覚醒体験をキリスト教によって得、そのことによって洗礼を受けてキリスト教徒となった人々もいる。ここでは、そのようなキリスト教徒のうち、体験記を著した人をふたり紹介したい。

まず、島地雷夢《らいむ》（一八七九―一九一五）は明治から大正にかけての人である。浄土真宗本願寺派勧学（一八九四―一九一一）を務めた島地黙雷《もくらい》（一八三八―一九一一）の三男として同派の寺に生まれ、明治二十八年（一八九五）、仙台の第二高等学校に入学し、宗教的煩悶の中、同三十一年六月二十四日、天からの黙示を体験した。

同年七月三日、受洗し、その年、東京帝国大学文科大学哲学科に入学した。同三十六年、卒業し、同四十一年、神戸第一中学校に奉職したが、大正四年（一九一五）、チフスにより死去した。以下のことばは受洗直後に黙雷宛てに出された本人の書簡による（一部、旧かなづかいに乱れがあるのは原文のまま）。

数月前より小生事宗教上の疑問に心を苦しめ種々《しゆしゆ》思い廻《めぐ》らせしも満足の解答を得ず、或《あるい》は仏経を繙《ひもと》き、或は儒教に拠《よ》らんとし、或いは聖書を閲《けみ》して、煩悶を極めたれども、疑惑愈《いよいよ》深くして暗黒の裡《うち》に陥るが如《ごと》き心地《ここち》し、益《ますます》苦痛を重ねて、果《はて》は夜《よ》な夜《よ》な安眠を得ざることも屢《しばしば》に候《さうら》いき。されども有体《ありてい》に申上《まうしあ》くれは、其中《そのなか》最も我心《わがこころ》を引き候《さうらふ》は耶蘇《やそ》教に候《さうら》へば、鋭意して之《これ》の研究に従事致《いたし》候いき。されば先日御来仙《ごらいせん》、道交会《だうかうかい》へ入会致すべき由御申付有之候《よしおまうしつけこれありさうらふ》節《せつ》は、稍《やや》疑惑の裡《うち》髣髴の微光を認めたるが如き思無《おもひな》きにしも非ざりしかど、未《いま》だ身は四面《しめん》暗黒の間《かん》にありて苦悶に脳ミ《(ママ)》居《をり》矣《(候カ)》ひしが、去る六月二十四日の夜、愈《いよいよ》心を決し、大勇猛心を奮ひて、今夜必ず大悟徹底、真に神の御手に触れんと思ひさだめ、当地公園の杉の樹蔭にて雨を冒《をか》して、一夜を祈禱と沈思とに明《あか》し、午前五時に至りて家に帰り、一睡して後《のち》、学校に至る途上、俄然《がぜん》、天より黙爾《(ママ)》下り、我基督《われきりすと》に由《よ》りて救はれたりとの声、胸に響き申候。忽《たちまち》にして雲は消え曇《くもり》は去り、歓喜踊躍《くわんぎゆやく》の思《おもひ》溢るる計《ばか》りに湧き出《い》でて、手の舞ひ足の踏むところを覚えず、覚えず声を放ちて神の恵《めぐみ》を謝し申《まうし》候。其《そ》れより後《のち》は我心《わがこころ》さながら春の海のごとく、平然としていささかのなやミもなく、神籟《しんらい》常に身に伴ふて愈《いよいよ》感謝の情を増さしむるのミ、遂に去《さる》七月三日、当地浸礼教会に於《おい》て洗礼を受け、基督に一身を捧げ申候。（白井成允［1966 : 162-163］。ふりがなを追加）

ここでは、「手の舞ひ足の踏むところを覚えず」という、臨済宗の悟り体験に典型的な表現（本書九三頁、一一四頁、一二五頁、一三六頁）が用いられており、雷夢の黙示獲得体験が悟り体験と同じような覚醒体験であったことを窺わせる。

次に、道簱泰誠《みちはたたいせい》（一八八一―一九六二）は明治から昭和にかけての人である。融通念仏宗の寺に生まれ、幼時から強い宗教心を有しつつも、みずからを含む在来の大乗仏教諸宗の堕落に悩み、真摯なキリスト教徒たちとの邂逅をきっかけにキリスト教に接近し、明治四十二年（一九〇九）五月二十五日、新約聖書ルカ伝第十五章における迷える羊の喩えを読み進むうち、霊光を体験した。

十一月七日、受洗し、それによって還俗した。同四十三年、神学校に入学し、四年後に卒業したのち、牧師として牧会した。

以下のことばは昭和十年（一九三五）に刊行された本人の自伝『仏教より基督教へ　余が改宗の顚末』による。

即《すなは》ち基督は私の未《いま》だ求めざる前《さき》より私を探し出《いだ》さんとて求めて居《を》られたのである。否《いな》基督は既に私に近づいて私を警醒《よびさま》して居られたのであるが、恰《あたか》もバンヤンの天路歴程《てんろれきてい》にある室内を掻き廻して居《ゐ》る人のように、私は単《ひたす》ら血眼《ちまなこ》になりて塵埃《ちり》の如《ごと》き宗教を掻き廻して居つたものだから、濛々《もう〳〵》と立ち上《のぼ》る塵《ち》煙《り》の為《ため》に基督の姿は見えず又其《その》声にも気附《きづ》かずに居つたのである。

然《しか》るに今此《こ》の羊の喩《たとへ》を読んで、良心の囁きに耳を傾けて見ると、永遠の昔より私に呼びかけて居られた主《しゆ》が、「我《われ》に来《きた》れ、われ汝を安《やす》ません」と、私を抱きかゝえて緑の牧場《まきば》憩《いこ》ひの水浜《みなば》に伴ひ給《たま》ふように思はれたのである。

そこで、私は、嗚《あ》呼《あ》、有《あ》り難《がた》い！　忝《かたじけな》い!!と、感謝の声が口から迸《ほとばし》り出た瞬間であつた！

忽然《こつねん》として、言ふ可《べ》からざる霊光！　わが懐《ふところ》に入つた!!

其《その》時の光景は到底筆舌を以《もつ》てしては形容することは出来ないが、唯《ただ》「ハ……ツ！」となつたかと思ふと、最早《もは》や聖書の上に顔を伏せて法悦の涙に咽《むせ》んで居た。……涙は瀧津瀬《たきつせ》の如《ごと》く止《と》めどなく流れて来る。……聖書は涙の為にビシヨ〳〵になつて居る、顧みれば万感交々《ばんかんこもごも》到り、感謝やら、懺悔やら、遂《つひ》に声を上げて泣いたのであつた……

かくて凡《およ》そ二十分間だつたと思ふ、顔を聖書に伏せて泣いて居たが、遂に涙を拭《ぬぐ》つて起《た》ち上《あが》ると、最早《もはや》青天明月《せいてんめいげつ》を見るが如く心《こころ》爽やかにして、煩悩の雲消えて跡《あと》なく、御言《みことば》の光照り輝き、聖霊の焰燃え、新《あらた》に神の国に生《うま》れ変つた霊界の人となつたのである！　ハレルヤ！

嗚呼私は救はれたのだ！　真《まこと》の信仰を握つたのである！　年来求めて居た神を発見したのであるから、実に嬉しくて〳〵て歓喜湧躍《ゆうやく》手の舞ひ足の踏む所を知らなかつたのである。

やがて食事の為に台所へ足を運んだ、長い本堂の廊下を歩むに讃美歌は自然に唇から漏れるのであつた。然《しか》も法衣《ころも》を着た儘《まま》で……。（道簾泰誠［1935：271-273］）

ここでも、「手の舞ひ足の踏む所を知らなかつた」という、臨済宗の悟り体験に典型的な表現が用いられており、泰誠の霊光獲得体験が悟り体験と同じような覚醒体験であったことを窺わせる。

悟り体験は各宗教の文脈に即して理解される

雷夢はみずからがキリスト教の三位一体の神によって黙示を獲得したと理解し、泰誠はみずからがキリスト教の三位一体の神によって霊光を獲得したと理解している。彼らはそれぞれの体験をそれぞれが信ずる宗教の文脈に即して理解したのである。ただし、彼らにおいて悟り体験と同じような覚醒体験が起こったことは否定されない。

ちなみに、泰誠の霊光獲得体験は浄土真宗の池山栄吉の信心獲得体験（本書一七九頁）とも類似している。

道籏泰誠：「忽然として、言ふ可からざる霊光！　わが懐に入つた!!」
池山栄吉：「まるで光の瀧でも浴びせられたやうな気がして」
道籏泰誠：「嗚呼私は救はれたのだ！　真の信仰を握つたのである！」
池山栄吉：「あ！　これが信仰か！　さうだ、これが信仰だ」

この点について、ドイツに生まれ、昭和四年（一九二九）、宣教師として来日し、同三十一年から原田祖岳（本書一四四頁）、渡辺玄宗（本書二六三頁）らに参禅し、同四十八年、三宝教団の山田耕雲（本書二七六頁）のもとで見性したカトリック神父、フーゴ・エノミヤ・ラサール（帰化して愛宮真備《えのみやまきび》。一八九八—一九九〇）は次のように述べている。

逆にキリスト者が開悟を得ると、これをただちに神経験として感じることも十分理解できるのである。それにたいして仏教者にとって、開悟は究極・絶対的現実の経験として感じられる。

それをしめすさらに詳しい名辞や名称やレッテルはないので、「無相」と言ってよいかもしれない。とにかく疑いなく確実なことは、禅で悟りまたは見性となづけられる経験は、他の宗教にも、たぶんすべての真摯な宗教にも起こるということである。キリスト教ではそれをしめすために「神との出会い」という名辞があるが、その場合はまったく特殊な意味をもっている。この「神との出会い」が与えられるひとはだれでも、そのことによって彼の神信仰をいちじるしく強く確固たるものにされた感じがするのである。(エノミヤ・ラサール[1987 : 91])

ここで説かれていることは納得しやすい。結局のところ、悟り体験はいかなる宗教の信者によっても(あるいは、無神論者によっても)得られ、それぞれが信ずる宗教の文脈に即して(あるいは、いかなる宗教の文脈からも離れて)理解されるものと考えられる。

悟り体験がいかなる宗教の信者によっても(あるいは、無神論者によっても)得られることを、残念に思う大乗仏教徒もいるかもしれない。しかし、考えてみれば、大乗仏教においては、悟り体験によって実見されるべき真如《しんにょ》——法無我(もろもろの枠組みに我〔確かな自己〕がないこと)——はわれわれの世界を構成している諸法(もろもろの枠組み)に共通の属性であり、いかなる宗教の占有物でもないのである。いかなる宗教の信者であっても(あるいは、無神論者であっても)何らかのきっかけによって真如を実見することはありうるはずである。無神論者であった河上肇はみずからの悟り体験について「仏教にいふ無我を悟つたものの如くである」(本書一九一頁)と述べていたが、おそらくは、それぞれが信ずる宗教の文脈において「仏教にいふ無我を悟つた」

異教徒（あるいは、いかなる宗教の文脈からも離れて「仏教にいふ無我を悟つた」無神論者）はたくさんいたに違いない。

悟り体験は宗教にとって手段にすぎない

第十一章において確認したとおり、典型的な悟り体験を構成している五段階のうち、第五段階である叡智獲得体験においては、獲得された叡智によって宗教的な問題を解決することができる。ただし、悟り体験は宗教にとって目的を達成するための手段にすぎない。たとえば、大乗仏教には大乗仏教の目的が、キリスト教にはキリスト教の目的がある。仮に大乗仏教とキリスト教とによって得られる悟り体験が同じであるとしても、その悟り体験を手段として大乗仏教とキリスト教とが達成しようとする目的は異なるのである。

悟り体験は宗教にとって決して目的ではない。筆者は諸宗教がその目的において帰一するとはまったく思わない。

大乗仏教について言えば、大乗仏教は自利（自己のためになること）と利他（他者のためになること）との二つを完成して仏となることを目的としている。ヴァスバンドゥ（世親《せしん》。四—五世紀頃）『大乗荘厳経論』（MSABh 99, 9-13）においては、自利と利他とは大乗仏教の六波羅蜜多《ろくはらみた》（六つの完成）に次のように配当されている。

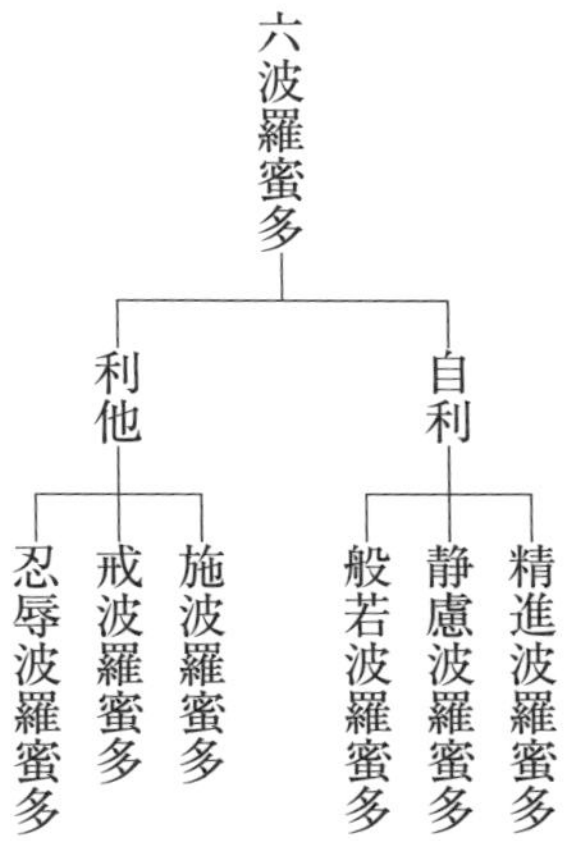

自利は精進《しょうじん》波羅蜜多（努力の完成）、静慮《じょうりょ》波羅蜜多（瞑想の完成）、般若《はんにゃ》波羅蜜多（叡智の完成）であり、利他は施《せ》波羅蜜多（施与の完成）、戒《かい》波羅蜜多（道徳性の完成）、忍辱《にんにく》波羅蜜多（忍耐の完成）である。

悟り体験は自利を完成するための手段である。ただし、大乗仏教は自利を完成するのみならず、利他をも完成して仏となることを目的としている。自利を完成することに努めるのみで、利他を完成することに努めないことは、宗教としての大乗仏教を失うことになる。

したがって、大乗仏教徒は悟り体験のみを求めればよいというわけではない。悟り体験を手段として精進（努力）、静慮（瞑想）、般若（叡智）を完成させるのみならず、進んで施（施与）、戒（道徳性）、忍辱（忍耐）をも完成させなければならないのである。

少なくとも宗教の文脈においては、手段にすぎない悟り体験のみが宗教から切り離されて注目を集めることは望ましくない。こんにち、悟り体験はしばしば宗教から切り離されて注目を集めがちであるが、そのことは、宗教が悟り体験を手段として達成しようとする高邁な目的がしばしば忘れられがちであることを意味している。

悟り体験の速成

悟り体験周辺において明らかになってきたことのもうひとつは、悟り体験の速成が困難であることである。

前近代から近代にかけては、悟り体験を得るために、しばしば強い意志、厳しい節制、長い修行が必要とされていた。それに対し、手軽さが求められがちな現代においては、そのような強い意志、厳しい節制、長い修行を必要としないまま悟り体験を速成しようという試みがしばしば起こされている。

明治維新によって廃仏毀釈を体験し、在家者に対する布教の必要性を感じた臨済宗や曹洞宗は、東京を中心として、在家者向けの禅会を多く開催し、戦前から戦中にかけては、軍人を含む多くの在家者が禅会に参加していた。そのような禅会は戦後においても継続され、昭和三十年代から昭和五十年代にかけては、持続的な禅ブームが起こっていた。

昭和三十年代の禅ブームのさなか、話題を呼んだのは、東京において「禅理学会」という禅会を主催していた、曹洞宗の石黒法龍（法竜とも表記。一八八八―一九六五）が、五日間で見性《けんしょう》――悟り体験――を体験させるという「早期見性法」を提唱したことである。法龍は、長沢祖禅尼

（本書一四七頁）と同様、原田祖岳（本書一四四頁）の弟子であり、祖岳や祖禅尼と同様、悟り体験を重視していた。法龍は次のように述べている。

> 筆者も従来の参禅指導をして来たが、観音十大願の「早得成仏」という願文を思い出し、現代の一般社会人が皆多忙である以上は、それらの多くの人を救うには早く見性（自分の本性を見ること）させて迷苦の束縛から仏《ほど》けることに成効《ママ》（成仏）させることも、このスピード時代の禅の指導者として必要かと愚考した。そして禅の実地指導上の研究を重ねること約廿《にじゅう》年で漸《ようや》く早期見性法を発見して、その法を用いて実際に効果を挙げている。
> （石黒法龍［1960a：22］。ふりがなを追加）

当時、法龍を好意的に評価していたのが、禅に関心を持ち、法龍に参禅していた心理学者、佐藤幸治（一九〇五―一九七一）である（当時、京都大学教授）。彼ら二人は仏教メディアにおいてしばしば取り上げられ、議論を巻き起こした。当時の状況をかいつまんで紹介するならば、次のとおりである。

昭和三十三年（一九五八）
・七月、『大乗禅』誌において法龍と「禅理学会」との特集（石黒法竜ほか［1958］）。
・秋、佐藤幸治が初めて法龍を訪問。

昭和三十四年（一九五九）
・四月、佐藤幸治が初めて法龍に参禅。
昭和三十五年（一九六〇）
・一月、法龍の著書『禅理学要綱　附録　参禅所感集』（石黒法龍［1960a］）刊行。
・同月、法龍の師、原田祖岳が『大法輪』誌において法龍を批判。
・二月、佐藤幸治が『大乗禅』誌において法龍を弁護（佐藤幸治［1960］）。
・三月―六月、法龍が『大乗禅』誌において祖岳に弁明（石黒法竜［1960b］［1960c］［1960d］）。
昭和三十六年（一九六一）
・五月、『大法輪』誌において「即席見性法は可能か」（石黒法竜ほか［1961］）を特集。
・六月、佐藤幸治の著書『心理禅――東洋の知恵と西洋の科学――』（佐藤幸治［1961］）刊行（法龍に言及）。
・十二月、原田祖岳が死去。
昭和三十七年（一九六二）
・三月、『大法輪』誌において、臨済宗南禅寺派管長、柴山全慶が法龍や佐藤幸治に苦言（柴山全慶［1962］）。
・五月、『大法輪』誌において佐藤幸治が弁明（佐藤幸治［1962］）。
昭和三十九年（一九六四）
・十二月、佐藤幸治の著書『禅のすすめ』（佐藤幸治［1964］）刊行（法龍に言及）。

昭和四十年（一九六五）

・七月、法龍が死去。

残念なことに、「早期見性法」の実態はこんにちすでにわからなくなっている。そもそも、法龍はこの法を口頭で説いたにすぎず、文章に書かなかった。法龍は次のように述べている。

しかし、この法の詳細は、直接指導の他は説かないことにしている。それでないと、実際の功果《ママ》を見るこの法が、世に正しく伝わらず、また、久しく世に用いられないことになるからである。（石黒法龍［1960a : 78］）

ただし、佐藤幸治が伝えるところでは、「早期見性法」は次の四段階から構成されていたらしい（佐藤幸治［1961 : 163-164］）。

第一段階：「普通の禅の指導と同じように数息観であるが、これもその息を数えるさいに、咽喉から胸にかけて響かせ、その響きを観る」

第二段階：「ヒートーツーウーウーウーという数息観の代りに、ムーウーウーウーウーウーとウーで同じことをくりかえす」

第三段階：「ムー、ムー、ムーと全心身の力をこめて叫び、やはりその音を観ずる」

第四段階：「ムーアまたはムーウと叫びながら、顔面から肩腕に全身の力を集中して、いわば仁王のような構えをとる」

これらのうち、第一段階から第三段階までは音を観ずるので「観音の法」と呼ばれ、第四段階は勢いが至るので「勢至の法」と呼ばれた（観音菩薩と勢至菩薩とに由来）。第四段階の最後に法龍が見性への指導を与えていたらしいが、それについては、佐藤幸治は法龍の実地指導に譲っている。

敷居を下げられた悟り体験の問題点

問題は、「早期見性法」によって、典型的な悟り体験が得られたか否かである。ここでは、法龍のもとで見性した人々の悟り体験記を見てみたい。

四日目に見性した、西岡新太郎という人物（当時、静岡大学名誉教授）の体験記に次のようにある（文中、『禅の原理』とは、法龍の禅会「禅理学会」の機関誌）。

「禅の原理」その他の書物によつて大体かような境地を想像はしていたが、はつきり見きわめる心の落つきと明るさを覚え、無我の境地を体験した信念をもち今後の生活に大きな寄与を得たのである。（石黒法龍［1960a：参禅所感集：16］）

さらに、五日目に見性した、北原修一という人物（当時、岐阜県の中学校教師）の体験記に次のようにある。

十分もたたないうちにふしぎな心境に到達した。それはかつて静座その他いろいろのばあいに味わったどの心境ともちがったもので、じっと見ればたとえようもなく静かで明るく和やかで、さまたげるもののない心境であった。（佐藤幸治［1964：145］）

注目すべきなのは、両者の体験において、「はっきり見きわめる心の落つきと明るさ」「たとえようもなく静かで明るく和やかで、さまたげるもののない心境」が言及されていることである。第十一章において確認したとおり、五段階から構成されている典型的な悟り体験のうち、第二段階である真如顕現体験においては、通常の心である〝自我の殻〟を破って真如が顕現し、第三段階である自我解消体験においては、通常の心である〝自我の殻〟が解消される。

しかし、両者の体験においては、「はっきり見きわめる心の落つきと明るさ」「たとえようもなく静かで明るく和やかで、さまたげるもののない心境」が説かれていることからわかるように、いまだ通常の心である〝自我の殻〟を破って真如が顕現していないし、通常の心である〝自我の殻〟が解消されていない。

したがって、両者の体験はおおむね第一段階である自他忘失体験に該当すると考えられる。このような体験は、少なくとも臨済宗においてはいまだ悟り体験――見性――と見なされない。抜《ばっ》隊得勝《すいとくしょう》は次のように説いていた。

抜隊得勝：「さらに、みだりな想いが尽きて胸中に一つの物もなく、内側〔である自己〕と外側〔である他者〕との隔てがなくなることは、晴れわたった大空《おおぞら》のようであって、全方向にわたってすっきりしているにせよ、悟りではない。もしこれを〔悟りと〕認めて〝〔自分は〕仏性をはっきりさせた〟と思うならば、ただただ、光の影を見て正体とみなすようなものである。」（本書八一頁）

どうやら、法龍のもとで得られていた悟り体験の多くは、少なくとも臨済宗においてはいまだ悟り体験と見なされないものであったらしい。ちなみに、原田祖岳、長沢祖禅尼のもとで見性した人々から採ったアンケートを、石黒法龍のもとで見性した人々から採ったアンケートと比較した結果からも、法龍のもとで得られていた見性の多くが、原田祖岳、長沢祖禅尼のもとで得られていた見性に及んでいなかったことが指摘されている（鈴木利三［1960］［1964］）。臨済宗南禅寺派管長（一九五九―一九七四）を務めた柴山全慶（文明全慶。一八九四―一九七四）は法龍や佐藤幸治に対し次のように苦言を呈している。

それからもう一つ私が考えますことは、臨済禅のほう、特に私のほうなんかでは、見性者というようなことはなかなか言わないことであり、口にすることさえ慎しむというくらいの気持を持っているのに、東京のほうの老師方はじきに見性々々ということを単純にいわれる。私どもどうもその点がわからぬ。見性というようなことは大体いうたら大悟に等しいものでなければならんので、そう単純に三日でちょっと見性したとか、あれは見性したとか、私は見性しましたとかいうようなことは、少しくらい禅の匂いやら方向がわかったようなことでは、そういうことをいわない、むしろ隠しておくということがわれわれの世界です。それをだれでもかれでもみな見性者々々というということは、何だかこのごろの百円札を見るような気がしまして、いかにもインフレがきつ過ぎるような気がします。そんなことでは真剣な修行の態度だとか法を尊ぶ態度というものが出てこない。ある禅の雑誌に、今度の接心にはだれとだれが見性したから小豆飯を炊いて祝ったとある。私どもは見性者なんということをみずからいうということは、祖師に等しい境地になりましたということを宣言するような気がしておりますから、諒解できません。（柴山全慶［1962：60-61］）

「ある禅の雑誌」とは、法龍の禅会「禅理学会」の機関誌『禅の原理』を指すらしい（佐藤幸治［1962：115］）。

結局のところ、「早期見性法」は、悟り体験を早期に得るものでなく、むしろ、悟り体験の敷居を引き下げるものであったと考えられる。ただし、容易に得られるくらい敷居を引き下げられた悟り体験が却って悟り体験でなくなってしまうことは明らかである。

ここに挙げたもののほかにも、石黒法龍や佐藤幸治に対する当時の反論は少なくない。たとえば、晩年の鈴木大拙はしばしば「心理禅」に言及して批判しているが、「心理禅」とは佐藤幸治が著書『心理禅―東洋の知恵と西洋の科学―』（佐藤幸治［1961］）において標榜した禅を指している。

ただし、石黒法龍や佐藤幸治の名誉のために言っておけば、彼らの行ないが本質的に善意にもとづいていたことは疑いを容れない。「早期見性法」が提唱された昭和三十年代は国内外の政治情勢・社会情勢がきわめて不安定な状況であった。彼らの書きものを読むと、彼らが「早期見性法」を洗練させて国内外の人々を悟らせ、平和をもたらそうと願っていたことがよくわかる。当時の状況を無視して、いたずらにその手軽さを批判することは、「早期見性法」に込められた願いを見落とすことになりかねない。

悟り体験と見まがわれた異常心理の危険性

おそらくは、普段修行していない在家者が五日間の禅会のあいだに悟り体験を得ようとすること自体に無理があったのである。たしかに、第一部において紹介したとおり、近代の日本の臨済宗においては、一週間の臘八《ろうはつ》大摂心のあいだに悟り体験を得た出家者がいる。しかし、そのような出家者は普段から修行していたのであって、たまたま臘八大摂心のあいだにその修行が頂点を迎えたにすぎない。

先に確認したとおり、石黒法龍の禅会において、在家者は、五段階から構成されている典型的な悟り体験のうち、第一段階である自他忘失体験を得ていたらしい。自他忘失体験は、少なくとも臨済宗においてはいまだ悟り体験と見なされないが、しかし、悟り体験にとって入口であるものには違いない。その点において、法龍はたしかに良い指導者であったと考えられる。

むしろ、普段修行していない在家者が禅会のあいだに得るような体験は、第一段階である自他忘失体験ですらない、異常心理であってもおかしくない。昭和四十年（一九六五）、「早期見性法」をめぐる議論を承けて、臨済宗妙心寺派の師家《しけ》であった秋月龍珉《りょうみん》は次のように述べている。

今日あちこちの禅会で言われる見性など、大半は異常心理で、断じて見性などとは言えない。
（秋月龍珉［1965：68］）

第十一章において確認したとおり、悟り体験を得るために重要とされているのは、公案とひとつになること、疑いとひとつになること、本尊とひとつになること、念仏とひとつになること、題目とひとつになることなどである。そのことによって、通常の心である〝自我の殻〟をなくしていく。〝自我の殻〟をなくしていくことによって、悟り体験が起こると推測される。

しかるに、普段修行していない在家者が禅会のあいだにいきなり通常の心である〝自我の殻〟をなくしていこうとすると、心に急に負荷がかかって、心が乖離していく。心が乖離していくことによって、異常心理が起こりやすくなると考えられる。

悟り体験と異常心理とは、表面上、互いにやや似かよっている。悟り体験においては、通常の心が解消された結果、歓喜がしばしば起こるのであるが、異常心理においては、通常の心が乖離した結果、けたけた笑いなどをもたらす多幸感がしばしば起こる。

しかし、悟り体験と異常心理とは、内容上、互いに大きく異なっている。第十一章において確認したとおり、五段階から構成されている典型的な悟り体験のうち、第五段階である叡智獲得体験においては叡智が獲得される。一方、異常心理においては叡智が獲得されない。悟り体験においては歓喜が起こったのちに叡智が獲得されるのであるが、異常心理においてはけたけた笑いなどをもたらす多幸感が起こったのちにむしろ知性が低下するのである。

ただし、たとえ悟り体験とは異なるにせよ、異常心理が通常の心を変えることは否定されない。現代においては、ビジネスマン向けの自己啓発セミナーなどのうちに、異常心理を人為的に作り出して通常の心を変えようとするものもある。そのような人為的に作り出された異常心理が、あたかも悟り体験と同じであるかのように見まがわれることもありうるが、異常心理は危険であり、異常心理を人為的に作り出すことは充分に警戒されるべきである。

悟り体験と異常心理とがまったく違うものであることは悟り体験記にもとづいて推測されうるが、そのことを周囲にはっきり確信させることができるのは、やはり、誰の目にも明らかな叡智を獲得した悟り体験者に他なるまい。こんにち、仏教がらみの瞑想ビジネスが進展のきざしを見せているが、それとともに、人為的に作り出された異常心理が、あたかも悟り体験と同じであるかのように宣伝されることも増えていくと考えられる。そのようなことに対し、伝統的な修行を積み、今生における見性を完成させた悟り体験者が、説得力ある批判をしてくれることを筆者は願っている。

結章　悟り体験記の彼方へ

悟り体験は真摯な志によってしか得られない

本書においては、前近代から近代にかけての悟り体験記を読みとくことによって、日本において伝統的に「悟り」と呼ばれてきた覚醒体験について、おおまかな輪郭を描いてきた。

筆者の筆の及ばなかった点はいくつかあるが、特に注意を喚起しておきたいのは、悟り体験記によるかぎり、悟り体験はつねに真摯な志によってしか得られないという点である。

現実に、本書において採り上げてきた悟り体験者の多くは、死を賭するほどの志を立ててのち、ようやく悟り体験を得ている。

たとえば、夢窓疎石（本書七六頁）は、見性《けんしょう》を求めて奥州へと向かった時のことを次のように述べている。

わたしはかのかた（高峰顕日《こうほうけんにち》）が激励してくださったのを聞いて、志がいよいよ堅くなり、風雨をはばからず、連日参禅した。ざっとは興趣があったが、まだ徹底するところはなかった。深山に跡《あと》を晦《くら》ましてこのことを究明したいと深く願って、ついに〔鎌倉の〕瑞鹿山（円覚寺）を出て奥州に下り、深山のうちに住みかを決めて、みずから誓った。〝もしこのことを究明できなかったならば、草木とともに朽ち果てよう。〟（『西山夜話』。T80, 494a）

今北洪川（本書九二頁）は、見性を求めて儒者から出家した時のことを次のように述べている。

愚僧は昔、これを慨いておったが、一旦発奮して、広く明眼の師を探したところ、何という幸いであろうか、偶然にもひとりの偉大な老漢《ろうかん》（大拙承演《だいせつしょうえん》）をその膝下に拝することができ、師弟の礼を取らせていただいた。そこでついに死を覚悟してみずから誓った。〝自分は今から大道を究明し、五年、十年を経て、もし悟れなかったならば、朽木糞牆《きゅうぼくふんしょう》（朽ちた木、腐った壁のような、どうしようもない者。『論語』公冶長）であって、世の中に無益である。山奥に行方を晦まして、二度と人前に顔を見せないようにしよう。〟（今北洪川［1910：28］）

梶浦逸外（本書一〇九頁）は、見性できないまま周囲に取り残された時のことを次のように述べている。

見性するためには私は死を賭してやろうと決意しました。〝見性するか、それとも死ぬるか。見性ができなかったら、死のう。死ぬるまで、見性を目ざして頑張ろう〟（梶浦逸外［1974：77］）

白水敬山（本書一一〇頁）は、見性できないまま還俗を考え、恩人である白水淡《しろうずあわじ》中将の激励によって思いとどまった時のことを次のように述べている。

その夜は、幼時より信仰している氏神春日神社の拝殿に登り、徹夜坐禅して誓《ちかい》を立て「一大事因縁を了畢《りょうひつ》せずんば死すとも息《や》まじ」との覚悟を新たにし、翌日聖福寺に帰山、東瀛《とうえい》老師の侍者《じしゃ》にかえった。（白水敬山［1974：154］。ふりがなを追加）

井上日召（本書二〇〇頁）は、精神錯乱を恐れて唱題の中止を考え、自己反省によって思いとどまった時のことを次のように述べている。

さうしてゐる間にも、心境は段々変化しつつあつた。大正十二年のいつだつたかは覚えぬが、或《あ》る時、痛切に自己反省をしたことがある。
『こんな事では駄目だ。本当に死なう、と覚悟して始めたのではなかつたか。孔子も、朝《あした》に道をきけば、夕《ゆふべ》に死すとも可なり、と言はれてゐる。真理を追求して、気狂《きちが》ひになるのは、運命で、止むを得ない。決して恥づべきことではない。万一真理を発見するかも知れないのである〔。〕その時の歓喜を思へ。或《ある》ひは非業に殪《たふ》れ、親兄弟に嘆きをかけるやうな事《こと》になるかも知れぬが俺は初一念《しよいちねん》の通り、お題目を唱へて、唱へ死にしよう。』

と、今度は真底から決心した。それからは、もう迷はなくなつた。

（井上日召［1953：189］。ふりがなを追加）

このような真摯な志があったからこそ、前近代から近代にかけて、悟り体験は得られてきたのである。

悟り体験は悟り体験だけで終わるものではない

さらに注意を喚起しておきたいのは、大乗仏教徒にとって悟り体験は悟り体験だけで終わるものではないという点である。第十三章において確認したとおり、大乗仏教は自利（自己のためになること）と利他（他者のためになること）との二つを完成して仏となることを目的としている。悟り体験は自利を完成するための手段である。自利を完成することに努めるのみならず、利他を完成することにも努めないかぎり、大乗仏教の目的は達成されない。それゆえに、前近代から近代にかけて、悟り体験者たちは、悟り体験によって自利を得るにとどまらず、進んで利他へと向かっていったのである。

その場合、利他として行われていたのは、具体的には、他者の世俗的な問題を解決することであった。

第十一章において確認したとおり、典型的な悟り体験を構成している五段階のうち、第五段階は叡智獲得体験である。悟り体験者は、獲得された叡智によって、自己の宗教的な問題を解決するのみならず、他者の世俗的な問題をも解決するようになる。

かつて、世俗的な問題をめぐり苦境に陥った在家者——政治家、経営者などを含む——が、悟り体験者である出家者のもとに相談に訪れて助言を乞うていたのも、悟り体験者である出家者が、獲得された叡智によって、他者の世俗的な問題を解決していたからである。そのような出家者の最後の世代に属していた梶浦逸外（本書一〇九頁）は次のように述べている。

禅の修行は、実参実語《じっさんじつご》で、自ら百錬千磨して、先《ま》ず第一に、最初の立派な悟りの見性《けんしょう》、即《すなわ》ち宇宙の真理を悟ることが肝要である。

立派な見性が出来たら、「禅は諸道に通ず」で、次にくる差別智《しゃべつち》を手に入れて世間一般の理事に通ずることは当然で、若《も》しそれが不可能なれば、それは死んだ修行で何の役にも立たぬ。聞いたり、書物で得たものは、みな他人よりの借り物で、自分のものでは断じてない。禅宗坊主はどこまでも自力で、「直指人心見性成仏《じきしにんしんけんしょうじょうぶつ》」でなくてはならない。

（梶浦逸外［1976：序］。ふりがなを追加）

井上日召も次のように述べている。

悟り得た原理を以て、時々に直面する種々の問題を、片つぱしから検討して、解決して行くと叡智は益々明るくなり、如何《いか》なる事態にも直《ただ》ちに応じ得る智恵が用意される。この悟りは一切批判の基準である。だから、どんな事態にも迷はされぬ。

（井上日召［1953：202］。ふりがなを追加）

このような叡智をもとに利他を行っていたからこそ、前近代から近代にかけて、悟り体験は尊ばれてきたのである。

悟り体験を得ることは難しくなりつつある

ところで、現代においては、前近代から近代にかけて得られていたような悟り体験を得ることがかなり難しくなりつつあるのではないかと考えられる。というのも、現代においては、前近代や近代に較べ多くの情報に晒され、あるいは多くの情報を発信しているせいで、人が極度に知的になっているからである。

第十一章において確認したとおり、悟り体験を得るために重要とされているのは、公案とひとつになること、疑いとひとつになること、本尊とひとつになること、念仏とひとつになること、題目とひとつになることなどである。

しかし、現代人にとっては、おそらく、それらとひとつになることが難しい。それらとひとつになるには知的な理解を手放すことが必要であるが、現代人は知的な理解に慣れており、知的な理解を手放すことに抵抗を覚えるからである。

すでに、昭和二十八年（一九五三）、井上日召は次のように述べている。

私は智的な要求なしに、苦しまぎれにお題目を唱へてゐたのだから、夢中になつて、不思議を見た。叡智はその後から開けてきたのである。私は誰の手引きもなしに、一人修行したのだから非常に苦しんだ。苦しんだだけに、心魂《しんこん》に徹した。それに比べて、今頃、禅の修行をする者は、智的に悟つて、体で悟るといふ点が少《すくな》いから、不徹底の嫌ひがある。

（井上日召［1953：208］。ふりがなを追加）

現代人は知的な理解を手放せず悟り体験が不徹底になる嫌いがあるという指摘は、説得力を感じさせる。現代においては、五段階から構成されている典型的な悟り体験を得ることは、おそらく、かなり難しくなりつつあるのではあるまいか。

悟り体験が得られなくなることはない

ただし、筆者は、どんなに時代が変わっても、真摯な志の持ち主がいるかぎり、悟り体験が得られなくなることはないと信じている。

もともと、前近代から近代にかけても、日本においては悟り体験を得る人々が決して多くいたわけではなかった。悟り体験が伝わる前から、日本においては知的な才能を貴ぶ気風があったが、南宋から来日した無学祖元（本書五四頁）はその気風が悟り体験にとって害になるであろうことを次のように予言している。

仏光禅師（無学祖元）は仏国禅師（高峰顕日）におっしゃった。「わたしが日本の兄弟《ひんでい》を見るに、一生のうちに悟りを得る者は多くないでしょう。この国の気風たるや、ただ知的な才能を貴ぶにすぎず、悟りを求めません。それゆえに、たとえ霊性がある者でも、仏典と外典《げてん》とを広く閲覧し、作りものの文章を深く嗜好するにとどまり、みずからこの一大事（悟り）を究明する遑《いとま》がなく、迷いのうちに一生を過ごしてしまいます。本当に気の毒です。

あるいは、修行者と称する一部の連中がいますが、多くはその器量が博覧強記に堪えず、それゆえにぼうっと坐ることを功業としており、真実の求道心をわきまえていません。この連中も今生《こんじょう》のうちに開悟する者ではありません。」

亡くなった仏国禅師はわたし（夢窓疎石）に以上のように説いてくださった。

（『西山夜話』。T80, 494b）

前近代から近代にかけての日本においては、たとえ知的な才能を貴ぶ気風があっても、真摯な志の持ち主はそれを手放すことによって悟り体験を得てきた。同様に、現代の日本においても、たとえ知的な理解に慣らされていても、真摯な志の持ち主はそれを手放すことによって悟り体験を得ていくに違いない。悟り体験は、時代に属するのではなく、あくまで、個人に属するはずだからである。

先にも触れたように、現代人が知的な理解に慣らされているのは、現代人が前近代や近代に較べ多くの情報に晒され、あるいは多くの情報を発信しているためである。したがって、現代においても、真摯な志の持ち主は、おそらく、前近代や近代と同じように、多くの情報に晒されること、あるいは多くの情報を発信することを避けることによって、悟り体験を得ることができるであろう。現代人も、前近代人も、近代人も、人としては変わらないはずだからである。

いつの時代においても、人は人であるかぎり苦しみが尽きない。悟り体験は常人を超えた聖者の知見である。その知見を得て、ブッダへと無限に向上し、自利、利他を完成したい――そのような真摯な志が、古来、多くの人々を大乗仏教へと立ち上がらせてきた。

悟り体験はそのような人々によって受け継がれてきたのである。そのような人々は、これまでもいたし、これからもいるに違いない。

あとがき

本書は先に拙著『大乗非仏説をこえて――大乗仏教は何のためにあるのか』（国書刊行会、二〇一八）のまえがきにおいて『大乗仏教　悟り体験を読む』という仮題のもとに刊行を予告した書です。定評ある新潮選書の一冊としてここにお届けできますことを心からうれしく思っています。

本書は仏教学の知識を踏まえた一般向け読みものですが、いくつかの古典的な悟り体験記の和訳を収録しているという点において、仏教学に対しても多少の貢献をなしえているのではないかと考えています。とりわけ、無学祖元の悟り体験記を世界初の近代語訳として完全に収録していることは筆者の喜びとするところです。

無学祖元の悟り体験記を和訳するにあたっては、難読の箇所について、中国思想の専門家である齋藤智寛さんに相談し、有益な示唆を得ました。最終的な和訳を決定したのは筆者であるため、訳文についての責任はもちろん筆者にありますが、もし齋藤さんからの示唆がなければ、和訳の質がもっと低いものになっていたことは疑いありません。ここに記して、齋藤さんのご友誼に深く感謝申し上げる次第です。

本書において採り上げた、長沢祖禅尼と石黒法龍とについては、先行研究がほぼ皆無であったため、関係各位にお尋ねして助けられました。祖禅尼の生没年については、祖禅尼のお弟子である小島祥芳《しょうほう》尼に伺い、法龍の没年については、法龍のお身内のかたに伺ったのをもとに、『中外日報』紙(昭和四十年七月十四日付)によって確認しました。問い合わせにお応えくださった各位に厚く御礼申し上げます。

祖禅尼と法龍とを含む、原田祖岳の門流は昭和初期の仏教界に大きな影響力を有していましたが、いまだ通史が書かれていないため、将来的に歴史の風化が懸念されるところです。祥芳尼は本書において紹介した祖禅尼門下の『参禅体験集』に寄稿した六十人のうちの一人ですが、筆者はこのたび祥芳尼に電話でお問い合わせして、祖岳や祖禅尼、『参禅体験集』に寄稿した人々について、祥芳尼が今なお鮮やかな記憶をお持ちであることに大きな喜びを感じました。原田祖岳の門流のかたがたが、歴史が風化しないうちに大先輩たちにお話を聞き、自分たちの歴史を記録しておくことがつくづく望まれます。

最後に感謝申し上げたいのは、筆者を新潮選書にお誘いくださった、新潮社の三辺直太さんに対してです。

本書は前著『大乗非仏説をこえて』のスピンオフとして着手されたのですが、現実に一書としてまとめられるに当たっては、少なからぬ試行錯誤を重ねました。当初、筆者が叩き台として提出した準備稿は前著と同一の問題意識のもとに書かれ、それゆえに前著の性格を濃厚にとどめるものだったのですが、三辺さんとやり取りするうちに、本書独自の性格が次第にはっきりしてきたため、前著とはまったく別個の問題意識のもとに書き直されるに至りました。書き直しは幾度かのやり取りを経ながら粘り強く行なわれましたが、編集者のかたとここまで共同作業に取り組むことは筆者にとって初めての経験で、あたかも筆者がおこわを炊き、三辺さんに捏ねてもらいながら餅を搗いたというような気がしています。おかげさまできちんとした構成の本になったと喜んでいるところです。

本書の姉妹篇として、筆者はいずれ悟り体験者たちと十五年戦争との関わりを追跡する『悟りと戦争』、見仏体験記などを考察する『大乗仏教と不思議体験』という本も書いてみたいと思っています。書いてみたい本はいくつもあり、書き進めている原稿もわずかではありませんので、縁を待って世に問うていきたいと願っています。暖かいご声援をいただけますと幸いです。

令和元年十月吉日

京都東山今熊野の寓居にて

大竹　晋

略号・出典

ASBh: *Abhidharmasamuccayabhāṣyam*, edited by Nathmal Tatia, Patna: K. P. Jayaswal Research Institute, 1976.

ASPP: *Aṣṭasāhasrikā Prajñāpāramitā*, edited by P. L. Vaidya, Darbhanga: The Mithila Institute, 1960.

AShZ: 安藤昌益研究会（編）『安藤昌益全集』全二十一巻、農山漁村文化協会、一九八二―一九八七。

BZZ: 赤尾龍治（編）『盤珪禅師全集』大蔵出版、一九七六。

DST:『道元思想大系』全二十一巻、別巻一、同朋舎出版、一九九四―一九九五。

HAZ:『新修平田篤胤全集』全十五巻、補遺五、別巻一、名著出版、一九七六―一九八一。

HZHZ:『白隠禅師法語全集』全十五巻、禅文化研究所、一九九九―二〇〇三。

IBZ:『石田梅岩全集』上下、清文堂出版、一九五六。

JSZ: 長谷宝秀（編）『慈雲尊者全集』全十七巻、高貴寺、一九二二―一九二六。

JSZSh: 長谷宝秀（編）『慈雲尊者全集　首巻』高貴寺、一九二六。

JZ: 浄土宗典刊行会（編）『浄土宗全書』全二十巻、浄土宗典刊行会、一九〇七―一九一四。

KHS:『倉田百三選集』全十二巻、大東出版社、一九四六―一九五一。

KZS: 国訳禅宗叢書刊行会（編）『国訳禅宗叢書』全二十二巻、国訳禅宗叢書刊行会、一九一九―一九二一。

MSABh: *Mahāyānasūtrālaṃkārabhāṣya*, edited by Sylvain Lévi, Paris: Librairie Honoré Champion, 1911.

MSg: *Mahāyānasaṃgraha*, in 長尾雅人［1987］。

MZ:『新纂校訂　木菴全集』全七巻、附録索引一、思文閣出版、一九九二。

NKZ:『西田幾多郎全集〔増補新版〕』全二十四巻、岩波書店、二〇〇二―二〇〇九。

NZG:『日本の禅語録』全二十巻、講談社、一九七七―一九八一。

ORZ: 日戸勝郎（編）『王龍渓全書』三省堂、一九〇三。
P:『北京版西蔵大蔵経』。
PS: *Vasubandhu's Pañcaskandhaka*, critically edited by Li Xuezhu and Ernst Steinkellner with a contribution by Toru Tomabechi, Beijing-Vienna: China Tibetology Publishing House and Austrian Academy of Sciences Press, 2008.
RGV: *Ratnagotravibhāga*, edited by Edward H. Johnston, Patna: Bihar Research Society, 1950.
SDZ:『鈴木大拙全集〔増補新版〕』全四十巻、岩波書店、一九九九―二〇〇三。
SN II: *Saṃyuttanikāya vol. II*, edited by Leon Feer, London: Pāli Text Society, 1888.
SNS: *Saṃdhinirmocana-sūtra*, edited by Étienne Lamotte, Paris: Adrien-Maisonneuve, 1935.
SShDZ: 鈴木鉄心（編）『鈴木正三道人全集』山喜房仏書林、一九七五（第八版）。
SZ: 曹洞宗全書刊行会（編）『曹洞宗全書』全二十巻、曹洞宗全書刊行会、一九二九―一九三五。
T:『大正新脩大蔵経』全百巻、大正一切経刊行会、一九二四―一九三四。
TSZ: 沢瀉会（編）『沢瀉先生全集』上下巻、川岡事務所・白銀日新堂、一九一九。
Ud: *Udāna*, edited by Paul Steinthal, London: Pāli Text Society, 1885.
VP III: *Vinaya Piṭaka vol. III*, edited by Hermann Oldenberg, London: Pāli Text Society, 1881.
VVUP: *Vinayaviniścaya Upālipariprcchā*, edited by Pierre Python, Paris: Adrien-Maisonneuve, 1973.
ZG:『禅の語録』全二十巻（全二十二冊）、筑摩書房、一九六九―二〇一六。
ZHShCh:『増補久松真一著作集』全九巻別巻一、法蔵館、一九九四―一九九六。

秋月龍珉［1965］『公案――実践的禅入門――』筑摩書房、グリーンベルト・シリーズ。
秋月龍珉［1982］『禅の人――私の出会った人生の師たち――』筑摩書房。

秋月龍珉［1992］『世界の禅者――鈴木大拙の生涯――』岩波書店、同時代ライブラリー。

朝比奈宗源［1959］『佛心』春秋社。

朝比奈宗源［1978］『覚悟はよいか』ＰＨＰ研究所。

足利紫山［1954］『臨済録提唱』大法輪閣。

新井俊一［2000］「池山榮吉――非僧非俗の求道者――」、『印度学仏教学研究』四九・一、日本印度学仏教学会。

飯塚孝慈（編）［1956］『参禅体験集』中央仏教社。

池山栄吉［1937］『仏と人』丁子屋書店。

石黒法竜ほか［1958］「石黒法竜老師と禅理学会」、『大乗禅』昭和三三年七月号（三五・七、通巻四一二）、中央仏教社。

石黒法龍［1960a］『禅理学要綱　附録参禅所感集』禅理学会。

石黒法竜［1960b］「早期体験禅に就いて――原田老大師にお答えする――」、『大乗禅』昭和三五年三月号（三七・三、通巻四三九）、中央仏教社。

石黒法竜［1960c］「早期体験禅に就いて（続）――原田老大師にお答えする――」、『大乗禅』昭和三五年四月号（三七・四、通巻四四〇）、中央仏教社。

石黒法竜［1960d］「早期体験禅の批判について――親の光りは七（なな）光り――」、『大乗禅』昭和三五年六月号（三七・六、通巻四四二）、中央仏教社。

石黒法竜ほか［1961］「即席見性法は可能か」、『大法輪』昭和三六年五月号（二八・五）、大法輪閣。

板橋興宗［1979］「悟と信との問題――現代宗学に対する批判――」、『閑々堂』（自費出版物）。〔再録：DST8：

板橋興宗［2002］『〈いのち〉をほほ笑む』春秋社（「Ⅲ　生を明らめ死を明らむるは仏家の一大事」と改題）。〕

伊藤証信［1906］「余が信仰の経過（六）」、『無我の愛』一八、無我苑。

井上日召［1934］『日本精神に生よ』改造社。

井上日召［1953］『一人一殺』日本週報社。

井上秀［1956］「禅と私」、『現代禅講座　第二巻　歴史と人間』角川書店。

今北洪川［1910］『禅海一瀾』すみや書店。

岩内誠一［1934］『教育家としての石田梅岩』立命館出版部。

内野久美子［1982］「近代仏教における女性宗教者――曹洞宗における尼僧と寺族の地位向上――」、『宗教研究』五六・二、日本宗教学会。〔再録：山内舜雄［1990］『曹洞宗における在家宗学の提唱』大蔵出版。〕

江部鴨村［1933］「明治時代の求道者」、『現代仏教　十周年記念特輯号　明治仏教の研究・回顧』大雄閣。

大森曹玄［1957］「曹源池を踊りまわる」、山田無文（編）『峨翁老師遺薫』天龍寺。

大森曹玄［1967］『禅の真髄』教育新潮社。

岡田宜法［1953］「日常の行に現れた禅」、『大法輪』昭和二十八年六月号（通巻二〇・六）、大法輪閣。

荻野独園［1890］『近世禅林僧宝伝』巻下、小川多左衛門。

苧坂光龍［1955］「老師を訪ねて」、『大法輪』昭和三十年五月号（通巻二二・五）、大法輪閣。

小畠文鼎［1928］『続禅林僧宝伝』第二輯巻中、貝葉書院。

梶浦逸外［1974］『耐える　人間にとって真に必要なもの』日新報道。

梶浦逸外［1976］『悲母観音』浪速社。

柏田大禅［1977］「道元禅師の只管打坐の真意」、『理想』五三一、理想社。〔再録：DST8。〕

加藤辧三郎（編著）［1971］『念仏者江部鴨村』コマ文庫。

金山穆韶［1944］『弘法大師の信仰観』高野山大学出版部。

金子淳一［2009］『昭和激流　四元義隆の生涯』新潮社。

加納秀一［2000］『カルトにハマる11の動機――オウム真理教古参信徒が実例で証明』アストラ。

河上肇［1989］『自叙伝　下』岩波書店。

川口高風［2010］「明治期以降曹洞宗人物誌（二）」『愛知学院大学教養部紀要』五八・一、愛知学院大学教養部。

国書刊行会［1916］『近世仏教集説』国書刊行会。

小南惟精・霄絶学（編）［1925］『踏頂窟語鈔』普覚会。

佐藤幸治［1960］「石黒法龍師の早期体験法について」、『大乗禅』昭和三五年二月号（三七・二、通巻四三八）、中央仏教社。

佐藤幸治［1961］『心理禅――東洋の知恵と西洋の科学――』創元社。

佐藤幸治［1962］「禅の大衆化と効率化――禅ブームとインスタント禅及び新しき禅の構造――」、『大法輪』昭和三十七年五月号（通巻二九・五）、大法輪閣。

佐藤幸治［1964］『禅のすすめ』講談社、講談社現代新書。

佐橋法龍［1968］『禅』角川書店、角川選書。

沢木興道［1938］『禅談』大法輪閣。

沢木興道［1941］『坐禅の仕方と心得　附・行鉢の仕方』代々木書院。

柴田実［1977］『梅岩とその門流――石門心学史研究――』ミネルヴァ書房。

柴山全慶［1962］「「新しい禅」への疑問――ブームの加熱と見性の安売を戒める――」、『大法輪』昭和三十七年三月号（通巻二九・三）、大法輪閣。

釈大眉［1941］『閑雲忙水　詩偈六十年譚』禅道会。

白井成允［1966］『聞法録』百華苑。

白水敬山［1974］『牧牛窟閑話』平林禅寺。

鈴木利三［1960］「見性者の調査研究」、『宗教研究』一六二号（三三巻三輯）、日本宗教学会。

鈴木利三［1964］「見性者の調査研究（その二）――石黒師の指導による早期見性者について――」、『宗教研究』一七七号（三七巻二輯）、日本宗教学会。

鈴木範久［1980］『倉田百三〈増補版〉』大明堂。

関精拙［1941］「集瑞軒夜話」、『大法輪』昭和十六年十一月号（通巻八・一一）、大法輪閣。

関精拙［1943］「悟の境地」、『大法輪』昭和十八年九月号（通巻一〇・九）、大法輪閣。

高木蒼梧［1963］『玄峰老師』大蔵出版。

田中清玄・大須賀瑞夫［2008］『田中清玄自伝』筑摩書房、ちくま文庫。

田中木叉［1936］『日本の光　弁栄上人伝』ミオヤのひかり社。

玉村竹二、葉貫磨哉［1988］『平林寺史』春秋社。

辻雙明［1958］『禅の道をたどり来て』春秋社。

辻雙明［1959］『街頭の禅』春秋社。

角田泰隆（編著）［2017］『道元禅師研究における諸問題——近代の宗学論争を中心として』春秋社。

長尾雅人［1987］『摂大乗論　和訳と注解　下』講談社。

長尾宗軾［1920］『宗演禅師の面目』隆文館。

中川宋淵［1970］「玄峰老師年譜普説（御遷化後間もない七月一日　全生庵における法話）」、玉置弁吉（編）『回想　山本玄峰』春秋社。

長沢孝潤［1939］『女子参禅の秘訣』中央仏教社。

能仁晃道（編著）［1999］『隠元禅師年譜』禅文化研究所。

早川紀代秀・川村邦光［2005］『私にとってオウムとは何だったのか』ポプラ社。

原青民［1912］『青民遺書』千樹草堂。

原田祖岳［1960］『大雲祖岳自伝』大雲会。

平塚らいてう［1971］『平塚らいてう自伝　元始、女性は太陽であった　上』大月書店。

平塚らいてう［1994］『わたくしの歩いた道』日本図書センター、作家の自伝8。

古川堯道［1957］「毒狼窟禅話」、『大法輪』昭和三十二年二月号（通巻二四・二）、大法輪閣。

古川堯道［1959］『担板漢』堯道老師米寿祝賀謝恩会。

北条時敬（編）［1894］『蒼龍窟年譜』大倉保五郎。

松本史朗［1989］『縁起と空——如来蔵思想批判』大蔵出版。

道籏泰誠［1935］『仏教より基督教へ　余が改宗の顚末』求道舎出版部、基督教優越性叢書第三巻。

山崎弁栄［1928］『弁栄聖者光明大系　無辺光』ミオヤのひかり社。

山田無文［1965］『手をあわせる』春秋社、しんじん文庫。

山田無文、梅原猛［1972］「願いは限りなく」、『花さまざま　山田無文老師古稀記念集』春秋社。

山田霊林、山本秀順、大森曹玄、武藤義一［1976］『徹して生きる』佼成出版社。

山本玄峰［1960］『無門関提唱』大法輪閣。

笠信太郎［1959］「『街頭の禅』に寄す」（辻雙明［1959］序文）。

渡辺玄宗［1957］『現代名僧講話　渡辺玄宗集』誠信書房。


イレーヌ・マキネス［2009］『禅入門　カトリック修道女の歩んだ道』岩波書店（堀澤祖門、石村巽、吉岡美佐緒、田中正夫訳）。

エノミヤ・ラサール［1987］『禅と神秘思想』春秋社（柴田健策訳）。

新潮選書

「悟《さと》り体験《たいけん》」を読《よ》む——大乗仏教《だいじょうぶっきょう》で覚醒《かくせい》した人々《ひとびと》

著　者………………大竹《おおたけ》 晋《すすむ》

発　行………………2019年11月20日

発行者………………佐藤隆信
発行所………………株式会社新潮社
〒162-8711　東京都新宿区矢来町71
電話　編集部 03-3266-5411
読者係 03-3266-5111
https://www.shinchosha.co.jp
印刷所………………株式会社光邦
製本所………………株式会社大進堂

乱丁・落丁本は、ご面倒ですが小社読者係宛お送り下さい。送料小社負担にてお取替えいたします。
価格はカバーに表示してあります。

ISBN978-4-10-603849-5 C0315

キリスト教は役に立つか　来住英俊

信仰とは無縁だった灘高・東大卒の企業人は、いかにして神父に転身したか。なぜ漠然と抱えてきた孤独感が解消したのか。「救いの構造」がわかる入門書。

《新潮選書》

神を哲学した中世
ヨーロッパ精神の源流　八木雄二

なぜ中世ヨーロッパで「神についての学問」が興隆したのか。信仰と哲学の対決——神学者たちの心情と論理を解き明かし、ヨーロッパ精神の根源に迫る。

《新潮選書》

反知性主義
アメリカが生んだ「熱病」の正体　森本あんり

民主主義の破壊者か。平等主義の伝道者か。米国のキリスト教と自己啓発の歴史から、反知性主義の恐るべきパワーと意外な効用を鮮やかな筆致で描く。

《新潮選書》

自由の思想史
市場とデモクラシーは擁護できるか　猪木武徳

自由は本当に「善きもの」か？　古代ギリシア、啓蒙時代の西欧、近代日本、そして現代へ……経済学の泰斗が、古今東西の歴史から自由社会のあり方を問う。

《新潮選書》

精神論ぬきの保守主義　仲正昌樹

西欧の六人の思想家から、保守主義が持つ制度的エッセンスを取り出し、民主主義の暴走を防ぐ仕組みを洞察する。〝真正保守〟論争と一線を画す入門書。

《新潮選書》

「維新革命」への道
「文明」を求めた十九世紀日本　苅部直

明治維新で文明開化が始まったのではない。日本の近代は江戸時代に始まっていたのだ。十九世紀の思想史を通観し、「和魂洋才」などの通説を覆す意欲作。

《新潮選書》